한국사 미스터리4

한국사의 기준점 찾기
- 잘못 알고 있는 마한 -

한국사 미스터리 4

한국사의 기준점 찾기

잘못 알고 있는 마한 馬韓

창도 오운홍

가짜 고대사(古代史)를 가르치는 나라가 있다
가짜 역사의 주범과 공범을 밝혀내다
2200년 만에, 준왕(準王)의 해중 거한지(海中 居韓地)를 찾아내다

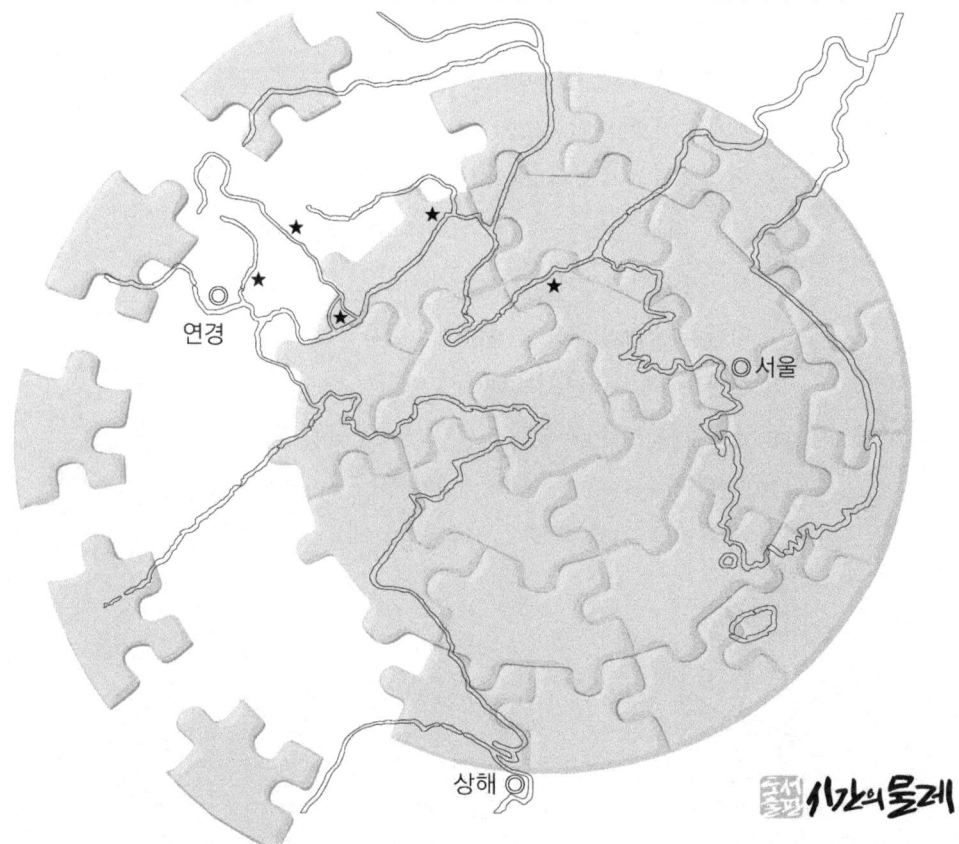

도서출판 시간의물레

Contents

4집을 내면서 [8]

제1장 한국사의 기준점 찾기

1. 역사의 기준점 지명을 찾아야 한다 [14]
2. 초기 신라의 위치로 본 백제와 마한 [18]
3. 역사의 곡해와 왜곡을 푸는 살수와 견아성 찾기 [26]
4. 역사 해석의 오류가 낳은 청천강 살수 [29]
5. 살수, 패수, 요수를 찾아야 역사가 바로 선다 [39]
6. 요동과 요서의 경계를 알아야 역사가 보인다 [47]
7. 하나 더 명확히 해야 할 낙랑군의 위치 [52]
8. 한반도의 낙랑 유물은 가짜로 판명났다 [56]
9. 수경주(水經注)와 임둔 봉니로 찾아낸 낙랑 땅 [62]
10. 낙랑 땅은 독특한 문화와 역사가 있는 땅이다 [66]
11. 험독현의 왕험성은 번조선의 왕검성이며 그 위치는? [70]

제2장 다시 봐야 할 중국 사서의 마한

1. '고등학교 한국사'는 국사학계의 시각이다 [84]
2. 중국 사서는 왜 마한을 기록했을까? [90]
3. 중국 사서의 기록을 한반도 마한사로 착각하다 [94]
4. 마한이란 명칭의 유래는 삼한과 삼조선에서 비롯된다 [97]
5. 국내 사서, 『삼국사기』의 마한 무대는 중국 대륙이다 [101]
6. 고구려 태조왕 때 '마한 기록'은 사실이다 [107]
7. 태조왕은 한반도 마한과 연합하지 않았다 [111]
8. 마한 54개국은 한반도에 존재하지 않았다 [117]
9. 야마토 왜(倭)는 한반도 마한과 무관하다 [121]
10. 진한, 변진, 마한은 한반도가 아닌 중국 대륙이다 [129]

제3장 준왕(한왕)의 해중 거한지(居韓地)를 찾다

1. 마한사 왜곡은 어디서 비롯되었나? [136]
2. 준왕(準王)의 거한지(居韓地) 마한을 추적하다 [140]
3. 준왕의 거한지는 기준성이 아닌 대왕가도이다 [145]
4. 준왕의 해중 왕국 관련 문헌들 [149]
5. 마한 역사 왜곡의 주범과 공범을 찾다 [155]
6. 한백겸의 왜곡된 주장이 낳은 문헌사를 살피다 [159]

7. 한백겸은 왜 옹졸한 반도 사관을 내놓았을까? [165]

8. 단재의 삼한설은 한백겸의 삼한설을 보충했다 [168]

9. 안정복의 단군론, 일본의 정한론(征韓論)자를 돕다 [175]

10. '고구려계승론'을 주장한 최치원이 맞다 [178]

11. 문헌 사학계는 고고학계와 발을 맞춰야 한다 [181]

제4장 한반도의 유적과 마한 분묘

1. 한반도에 산재한 유력 개인묘와 마한 유적 [188]

2. 청동기시대의 검단(黔丹)과 이성산성 왕국 연구 [192]

3. '이성산성' 보다 '검단산성' 명칭이 더 타당하다 [198]

4. 공주 수촌리 유물과 학계의 해석을 보며 [202]

5. 미스터리 한국사를 만들어내는 역사 왜곡의 현장 [210]

6. 수촌리 무덤 양식의 변화에서 key를 얻다 [217]

7. 수촌리 유물은 무령왕릉 매지권에 상당하는 물품이다 [220]

8. 전남 지역 마한 유적의 발굴과 분포 [228]

9. 왜색(?) 고분이라는 전방후원분 해석에 대하여 [231]

10. 학계를 혼란으로 이끄는 다양한 분묘 형태의 원인 [241]

11. 방대형 고분의 축조 기법은 일본보다 앞선 기술 [243]

12. 분구묘의 출현은 묘제의 변천인가, 전래인가? [246]

13. 전방후원분이 전남에 편중된 이유가 뭔가? [250]
14. 전남·북 지역의 마한 유적에 대한 재탐색 [254]

제5장 바다를 건너온 마한, 그리고 뱃길

1. 제주도에서 발견된 옹관묘 [262]
2. 옹관묘는 제주식 분묘가 아니다 [266]
3. 제주도를 경유했다는 고대 항로의 흔적이 있다 [270]
4. 한·중·일 연결의 '서복 항로'는 전설이 아니다 [275]
5. 서복 항로 중심에 제주도가 있다 [279]
6. 서복 항로 관련 문헌 기록들 [285]
7. 마한은 중국에서 바다 건너 이주했다 [290]
8. 마한도이설(馬韓渡移說)의 일반화 적용 사례 [293]
9. 고창 마한의 이동 경로는 해저 노령산맥이다 [296]
10. 한반도 마한의 정체성 탐색 [301]
11. 마한계와 가야계의 이동 목적이 다르다 [309]
12. 중국 사서의 마한사와 한반도 마한을 정리하다 [317]

편집후기 [322]
찾아보기 [333]
참고문헌 [338]

4집을 내면서

한국사 미스터리 4집을 내는 목적은 딱 한 가지다.

우리가 배웠고, 앞으로 우리 자손이 배울 한국사를 바로잡기 위해서다.

필자는 현재와 같이 국사학계가 정리해 놓은 한국사를 배웠고, 한국사를 전공하지 않았지만 젊은 날 교단에서 한국사를 가르친 경험이 있다.

그때 교재 연구를 하며 나름대로 한국사를 이해하려고 노력하였다.

재야사학자들이 한국사에 대해 문제를 제기하는 것도 보았다.

역사 이론의 발전적 접근을 위해 바람직한 일이라 생각했다.

그런데 강단사학자들이 재야사학자들의 주장을 받아들이지 못하는 것 같다.

재야사학자 앞에서 전공 학위의 우월감을 뽐낼 때가 아니라고 본다.

역사의 '역'자도 모른다고 말할 때가 아니다.

사학을 전공한 학위자들은 재야사학자의 주장에 대해 '유사역사'니 '사이비 사학'이라는 말을 붙이며 비하하고 있다.

그래서 필자가 강단사학자들에게 몇 가지 질문을 한다.

상고사를 가르치는 강단에서 종횡으로 역사의 톱니바퀴가 맞물려야 하는데, 그렇지 못한 부분이 있었는지 묻고 싶다. 그런 문제가 있었다면 문제 해결을 위해 어떤 노력을 했는지 재차 묻고 싶다.

문제를 감지했다면 재야사학자의 주장에 귀를 열어야 한다.

만약 문제가 없었다고 시치미를 뗀다면 강단사학자는 양심과 지성을 저버린 위선자라는 것, '사이비 사학자'임이 다음과 같이 곧 증명될 것이다.

이 책의 화두는 '우리 상고사를 제대로 정리할 수 있을까?'로 시작된다.

필자의 역사평론 4권째인 본 책에서 '잘못 알고 있는 마한'을 전개하기 앞서, '역사의 기준점'을 명확히 하자는 역사연구방법 이론을 제기하는 바이다.

최근 동북아역사지도 선정과 관련하여 국사학계는 뜨거운 논쟁을 벌이고 있다. 지도를 그리기 전에, 기준점이 되는 역사의 지명은 주춧돌이나 다름없다. 학문을 논하기 전에 '용어의 정의'를 명확히 하자는 것과 같은 개념이다.

예를 들어 '한국사의 주요 지점'의 하나인 '패수(浿水)'의 경우를 보자. '패수(패강)'은 『삼국사기』의 〈신라본기〉, 〈고구려본기〉, 〈백제본기〉에 공통으로 나오는 역사의 주요 지점이다. 심지어 낙랑군의 위치를 가늠하는 열쇠가 되기도 하는 대단히 중요한 강 이름이다.

국사학계에서는 '패수'를 어디로 보는지, 온라인의 나무위키(2021.12.25.)에서 찾아보았다.

'고조선시대의 패수는 한나라와의 경계였다. 그때의 패수 위치에 대해서 학계에서 논란이 아주 많다. 대표적인 설로 ①청천강설, ②압록강설, ③혼하설, ④대릉하설, ⑤난하설이 있다. 학계의 주류에서는 ①청천강설, ②압록강설, ③혼하설 3가지가 주로 언급된다.'고 한다.

학자에 따라 '⑥조백하설, ⑦대동강 혹은 ⑧예성강으로 보기도 한다'는 것이다.

놀라운 사실은 유명한 사학자들이 주장하는 패수의 위치가 각기 다르다는 점이다. 한마디로 말해 학계의 정리가 안 되었다는 얘기다. 일제에서 해방되고 정부가 수립되어 우리 손으로 역사를 쓴지 70여 년이 지났는데도 이 모양이니, 앞으로 100년이 간다고 해서 상고사가 제대로 정리될 것인가?

마한에 대한 학계의 정리도 그렇다.

국사학계는 『후한서』에 기록된 마한을 '한반도 마한'으로 보고 있다.

후한은 220년에 멸망한 나라인데 한반도의 마한 유적은 3세기 중반부터 시작된다. 어떻게 후한이 멸망하기 전에, 당시 존재하지 않은 한반도 마한과 병존했다고 쓸 수 있나?

『후한서』에 기록된 마한은 한반도 마한이 아니고 '중국 땅에 있던 고조선의 마한'이다. 그리고 '준왕의 해중 마한'과 '한반도의 마한'을 구분하지도 못한 채 '마한 범벅사'를 만들어 놓았다. 거기다가 한반도 서남부의 마한이 자체로 성장했는지, 유입한 것인지도 구분을 못하는 실정이다.

『삼국유사』를 쓴 일연스님이 『위지』를 인용했다고 분명히 밝혔고, 제대로 옮겨적지 않았으니 역사 왜곡을 자인한 셈이다. 이를 이어받은 권근의 '백제계승론'이나 한백겸의 『동국지리지』도 위사(僞史)가 된다.

우리는 그동안 가짜 역사를 배워 온 것이다. 더구나 현대 강단사학자들은 한국사의 상고사가 위사인지 아닌지도 구분을 못 하면서 학위 자랑을 하고 있다.

   가짜 유사 상품이라면 그런대로 쓸모가 있다지만, 가짜 역사는 쓸데가 없다. 강단사학자야말로 '유사사학'을 하는 거짓말쟁이라 말할 수 있다.

   끝으로 이 책을 마무리하는 과정에서 홍성림 편집 이사님은 필자의 주장에 끝없는 질문을 던져 명료화하는데 강철 검이 되게 담금질하여 주었다.

   또 필자의 문우 홍영기 (전)교장님은 필자의 주장을 명료화하는데 필요한 자료와 의견을 덧붙여 주어 두 분께 감사드린다.

   그리고 독자님께, 본 책을 읽으실 때 동아시아 지도(중·고등학교 지리부도 등)를 펴놓고 살펴보시면 더욱 쉽게 이해하는 데 도움이 됨을 권하는 바이다.

2022년 5월
홍천 여호내골 백인당에서
창도 오운홍이 쓰다

한국사의 기준점 찾기

제1장

한국사의 기준점 찾기

조상은 대를 잇는 자손들에게
어떤 방식으로든 역사의 연결 고리를 남겼다.
무수히 대를 이어 오늘에 이르는 동안
언어와 식의주 문화와 종교와 정치체제가 조금씩 달라지는 동안
종잇장 같은 변화의 가중치가 쌓여 어느덧 태산이 되어
처음 그 조상의 모습도, 살던 자리도 몰라보게 한다.
현대에 와서 우리 자손들이 조상이 살던 그 자리를 찾느라
여기다, 저기다 하며 갑론을박으로 허송세월을 한다.
조상이 말해준 기준점을 잃어버렸기 때문이다.

1. 역사의 기준점 지명을 찾아야 한다

역사서에 가끔 혹은 자주 나오는 지명이 있다. 우리는 그 곳이 현재 어디인지 촉각을 세우고 현대 지도책을 펴놓고 찾아본다. 그런데 찾으려는 지명은 이미 사라졌거나 어쩌다 현대 지도에서 찾는다 해도 같은 이름으로 중국에도 있고 한반도에도 있을 때 우리들은 혼란에 빠지게 된다.

필자가 측량학의 기준점 개념을 도입하는 이유는 찾고자 하는 지명

의 위치와 경계를 분명히 하려면 측량 기준점이 정확해야 한다는 것을 강조하기 위함이다.

예를 들어, 내게 조상이 대대로 물려준 땅이 있다고 하자. 산(임야)과 들(전)이 이어진 땅인데 대강의 경계를 알고 있지만 정확하게 금을 그을 수는 없다. 어쩌다 이웃이 건축 행위를 하게 되면 땅의 경계가 굳혀질 상황이므로 서로가 예민해진다.

토지 경계 측량은 한국국토정보공사가 한다. 측량기준점은 국토부가 관리한다. 최근의 기준점 측량 방법은 일반지상측량과 위성측량(GPS 또는 GNSS)을 병용하기도 하지만 예전에는 일반지상측량으로, 대표적인 수평기준점 측량 방법의 하나로 삼각측량(triangulation)법을 많이 사용했다. 이런 과정을 거쳐야 토지 등기부 등본에 있는 지적도와의 오차를 최소화하며 접근할 수 있는 일이다. 이때 측량기준점이 달라지면 경계 말뚝을 박아야 할 자리가 엉뚱한 곳으로 달라지게 마련이다.

더구나 측량기준점이 아예 없거나 못 찾는다면 어떻게 될까?

역사의 논쟁에서 강역이나 영역 등 기준점의 위치가 명확하지 않아 역사 해석이 지명의 위치와 관련이 있을 때, 사람마다 학파마다 역사의 기준 지점이 달라 역사 해석이 달라지는 것은 불 보듯 뻔한 일이다.

예를 들어 보면, 『삼국사기』[1] 권 제23 〈백제본기〉 제1, 온조왕 조에 비류(沸流)가 '드디어 아우(온조)와 함께 무리를 거느리고 패수(浿水)와

---

1) 김부식이 편찬 책임자인 '삼국사기'가 편찬 당시 '삼국사'가 아닌가 하는 논쟁이 있다. 그런데 논쟁의 핵심이 본책이 추구하는 목표에 영향이 없으므로 일반인에게 널리 알려진 데로 '삼국사기'로 표기하겠다. 〈세계일보〉, "일본서기 하부 사서인 것처럼 폄하… '삼국사기'라 왜곡 가능성", 2015.05.03.

대수(帶水)의 두 강을 건너 미추홀에 이르러 살게 되었다(遂與弟率黨類 渡浿帶二水 至彌鄒忽以居之).[2]"는 기록이 있다.

여기 나오는 패수가 지금 어디인지, 역사의 기준점(패수)을 찾아보자.

먼저, 패수와 대수 두 강에 대한 국사학계의 정리가 막연하고 분분하다.

국사학계의 말을 그대로 빌리면, '패수가 만약 압록강이라면 대수는 자연스레 대동강이 되겠고, 패수가 대동강이라면 대수는 재령강(은파강)이나 예성강이 될 것'이라 한다.

이게 무슨 학자로서 할 말인가? 한마디로 말해 지명에 대한 기준점도 없고 역사의 좌표도 모호한 것이다.

독자들은 국사학계가 이런 황당한 말을 했으리라 믿기지 않을 것이다.

이들 학자의 시각은 지명(地名)이라는 기준점은 중요하지 않다고 보는 것 같다. 자기가 결정한 역사의 흔적에 기준점을 맞추면 된다는 자기중심 역사관이 바탕이 된 것 아닌가 한다.

너무나 황당하고 충격적이어서 국사학계에서는 '패수(浿水)'를 어디로 보는지 온라인의 나무위키(2021.12.25.)에서 찾아보았다.

'고조선시대의 패수는 한나라와의 경계였다. 그때의 패수 위치에 대해서 학계에서 논란이 아주 많다. 대표적인 설로 ①청천강설, ②압록강설, ③혼하설, ④대릉하설, ⑤난하설이 있다. 학계의 주류에서는 ①청천강설, ②압록강설, ③혼하설 3가지가 주로 언급된다.'

한마디로 말해 학계의 정리가 안 되었다는 얘기다.

---

2) 김부식, 이재호 옮김, 『삼국사기』2 〈백제본기〉. p.298.

①청천강설의 유래는 한백겸이 『동국지리지』에서 패수를 청천강에 비정했으며, 이를 사학자 이병도가 고고학적으로 고증함으로 국사학계의 주요 이론이 된다.

②압록강설을 주장하는 대표적인 학자로는 노태돈, 이종욱, 오강원 등이 있다. 현재 남한 역사 학계의 다수설이다.

③혼하는 요하 바로 동쪽에 있는 강으로, 소요하라고도 불린다. 혼하설을 최초로 주장한 사람은 조선 후기의 문신 성해응(1760-1839)이다. 그는 『연경재전집』 권15 패수변에서 고조선의 패수는 혼하라는 것을 논증했다. 혼하설을 주장하는 대표적인 학자로는 서영수, 박준형, 조원진, 오현수 등이 있다.

④대릉하설은 1960년대에 북한의 리지린을 포함한 여러 북한학자가 주장한 설이다. 북한 학계에서는 60년대 이후 지금까지도 대릉하설이 주류 학설이다. 남한에서는 신용하가 이 설을 지지한다.

⑤난하설은 국내의 윤내현이 주장한 설이다. 그에 따르면 난하가 고대의 요수이며, 패수라고 한다. 이 설을 이덕일, 복기대, 김종서 등이 지지하고 있다. 이덕일은 ⑥조백하설을 덤으로 넣기도 한다.

한국민족문화대백과사전에서, 삼국시대(『삼국사기』)의 패수는 ⑦대동강 혹은 ⑧예성강으로 보기도 한다. ⑦대동강설은 고구려의 수도 부근에 흘렀던 패수는 대동강으로 비정한다. 또한 735년(성덕왕 34)에 당나라가 정식으로 신라의 영유권을 공인한 이른바 '패강 이남의 땅'의 패강도 지금의 대동강을 지칭한다는 것이다.

놀라운 사실은 국사학계가 광복(1945.8.15.)되어 지금까지 70여 년이 지났는데도 〈조선사〉와 마찬가지로 앞에서 말한 대로 패수를 한반도 안으로 끌어들였다는 것이다. 그리고 더 놀라운 사실은 학자마다 보는 역사의 기준점이 다르다는 것이다.

패수 하나만 가지고도 이런데, 상고사 이곳저곳에서 이렇게 다른 시각으로 역사를 풀어나가니 갑론을박할 수밖에 없다.

이렇게 보면 한국사의 고대사를 바로 잡는 일은 요원하다.

이런 추세라면 앞으로 100년이 가도 불가능한 일이 될 것이다.

이유가 무엇인가?

역사의 기준점이 되는 지명이 모호하기 때문이다. 그리고 그 지명을 학자마다 자기 생각대로 비정하는 현실이기 때문이다.

더구나 중국의 동북공정에 맞서 '동북아역사지도'를 제대로 그리려면 역사의 기준점이 되는 지명의 위치가 명확해야 한다.

2. 초기 신라의 위치로 본 백제와 마한

기준점의 지명을 당장 찾아낼 수 없어서 중국 문헌사에 나오는 국명과 지명으로 위치 관계를 엮어가기로 한다.

여기서 짚고 넘어갈 것은 『삼국유사』를 인용하여 조선 중기 이후에 나온 국내 사서에서는 역사적 기준점을 찾기 어렵다는 것이다. 이 책 3장에서 밝히겠지만 한백겸 이후의 학자들이 마구 흩트려 놓은 기준점을 필자가 바로 잡고자 하는데 이들 사서를 인용할 수 없는 일이다.

『삼국지』의 〈위지〉 오환 선비 동이전에 '한(韓)은 대방(帶方)의 남쪽에 있고 동서 간으로 바다에 막혀 있다.(韓在帶方之南 東西以海爲限)'의 한(韓)은 무엇이며, 동서 간으로 바다에 막혀 있다는 그 땅은 어디인가?

이는 『후한서』의 〈동이열전〉 기록에 있는 '동쪽과 서쪽은 바다를 경계로 하니 모두 옛 진국의 땅이다(東西以海爲限皆古之辰國也)'라는 대방 남쪽에 있다는 진국(辰國) 땅을 말한다.

다시 말해 진국(辰國)의 한(韓)은 진한(辰韓)을 말하며, 동쪽과 서쪽의 바다는 다음 지도와 같이 발해만과 텐진 부근의 해하(海河)를 말한다.

▲ 상고대의 해하(海河)[3]는 계절적으로 강수량이 범람하는 ▨부분을 말한다.
〈출처; 블러그 '국기(Flag) 사진첩'의 지도에서 필자가 ▨부분을 첨가한 것임〉

---

3) 빗금친 상고대의 해하유역(The Hai River Basan) 수계는 계절에 따라 강수량이 범람하여 발생한다. 중세에는 베이윈강(북운하)과 난윈강(남운하)을 건설하여 물길을 돌렸고, 20세기에 와서 차오바이강(조백하)댐, 융딩강(영정하)댐, 다칭강(대청하)댐을 건설하여 수량을 조절할 수 있었다. 상고대의 해하는 여름에서 가을까지 바다가 되고 겨울과 봄에는 갯벌이었다.

진한이 터 잡은 곳이 좌표상으로 E117°30′-119°30′ N39°-41°의 범위 안에 있다고 본다. 지도에서 빗금(▧)으로 표시한 부분은 중국의 하이허(海河) 지역이다. 하북성과 요녕성의 경계를 보면 창려현과 당산이 있는 땅은 당시 동서로 바다가 있는 반도(半島)의 땅이며, 진한의 땅이기도 하다.

　중국 당산(唐山)시 풍윤 현성에서 서북쪽으로 7.5km에 있는 고려포(高麗鋪)[4]는 고구려[5]의 주요 역참이었고, 점포가 있었던 곳이다.

　이 진한의 땅에 한사군이 설치되었던 시기에 북쪽으로 대방(帶方)과 경계를 이루던 땅(韓在帶方之南)이기도 하다.

　이곳과 가까운 북경 근처에 고구려와 연관이 있는 지명이 더 있다. 베이징(북경)시 동북쪽으로 고려영(高麗營, E116°30′ N40°11′)과 유리묘(琉璃[6]廟, E116°39′ N40°38′)가 있고, 북경시 남서쪽에 유리하(琉璃河, E116°1′ N39°36′)가 있다. 고구려의 시작점이 이 근처로 볼 수 있다. 현 베이징시 부근과 그 동편에 있는 진한의 땅은 초기 신라, 고구려, 백제가 힘을 겨루던 지역이라 할 수 있다.

　진한 땅이 신라로 이어갔다는 말이 『삼국사기』 제46권, 열전 제6의 최치원(崔致遠) 전에 있다.

---

4) 김호림, 『고구려가 왜 북경에 있을까』, 글누림, pp.208-217과 p.14의 하북성의 고구려 유적 지도를 참고로 했다.

5) 高句麗의 려(麗)를 옥편에서 찾으면 고울려, 빛날려 등 형용사로 쓰일 때는 '려' 발음으로 읽고, 나라 이름으로 읽을 때는 '리(麗)' 발음으로 읽는다. 따라서 고구리(高句麗)라 불러야 하는데 한국사의 교과서는 물론이고 일반인 대부분이 고구려로 익숙하게 굳어진 이름이라 이 책은 '고구려'로 표기하고 있다.

6) 고구려 2대 유리명왕(BC19-AD18)을 광명대제라고도 불린다.

'치원이 또한 사신으로 당나라에 갔는데 다만 그 연월은 알 수 없다. 때문에 그의 문집에 태사시중에게 올린 글이 있는데 그 글은 이러하다. "듣잡건대 동해 쪽(東海之外)[7] (국경) 밖에 세 나라가 있으니, 그 이름은 마한, 변한, 진한으로 마한은 고구려요, 변한은 백제이며, 진한은 신라입니다."〈하략〉 (致遠亦嘗奉使如唐 但不知其歲月耳 攷其文集 有上太師侍中狀云 伏聞東海之外 有三國 其名馬韓, 卞韓, 辰韓 馬韓則高麗 卞韓則百濟 辰韓則新羅也〈하략〉)'[8]

『삼국유사』〈기이편 상〉의 마한전에는 『위지』를 인용했다는 기록 외에도 최치원(崔致遠)의 글을 인용한 부분이 있다.

'최치원이 "마한은 고구려이고, 진한은 신라다." 『삼국사기』에 의하면 신라는 먼저 갑자년(BC57)에 일어났고, 고구려는 후에 갑신년(BC37)에 일어났다고 하였다. 여기에 이른 것은 조선왕인 준을 말함이다.(崔致遠云 馬韓 麗也 辰韓 羅也 據本紀 則羅先起甲子 麗後起甲申 而此云者 以王準言之耳'[9]

---

[7] 동해지외(東海之外)의 지(之)를 해석함에 있어, 국사학계는 어조사(소유격)로 보아 '동해(황해) 밖에'로 해석하여 고구려, 백제, 신라의 위치를 한반도 안에 잡고 있다. 이런 해석으로는 이글 다음 〈하략〉에 '고구려와 백제는 전성기에 강한 군사가 백만이어서 남으로는 오(吳)·월(越)의 나라를 침공하였고, 북으로는 유주(幽州)와 연(燕)·제(齊)·노(魯)나라를 휘어잡아 중국의 커다란 좀(위협)이 되었다(高麗百濟全盛之時 强兵百萬 南侵吳越 北撓幽燕齊魯 爲中國巨蠹).'라는 글이 있는데 문맥이 통하지 않는다. 반면 필자는 지(之)자 해석을 옥편의 (그 쪽으로) 갈지(往也)와 (그곳으로) 이를지(至也)의 의미를 반영하여 동해(황해) 쪽으로 해석하니 동양사 해석의 근본 문제가 쉽게 풀렸다.

[8] 김부식, 이재호 옮김, 『삼국사기』3, p.415.

[9] 일연, 이재호 옮김, 『삼국유사』, pp.78-81.

두 사서에서 '진한(辰韓)은 신라(新羅)'로 이어갔음을 분명히 말하고 있다.

신라 초기의 위치를 짐작할 수 있는 기록이 또 있다.

먼저 『삼국사기』 제37권 잡지(雜志) 제6에 보면, 중국의 사서들이 백제의 지리(地理)10)를 언급한 것을 인용한 부분이 있다.

『북사11)』에는 '백제의 동쪽 끝은 신라이고, (신라의) 서쪽과 남쪽은 모두 큰 바다를 한계로 했으며, (백제의) 북쪽 끝은 한강에 접했다(北史云 百濟東極新羅 西南俱限大海 北際漢江)'고 했다. 북조시대는 백제의 초기, 위례성에서 남쪽으로 조하(한강)를 건너 한성으로 천도한 이후에 해당한다고 본다.

여기서 한강12)은 '북대(北帶) 한수(漢水)라는 조백하(潮白河, 차오바이강)'를 말하며, 북쪽이 한강에 접한 것으로 보아, 온조왕이 한성으로 도읍을 옮긴 전후의 요서 백제를 말하는 것 같다. 여기서 말하는 큰 바다라는 대해(大海)는 앞의 지도에서 발해만과 이어진 해하(海河)를 말한다. 그리고 백제 동쪽에 신라가 있다고 한다.

신라가 있었다는 지역이 앞의 지도에서 중국의 요동 즉 하북성과 요녕성의 경계를 가리키고 있는데, 이곳에 과연 신라가 있었나 하는 점에서 『북사』의 기록과 함께 백제의 위치도 의심하게 된다.

이에 뒷받침이 될 수 있는 『삼국유사』 〈기이편 상〉 마한전에 있는 최치원(崔致遠)의 글을 보면 신라의 위치가 좀 더 선명해진다.

---

10) 김부식, 이재호 옮김, 『삼국사기』3, pp.152-171.

11) 북사(北史)는 중국 북조의 역사서로 당나라 이대사에 의해 편찬이 시작되었고, 그의 아들인 이연수에 의해 완성된 이십사사 중의 하나인 역사서이다.

12) 오운홍, 『한반도에 백제는 없었다』, pp.78-79.

'최치원이 말하길 "마한은 고구려이고, 진한은 신라다(崔致遠云 馬韓 麗也 辰韓 羅也)."'[13] 최치원은 신라가 진한을 계승했다고 말한다.

신라가 진한 땅에서 건국했음을 밝히는 사서가 또 있다.
『환단고기』《태백일사》〈고구려본기〉[14]에 선도성모 이야기가 있다.
'사로의 시왕(始王; 박혁거세)은 선도산 성모(聖母)의 아들이다. 옛날 부여제실(夫餘帝室)[15]의 딸 파소(婆蘇)가 있었는데, 남편 없이 아이를 뱄으므로 사람들의 의심을 받아 눈수(嫩水)로부터 도망쳐 동옥저(東沃沮)에 이르렀다. 또 배를 타고 남쪽으로 건너서 진한(辰韓)의 나을촌(奈乙村)에 닿았다(斯盧始王仙桃山聖母之子也 昔有夫餘帝室之女婆蘇 不夫而孕爲人所疑自嫩水逃至東沃沮 又汎舟而南下抵至辰韓奈乙村).'

신라의 시조 박혁거세의 어머니인 선도성모의 본명(성)이 파소(婆蘇)라는 점과 동옥저를 거쳐 진한 땅에 정착했음을 밝히는 과정에서 쑹화강(松花江) 북쪽 눈수(嫩水)에서 남쪽 진한 땅까지 이동한 경로를 소상히 기록하고 있다.
눈수는 대싱안링산맥(大興安嶺山脈)의 동쪽 기슭과 소싱안링산맥(小興安嶺山脈)의 서쪽 기슭에 쌓인 눈이 녹아 이루어졌다 하여 '넌장(嫩江, 눈

---

13) 일연, 이재호 옮김, 『삼국유사』1, pp.78-80.

14) 임승국, 한단고기, 정신세계사, 2016. pp.292-293.

15) 고조선의 3한 중 진조선의 47세 단군 고열가(古列加) 재위 58년(BC238)에 막을 내리고 이를 이어받은 해모수(解慕漱)가 세운 나라가 (북)부여이다. BC86년 해부루는 북부여의 제약을 받아 가섭원으로 이동하여 동부여가 된다.(출처: 범장이 지은 〈북부여기〉와 〈가섭원부여기〉) 동부여는 신채호가 말하는 신조선인데 나중에 진한으로 연결되었다고 보는 부여국이다.

강[16])'이라 부른다. 또한 쑹화강(松花江) 상류에 있으며, 동경125°20′ 북위49° 지점에 있는 '넌장(嫩江)'은 작은 도시로서 헤이룽장성(黑龍江省)의 옛 눈강현(嫩江縣)에 있다. 이곳에서 소싱안링산맥 산맥을 넘고 아무르강을 넘으면 러시아 땅 시베리아에 이른다. 신라 박혁거세의 어머니 선도성모(파소)는 눈수를 출발하기 전에 이미 시베리아 '샤먼의 문화[17]와 정서'를 지니고 있었다고 봐야 한다.

진한의 나을촌이 신라 박혁거세의 어머니인 파소의 도착지인 것이다. 여기서 박혁거세를 낳았을 것으로 본다.

이 기록을 근거로 하여 박혁거세가 태어난 나을촌과 나정(蘿井)은 한반도 경주가 아니라 진한 땅에서 찾아야 할 것 같다.

그렇다면 진한 땅이 구체적으로 어디인가?
『후한서』〈동이열전〉에 '진한은 (마한의) 동쪽에 있는데, (중략) 동쪽과 서쪽은 바다(해하)를 경계로 하니 모두 옛 진국(辰國)[18]의 땅'이라 했으니,

---

16) China Road Atlas, p.68 지도에 눈강(嫩江)이란 도시와 눈강(嫩江)이란 강의 명칭이 함께 표시되어 있다. 눈강(嫩江)과 눈수(嫩水)의 눈(嫩: 어린)은 우리말 눈(雪)을 가리키는 이두식 소리글자라고 본다. 왜 설강(雪江)이나 설수(雪水)라 하지 않았을까? 한자가 도입하기 전, 이미 수렵 생활(구석기시대) 때 '눈강'이니, '눈수'라는 지명이 있었을 개연성이 높은 곳이다. 눈(嫩)에는 여자(女)와 삼갈 칙(敕)이 합쳐진 의미가 들어있다. 눈이 오면 여자들은 수렵에 참가할 수 없고 어린 자녀와 함께 집안에 있어야 했었다.

17) 파소(婆蘇)의 소(蘇)는 솟대를 세우고 소도(蘇塗)를 관장하는 집안이다. 오운홍, 『고대사 뒤집어 보기』, pp.29-30. 금관과 시베리아 샤먼이 쓰는 모자와 녹각의 유사성 등을 말한다.

18) 『삼국사기』〈신라본기〉혁거세거서간 원년(BC57)에, '이보다 먼저 조선(朝鮮)의 유민이 이곳에 와서 산골짜기에 흩어져 살면서 여섯 촌락을 이루고 있었다(先是朝鮮遺民, 分居山谷之間爲六村)'라 했는데 이들 여섯 촌락이 있는 이곳을 신라의 땅으로 본다. 또 혁거

신라의 위치는 중국의 탕산(唐山)과 차오양(朝陽)과 진저우(錦州)[19]를 잇는 삼각지대의 요동 땅이라 본다. 이로써 백제의 동쪽 땅에 신라가 있음이 증명됨에 따라 '북사'의 기록에서 말하는 백제 위치도 신뢰할 수 있다. 진한이 마한의 동쪽에 있다는 것과 『삼국사기』〈신라본기〉에 초기 신라 때 마한을 서한(西韓)으로 표시한 것은 같은 맥락이라 할 수 있다.

백제의 지리를 밝히는데 『통전[20]』도 인용되었는데 '백제는 남쪽으로 신라에 닿았고, 북쪽으로는 고구려에 이르고 서쪽으로는 큰 바다를 한계로 한다(通典云 百濟南接新羅 北距高麗 西限大海)'고 기록되어 있다. 이 기록상의 백제는 근초고왕 전후로 보이며, 당시 중국에서 요서 백제로 명명되던 때이다.

신라 초기에는 백제의 동쪽에 있다(『북사』의 기록)하였는데 그동안 신라의 중심부가 이동하여 백제 남쪽 강소성과 안휘성으로 옮긴 것이다. 그리고 고구려도 낙랑 땅을 차지하여 백제 북부로 이동한 것이다. 이때 삼국의 배치는 중심 세력의 분포로 볼 때 북쪽에서 남쪽으로 고구려, 백제, 신라 순으로 배열된다고 본다.[21] 백제 서쪽의 대해는 톈진(天津) 부근의 해하(海河)를 말한다.

세의 모친 선도성모가 부여제실의 딸 파소(婆蘇)로서 눈수(嫩水)에서 진한(辰韓)의 나을촌(奈乙村)에 이르렀다 했는데 같은 곳으로 본다.

19) 임둔 봉니가 출토된 진시시(錦西市)는 대릉하(大凌河)의 서쪽에 있다.
20) 통전(通典)은 당(唐)의 두우(杜佑)가 저술한 책이다. 중국(中國) 역사상 최초로 형식이 완전히 갖추어진 정치 서적이다. 통전은 제순유우씨(帝舜有虞氏)의 시대에서부터 당(唐)의 현종 시기까지의 법령 제도와 그 제도의 연혁 그리고 정치의 대요(大要)를 연대순으로 하여 기록한 책이다.
21) 오운홍, 『한반도에 백제는 없었다』, pp.140-141.

3. 역사의 곡해와 왜곡을 푸는 살수와 견아성 찾기

소제목이 주는 모호함을 해소하기 위해 보충 설명을 하면, 『삼국사기』를 곡해(曲解)하여 왜곡한 안정복의 『동사강목(東史綱目)』의 살수를 지적하고자 한다

신라 초기의 위치를 밝혀주는 또 하나의 기록이 『삼국사기』의 〈신라본기〉와 〈고구려본기〉, 〈백제본기〉에 분명히 남아있다.

바로 살수(薩水) 유역에 있다는 견아성(犬牙城) 기록이다.

〈신라본기〉, '소지마립간 15년(493년) 봄 3월에 백제왕 모대(牟大, 동성왕)가 사신을 보내어 혼인을 청하므로, 왕(소지왕)이 이벌찬 비지(比智)의 딸을 그에게 보냈다.' 이때 신라 도읍의 위치[22]는 안휘성에 있었다고 본다.

신라와 백제가 혼인동맹(나제동맹) 있던 다음 해, 494년 '신라 소지왕 16년 가을 7월에 장군 실죽 등이 고구려와 살수(薩水)의 들판에서 싸웠으나 이기지 못해 물러나 견아성(犬牙城)을 지켰다. 고구려 군사가 이를 포위하니 백제왕 모대가 군사 3천을 보내 구원하여 포위를 풀었다.'

---

22) 현대 중국 지도 'China Road Atlas, p.98』'의 안휘성 화이난(淮南)시에서 팔공산구(八公山區, E116°52′ N32°38′)를 찾을 수 있다. 팔공산구는 그 인근에 있는 팔공산국가지질공원(八公山國家地質公園)과 관련이 있다고 본다. 그리고 그 남쪽에 수현(壽縣)이 있는데, 그 인근에 수현 고성(古城, E116°47′ N32°33′)이 있다. 아마도 경주(慶州) 고성이 아닌가 한다. 이를 명확히 밝혀줄 사료가 있다. 청나라 때 만든 지도, 대청광여도(大淸廣輿圖)를 보면, 지금의 안휘성 화이난시 북쪽에 팔공산이 있고 동남쪽에 (토)함산(含山, E118°6′ N31°43′)이 있으며, 팔공산 남쪽 지금의 화이난시와 함산의 서쪽 허페이(合肥)를 묶어 '경주부(慶州府) 허페이(合肥)'로 표시되어 있다.

같은 기사가 〈백제본기〉에도 있다. '동성왕 16년 가을 7월에 고구려와 신라가 살수 언덕에서 싸웠는데, 신라는 이기지 못하고 물러가서 견아성(犬牙城)을 지켰다. 고구려가 이를 포위하자 왕은 군사 1천 명을 보내어 신라를 구원하여 포위를 풀어주었다'고 한다.

이때 백제의 지원군은 웅진성에서 보내온 것이 아니고, 장삿길 교두보였던 백제의 치양성(雉壤城)에서 긴급하게 지원된 것으로 보인다.

두 나라 역사서에 같은 기록이 등장한 것이다. 백제 지원군의 숫자(3천, 1천 등)는 다르지만 혼인국끼리 군사 동맹이 이루어진 것으로 보아, 사학자들은 이를 나제동맹 시기로 보고 있다.

〈고구려본기〉에도 같은 기사가 있다. '문자명왕 3년 가을 7월에 우리 군사가 신라 사람과 살수 언덕에서 싸워, 신라 사람이 패전하여 견아성(犬牙城)을 지키니 우리 군사가 이를 둘러쌌다. 그런데 백제가 군사 3천 명을 보내어 신라를 구원하므로 우리 군사는 물러왔다.'

세 나라 기사가 동일한 사건(견아성 전투)을 다루고 있다.

고구려 측에서 볼 때, 494년 7월의 전투는 처음에 승리한 전투였는데 나제동맹으로 인해 놓친 것이 매우 불쾌한 일이 되었다. 〈고구려본기〉에 다음처럼 기록되어 있다.

이듬해(495년) 가을 '8월 문자명왕(4년)은 군사를 보내어 (작년 사태의 보복으로) 백제의 치양성(雉壤城)을 포위하니, 백제는 구원을 신라에 청했다. 신라왕은 장군 덕지(德智)를 명하여 군사를 거느리고 가서 구원하게 하므로 우리(고구려) 군사는 물러나 돌아왔다.'

〈백제본기〉에도 '동성왕 17년(495) 가을 8월에 고구려가 침입하여 치양성을 포위하므로 신라왕은 장군 덕지를 명하여 군사를 거느리고 우리(백제)를 구원하니 고구려 군사는 물러갔다.'고 기록되었다.

〈신라본기〉에도 있다. '소지마립간 17년(495) 가을 8월에 고구려가 백제의 치양성을 포위하므로 백제가 구원을 청했다. 왕은 (견아성의) 장군 덕지에게 명하여 군사를 거느리고 구원하게 하였는데, 고구려 군사들이 무너져 달아나므로 백제왕이 사신을 보내어 와서 사례했다'는 기록이 있다.

세 나라 모두 같은 지명으로 인정하고 전략적 요충지로 기록한 것을 보면, 역사 기록은 매우 중요했던 사실을 기록한 것으로 보인다. 그런데 신라 견아성(犬牙城)의 위치가 어디일까 하는 점이다.

살수(薩水) 언덕이라 했으니 살수 유역에 있다고 할 수 있다.

그렇다면 살수라는 강은 어디일까?

〈고구려본기〉 영양왕 23년(612)에 수나라 양제가 백만 대군을 이끌고 고구려를 침공할 때, 살수라는 강을 건넜고, 을지문덕의 살수대첩 승리에 나오는 기사에 살수가 나온다. 당시의 기록은 살수라는 지명을 변하지 않는 표식으로 삼았을 텐데, 후일 그 강 이름마저 어디인지 알 수 없게 되었다.

그런 중에 『삼국사기』〈고구려본기〉에 나온 고구려와 수나라 전황을 상세히 기록한 안정복의 『동사강목(東史綱目)』에서 살수는 안주의 청천강이라 했다. 안주라면 한반도 평양 북쪽에 있는 청천강을 말하고 있다.

필자를 비롯하여 국사를 배운 수많은 사람들이 살수를 청천강으로 알고 있다.

그런데 신라 견아성을 살수(청천강)에 대입시키면, 한반도 청천강 유역에 신라 땅이 있다는 말이 된다. 평양에서 북쪽으로 불과 70㎞ 정도 가까운 곳이다.

국사학계의 주장 그대로 보면, 당시 상황은 견아성 전투(494)가 있기 전에 고구려 장수왕 15년(427)에 서울을 평양으로 옮겼다 했으니, 견아성 전투는 고구려 한복판에서 벌어졌다고 할 수 있다.

한반도 지도를 펼쳐놓고 보면, 이것이 실제 사실로 받아들일 수 있는 역사인가? 더구나 신라의 견아성을 구원하기 위해 백제군이 견아성 전투에 파병까지 했으니 한강 유역의 한성에 있는 백제군이 고구려 서울인 평양을 밟고 지나갔다는 것이 되는데, 말이 되는 역사인가?

4. 역사 해석의 오류가 낳은 청천강 살수

이 같은 의문에 대해 국사학자들은 역사(삼국사기) 기록이 잘못된 것이라 발을 뺀다. 바꾸어 말하면, 그동안 학자들은 잘못된 역사 기록을 신뢰하고 인용했다는 말이 된다.

잘못된 기록이라니, 신라의 〈신라고기〉나 〈신라고사〉 뿐만 아니라 고구려의 〈유기〉나 〈신집〉이, 그리고 백제의 〈서기〉가 하나같이 잘못된 역사를 기록했다는 것이 된다. 이에 대해, 필자가 보기엔 역사 기록은 정확한데 후세 사가들이 해석을 잘못한 것으로 본다.

더욱 놀라운 것은 『삼국사기』 이후, 후세 사가들에 의해 역사가 왜곡된 것을 현대 학자들이 이렇게 왜곡된 사실을 인지하지 못하고 있다는 사실이다.

살수를 청천강으로 본다면 견아성 전투를 설명할 수 없을 뿐더러, 을지문덕의 살수대첩 전황 기록도 맞지 않는다.

〈고구려본기〉의 기록에는 '수나라 군대가 고구려를 공격할 때, 압록수의 서쪽에 모였다가 강을 건너 동쪽으로 진군하여 살수에 이르렀다' 한다. 이 말은 압록수가 남쪽으로 흐르는 강임을 말한다.

그런데 한반도의 압록강은 서쪽으로 흐르는 강이다. 압록강 북쪽에 모였다가 강을 건너 남쪽으로 진격해야 청천강에 이른다. 동진이 아니라 남진이라니 문헌(고구려본기) 기록과는 진군 방향이 달라진다. 학자들은 이를 두고 '삼국사기'의 기록이 잘못된 것이라고 증거를 삼으려 한다.

문헌상의 두 강(압록수와 살수)은 남쪽으로 흐르는 강이라 했는데, 역사를 왜곡한 안정복은 두 강(압록수와 살수)을 서쪽으로 흐르는 압록강과 청천강으로 비정했으니 물줄기를 바꾸어 놓은 셈인데, 현대 사학자들이 이를 모르는 자체가 더 놀라운 일이다.

또 하나 증거 기록이 있다. 〈고구려본기〉에 보면, 살수에서 패한 수나라 패잔병이 '하룻낮 하룻밤에 압록수에 이르니 4백5십 리나 행군했다(一日一夜 至鴨綠水 行四百五十里).'라고 기록되어 있다. 이를 근거로 계산하면 문헌상의 살수와 압록수의 거리는 180㎞(450리)가 된다.

그런데 한반도의 청천강에서 압록강 사이의 실제 거리는 100㎞ 정도이다. 역사 기록과 분명히 다르다. 여기서 '삼국사기'를 비판하는 학자가 있다.

　필자가 보기엔 압록수의 거리상 청천강이 살수가 아닌 것이 분명한 것이고 그뿐만 아니라 청천강이 살수가 아닌 것이 되면 압록강도 압록수가 아닌 것이 된다.

　살수와 압록수와의 거리로 볼 때, 문헌 기록(180㎞)과 실제(100㎞)의 거리가 다른 것만 가지고 말하기엔 뭔가 부족하다는 느낌이 들어 살수라는 지명이 문헌상에 또 있는지 찾아보았다.

　〈고구려본기〉에 '고구려 대무신왕 27년(44) 가을 9월에 한나라 광무제가 군사를 보내어 바다를 건너 낙랑을 쳐서 그 땅을 빼앗아 군·현으로 삼으니 살수(薩水) 이남이 한나라에 소속되었다(二十七年 秋九月 漢光武帝 遣兵渡海 伐樂浪 取其地 爲郡縣 薩水已南屬漢).'는 기록이 있다.

　여기서 살수를 한반도 청천강으로 삼으면, '살수 이남이 한나라 소속'이라 했으니 평양은 물론 한반도 전역이 한나라 영역이 된다. 그런데 청천강 이북과 압록강 이북 요동 땅과 만주가 고구려 땅이니, 지도에 두 나라의 색을 구분하여 칠해서 보면 한(漢)나라는 두 동강이 난 셈이 된다.

　다시 말해 한반도 대동강에 설치한 한나라의 낙랑군은 고립무원 지대가 된다. 상식적으로 말이 안 되는 역사 해석이 아닌가 한다.

　이런 점을 미루어 볼 때 앞으로는 청천강을 살수로 보는 인식을 바꾸어야 한다. 청천강이 살수가 아님이 분명해짐에 따라 낙랑군이 청천강 이남 대동강 유역에 있었다는 것도 자동적으로 부정되는 것이다.

　강단사학계는 이점을 눈여겨봐야 하고 잘못된 주장과 고집을 버려야 한다.

살수라는 지명이 『삼국사기』〈신라본기〉와 〈백제본기〉, 특히 〈고구려본기〉에는 여러 곳에 분명히 나오는데, 위치를 고증할 수 없어 안타까워하던 중에 살수라는 지명의 위치를 찾을 수 있는 기록이 다행히 국내 사서 『단군세기』에서 발견되었다.

4세 단군 오사구(烏斯丘)가 '경인(庚寅) 7년(BC2131년), 배 만드는 곳(조선소)을 살수의 상류에 설치했다(庚寅七年設造船于薩水之上).'는 기록이 있다.

이 기록을 근거로 한반도의 청천강을 다시 살펴보면, 강의 길이가 짧고 갈수기에는 상류의 수량이 적고 경사가 심해서 조선소 설치에 적합하지 않다고 본다.

한반도의 청천강을 배제하고 살수를 찾아 고증하려면 다음과 같은 조건에 근거를 두지 않으면 아니 되었다.

조건①: 광무제가 한사군을 설치함으로써 '薩水已南屬漢(살수이남속한; 살수 이남이 한나라에 속하게 되었다)'이란 기록에 의거, 한사군과 한나라가 끊어지지 않고 이어지는 위치의 강이면서, 동시에 수량이 많아서 조선소 설치가 가능할 수 있는 강이 현대 지도에서 찾으면 어느 강일까?

조건②: 진저우(錦州)시 서쪽의 소황띠(小荒地)라는 고대 성곽에서 임둔태수장(臨屯太守章)이란 봉니가 발견됐다. 따라서 임둔군의 위치가 밝혀졌다. 임둔군은 한사군의 하나이며 서로 연이어 있었다. 이승휴(李承休)는 『제왕운기(帝王韻紀)』에서 한사군의 위치에 대해 '진번임둔재남북(眞番臨屯在南北)이고, 낙랑현도동서편(樂浪玄菟東西偏)'이라 했다. 이를 연결 지어보면 한사군은 진저우(錦州)까지 영역으로 볼 수 있다. 이곳까지 경계로 하는 강줄기는 어디일까?

조건③: 진저우시 동쪽 옆에서 남쪽으로 흐르는 대릉하(大凌河)가 있다. 대릉하를 지도에서 찾으면, 남쪽 바다인 발해만으로 흐르고, 대릉하의 중상류에는 차오양(朝陽)이 있다. 차오양과 츠펑(赤峰)은 홍산(랴오허)문명 관련 고고학적 유물이 계속 발견되고 있는 곳의 중심으로서 필자는 고조선의 도읍지가 아닌가 한다. 고조선의 도읍지는 다음 기회의 책에서 밝힐 계획이다.
　이 대릉하는 상류에도 수량이 많고 차오양과 가까워서 단군 오사구(烏斯丘)가 BC2131년에 배 만드는 곳(조선소)을 설치했을 가능성이 높은 강이다.

조건④: 대릉하를 지도에서 찾아보면, 강의 중류에 백석수고(白石水庫, 호수)를 기점으로 하여 거의 직각으로 굽어진 흐름을 보인다. 강의 중상류는 서에서 동으로 흘러 호수에 이르고, 호수를 지나 중하류는 북에서 남으로 흐르고 있다.
　을지문덕의 살수대첩 전술을 보면 수공(水攻)이 나온다. 살수의 중류에 제방을 무너뜨려 수공으로 수군을 수장시켰다는 이야기가 전해진다. 실제로 대릉하(大凌河) 상류에는 지금도 저수지와 제방들이 많이 있어 큰물을 전투에 활용할 수 있는 강이라고 본다.

조건⑤: 문헌대로 '대릉하까지 한사군(임둔군)'이라면 살수 이남의 땅이 중국 요서의 한나라와 연결된다는 기록이 성립된다.

　　필자 판단으로는 '薩水已南屬漢(살수 이남이 한나라에 소속되었다)'라는 기록으로 보아, 츠펑(赤峰)과 인접한 차오양(朝陽)과 진저우(錦州) 옆을 흐르는 대릉하가 옛날 살수라고 본다.

　이같이 다섯 가지 조건을 충족하는 근거자료를 연결하여 보면 대릉하에서 살수가 분명히 보인다.

　고구려 대무신왕 27년(44) 때 한사군의 경계로 삼았던 살수와 을지문덕의 살수대첩(612)과는 568년이라는 시간 차이가 있지만 같은 고구려의 역사 기록이고 살수라는 강 이름이 달라질 수 없다고 생각한다. 이런 추론 아래 612년의 살수와 대무신왕 27년(44) 때의 살수와 고조선의 4세 단군 오사구(烏斯丘)가 BC2131년, 배 만드는 조선소를 설치했다는 살수를 같은 강으로 본다. 이를 근거로 청천강이 살수가 아님을 밝혀낸 것이다.

　대릉하를 살수로 본다면 압록수라 비정할 만한 강이 있다. 이는 곧 역사의 기록을 증명하는 증거 자료로 채택할 수 있다.

　중국의 지도(China Road Atlas, p.23)를 펼쳐놓고 보면, 발해의 요동만 북안에 금주(錦州)시가 있고 그 동쪽 부근에 북남으로 흐르는 대릉하(살수)가 있다. 금주시에서 서남 방향으로 해안선을 따라가면 〈고구려 본기〉 기록에 맞는 180㎞(450리) 정도 떨어진 곳에 진황도(秦皇島)시가 있고 가까이에 석문성(石門城)이 있다. 그리고 진황도 도시 동편에 만리장성 시작점인 노룡두(老龍頭)가 있다. 진황도와 노룡두(만리장성) 사이를 흘러 남쪽 바다(발해)로 들어가는 석하(石河)가 있는데, 그 강의 중

상류에는 압수하(鴨水河)와 합수하는 곳에 석문채(石門寨, E119°35′ N40° 6′)가 있다. 압수하의 옛 이름이 '압자(鴨子, 오리)하(河)'라 한다.

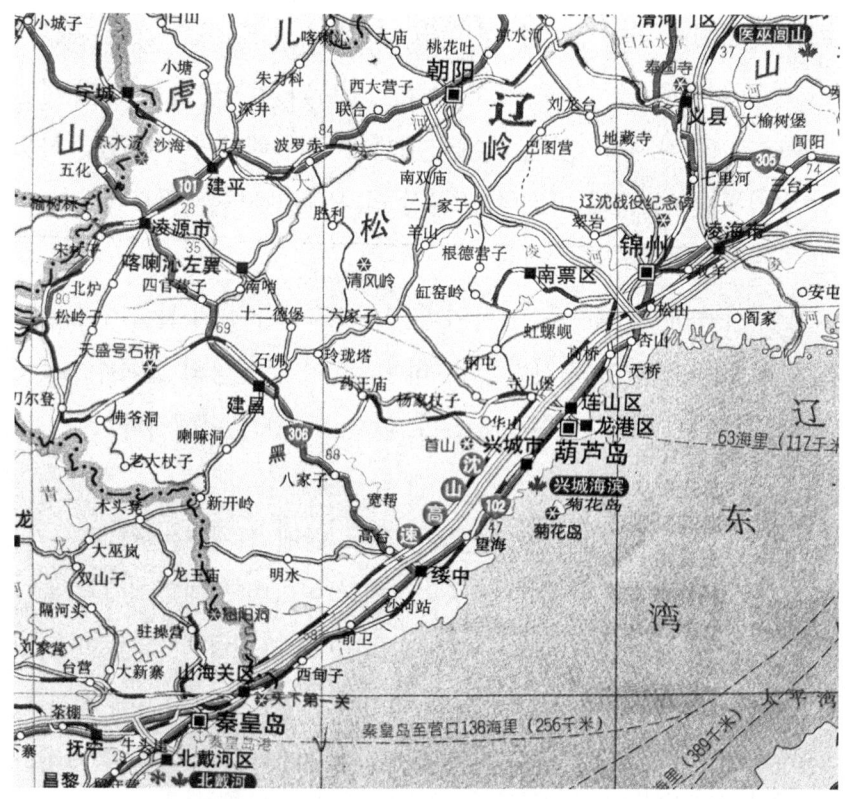

▲ 살수(대릉하)와 압록수(압수하) (출처; China Road Atlas, p.23)

『산해관지(山海關志)』의 기록에 의하면, '압자하는 산해관 성곽 서북 25리 되는 서북산(西北山)에서 발원하여 석하(石河)로 흘러든다.' 압지하와 석하의 합수목 북쪽에는 옛 성곽이 있다. 현 진황도시의 〈지명지(地名志)〉에는 강기슭에 있는 성곽이 '당나라 전(前) 고(구)려인이 이곳에 돌로 축성하고 관문으로 삼았으며 그래서 석문성(石門城)이라 부른다고 전한다.'는 기록이 있다[23]고 한다.

이와 같은 문헌을 종합할 때, 석문채(石門寨, 石門城) 곁을 흐르는 압수하(鴨水河)가 『삼국사기』〈고구려본기〉의 기록, 즉 1)'수나라 침략군이 최종 집결했던 곳이 압록수 서쪽이란 경계의 그 강'이고, 2)'을지문덕이 적정을 살필 목적으로 거짓 항복을 했다가 되돌아가는 길에 건넌 압록수가 그 강'이고, 3)'살수에서 패한 수나라 패잔병이 하룻낮 하룻밤에 압록수(鴨綠水)에 이르니 4백5십 리나 행군했다는 기록에 나오는 압록수가 그 강'이라고 본다.

문헌 기록에 나오는 두 강 사이의 거리(450리)나 강의 물줄기가 남쪽으로 흐르는 방향이 똑같다. 압수하(鴨水河)가 문헌상의 압록수(鴨綠水)가 분명해짐에 따라 대릉하(大凌河)도 살수(薩水)가 분명해진다.

여기서 한가지 짚고 넘어갈 일이 있다. 단재 신채호는 『삼국사기』의 편찬 책임자 김부식을 향해 중국 지향적이라며 사대주의자로 몰고 『삼국사기』가 왜곡되었거나 조작되었다고 주장했다. 신채호의 이런 주장 때문에 그동안 일반인은 물론 역사학자들도 삼국사기에 대한 불신이 높았고, 쉽게 이해하지 못하는 부분은 왜곡되거나 틀린 것이라 단정짓는 풍조가 생겼다. 심지어는 김부식처럼 '욕먹는 역사책'을 쓰면 아니 된다고 목소리를 높이는 재야사학자도 보았다.

필자는 이 부분에서 분명히 '잘잘못을 따지고 넘어가야 된다'고 생각한다.

---

23) 김호림, 『고구려가 왜 북경에 있을까』, p.250.

단재가 『삼국사기』의 기록이 중국 지향적이라 했는데, 필자의 저서 1, 2, 3권처럼 삼국이 모두 중국 땅에서 건국했고 중국을 무대로 치열한 다툼을 벌였는데 중국 지향적은 물론 중국 무대가 당연한 일이다.

또 앞서 보았듯이 살수를 한반도 청천강으로 믿는 사람에게는 신채호의 생각이나 주장이 옳은 것처럼 보일 것이다.

그런데 필자가 밝힌 대로 살수를 대릉하로 보면, ①살수(대릉하)와 압록수(압수하)의 거리가 450리(180km)라는 문헌 기록과 정확히 맞으며, ②살수와 압록수가 서쪽이 아니라 남쪽으로 흐르는 강이란 문헌 기록도 맞으며, ③을지문덕이 수공작전을 펼칠 수 있는 여건도 갖춘 강임이 증명되어 『삼국사기』〈고구려본기〉의 기록이 100% 맞는다고 본다.

이 부분, 즉 1)신라, 고구려, 백제의 살수 언덕과 견아성 전투, 2)수양제의 침입과 고구려 을지문덕의 살수대첩 전황에서 만큼은 『삼국사기』가 틀렸다고 본 유명 학자나 그에 동조해온 학자들의 생각이 100% 틀렸다고 할 수 있다.

살수 관련 역사뿐만 아니라 다른 부분에서도 우리가 틀렸다고 보았는데 알고 보니, 우리가 몰랐거나 잘못 생각한 사례가 더 있을 수 있다.

앞으로는 국사 교과서나 각종 소설, 만화, 위인전에 나오는 살수대첩의 살수를 한반도의 청천강으로 표현한 구절을 바로잡아 역사의 영역을 있는 그대로 넓혀주어야 할 것으로 생각한다.

그런데 안정복은 『동사강목(東史綱目)』(1778)을 쓸 때, 왜 살수를 청천강으로 비정했을까?

다음 (3)장에서 자세히 소개하겠는데, 간단히 말하면 『동국지리지』

(1615)를 쓴 한백겸(韓百謙)의 사관을 이어받았다고 본다. 참고로 한백겸은 청천강을 패수로 보았는데 안정복은 이를 살수로 정정한 것이다.

살수가 한반도 청천강이 아니라는 사실이 밝혀진 이상 우리가 찾던 견아성의 위치는 현재의 명칭인 대릉하 서편에 있는 진저우 부근으로 비정할 수 있다. 그런데 문제는 요동의 살수 강변에 있는 견아성이 어떻게 강소성과 안휘성에 자리 잡고있는 신라의 영토가 되는 것일까?

삼국 즉 려(麗), 제(濟), 라(羅)를 강역(彊域, 국경 표시) 국가로 표시한다면, 역사 기록을 통해 나타나는 이같은 문제를 쉽게 설명할 수 없다. 당시 3국은 강역 국가라기보다 영역(세력이나 영향력의) 국가[24]로 봐야한다. 신라의 견아성은 동북방 장삿길의 교두보로 보이며, 장군 실죽은 견아성을 담당하는 책임자라고 할 수 있다.

『북서』에 의하면 신라는 초기 백제시대에 백제 동편에 있다 하였다. 대릉하 서편에 있었다는 신라 견아성(犬牙城) 위치가 초기 신라가 진한을 이어받았을 때는 동쪽 교두보라고 할 수 있다.

신라를 중심으로 위치를 잡으면, 그 서쪽에 백제가 있고, 그 백제의 서쪽에 마한의 국읍 다퉁(大同)이 연달아 이어진 배치도를 그릴 수 있다.

지금까지 신라의 첫 근거지이며, 장삿길의 주요 거점인 견아성(犬牙城) 위치를 다룬 것은 대릉하에서 난하까지 발해만 북안 해안지대를 진국으로 보고 있음을 확인하고자 하는 것이다.

---

[24] 오운홍, 『한반도에 백제는 없었다』, pp.214-215.

5. 살수, 패수, 요수를 찾아야 역사가 바로 선다

국사학계는 살수를 평안북도와 평안남도의 경계를 이루고 있는 청천강(淸川江)으로 보았고, 패수를 청천강 남쪽에 있는 평안남도 대동강(大同江)으로 보고 있으며, 우리에게 그렇게 가르쳐왔다.

앞에서 살수가 청천강이 아님을 상식선에서 논리적으로 증명하였다.

살수(薩水)의 위치를 찾았으니 패수(浿水)와 요수(遼水)를 찾는 것도 한국사의 기준점이란 면에서 매우 중요한 일이다.

다음으로 찾을 곳은 패수(浿水)의 위치이다.

『삼국사기』〈백제본기〉온조왕 원년(BC 18) 기사를 보면, '비류와 온조가 패수(浿水)와 대수(帶水)의 두 강을 건너(渡浿帶二水) 부아악(負兒嶽)에 올라 살 만한 땅을 바라보았다'는 기록이 있다.

근초고왕 26년(371)에는 '고구려가 군사를 일으켜 쳐들어오므로 왕은 이 말을 듣고 군사를 패강(浿江) 상류에 매복시켜놓았다가 그들이 오기를 기다려 급히 치니, 고구려 군사들은 패배했다. 이어서 겨울에 평양성을 공격하니 고구려왕 사유(斯由, 고국원왕)가 전사했다.'는 기록이 있다.

〈고구려본기〉에는 '고국원왕 41년(371) 겨울(10월)에 백제왕(근초고왕)이 군사 3만 명을 거느리고 와서 평양성을 공격하므로 왕은 군사를 거느리고 나가서 이를 막다가 날아오는 화살에 맞고 이달 23일에 세상을 떠나므로 고국(故國)의 언덕에 장사지냈다.'는 기록이 있어 〈백제본기〉의 기록과도 일치한다.

여기에 나오는 패수(浿水)와 패강(浿江)은 같은 이름의 강으로 본다.

패수(패강)의 위치를 찾는 이유는 첫째 백제의 첫 도읍지의 위치를 찾는 이정표가 되고, 둘째 백제 근초고왕의 활동무대와 고국원왕 때의 평양성의 위치를 가늠하는 단서가 되어 학계에서 볼 때 가장 중요한 역사의 기준점이 되기 때문이다.

우리는 과거 역사의 기준점을 찾고 명확히 하는데 너무 소홀하였고, 학계에서는 한반도 백제의 근초고왕이 바다 건너 요서로 진출했다는 등 역사 왜곡을 서슴지 않았다고 본다.

패수의 위치에 대해 중국의 사서『수경주(水經注)』[25]의 원문인〈수경〉에 '패수(浿水)는 낙랑 루방현에서 나와서 동남으로 흐르다가 패현(浿縣)[26]을 지나면서 동쪽 바다(발해)로 들어간다.'(浿水出樂浪鏤方縣, 東南過臨浿縣, 東入于海)는 기록이 있다.

'패수는 낙랑의 루방현에서 나온다.'라고 했으니, 루방현은 패수의 상류에 있다는 말이 된다. 루방현의 위치를 알면 패수의 위치는 저절

---

25) 『수경주(水經注)』는 중국남북조시대에 저작된 지리서이다. 『수경(水經)』이란 책에 주석이 추가된 서적이다. 책의 저작 연대는 연창(延昌) 4년(515년)으로 추정된다. 수경주의 주요 내용은 고대 중국의 수로(水路)를 기술하고 추가적으로 지역의 특색을 기술하였다. 본문의 내용에 주석이 붙어있는 형식으로 되어있다. 수경주는 북위시대에 역도원에 의해 편집되었다. 수경의 원래 분량에서 40배 크기로 방대해졌다. 10세기 무렵 책의 일부 내용이 유실되었다. 그리고, 책의 내용도 경문(본문)과 주석이 뒤죽박죽이 되었다. 수경주를 복원하려고 명나라, 청나라의 유명한 학자들이 조사하여 조합한 결과, 여러 종류의 복원이 이루어졌다. 그중에서 가장 상세한 고증본은 명나라의 주모위(朱謀㙔)가 1615년에 복원한『수경주소(水經注疏)』이다. 수경주소를 토대로 하여 전조망과 대진 등이 문장을 추가한 수경주가 나왔다.

26) 패현(浿縣)이 현 20세기 지도에는 난현(灤縣)으로 표기되어 있다. 실제로 이곳을 지나는 난하(灤河)의 물줄기가 동남에서 동쪽으로 바뀐다.

로 알 수 있다. 중국 문헌의 기록을 보면 루방(현)은 현재의 베이징 인근 서북쪽으로 나타난다.

　김운회 교수는 『우리가 배운 고조선은 가짜다』에서 『요사遼史』[27]의 기록을 소개하고 있는데 루방현에 대한 기사가 있다.

　'(요[28]나라 때) 자몽현(紫蒙縣)은 본래 한(漢)나라 누방현(鏤芳縣)[29]의 땅이다. 후에 불열국(拂涅國)[30]으로 동평부(東平府)를 두고 몽주(蒙州)[31]의 자몽현(紫蒙縣)을 거느리게 했다. 후에 요성(遼城)으로 옮겨 황령현(黃嶺縣)에 포함되었다. 발해(渤海)가 다시 자몽현(紫蒙縣)으로 삼았다. 호(戶)가 일천(一千)이다.'

---

27) 요사(遼史)는 대요사(大遼史)라고도 하는데, 중국의 정사인 이십사사(청제국 건륭제가 정한 24종의 기전체 역사서) 중의 하나로 거란족이 세운 요나라의 역사를 다룬 116권의 사서이다. 원나라 때 재상 토크토(脫脫) 등이 사료를 모아 1344년 완성하였다.

28) 대요(大遼, 916년-1125년) 혹은 '키타이(契丹) 구르(國)'는 거란족이 중국 북부와 몽골 지역에 세운 왕조다. 야율아보기가 건국했으며, 몽골, 둥베이, 화베이 일부를 차지하고, 10-11세기경에 동아시아 최강국의 위세를 자랑했다.

29) 김운회 교수는 누방현(鏤芳縣)으로 읽고 있는데 본 책에서는 루방현(鏤芳縣)으로 표기하고 있다.

30) 불열국(拂涅國); 우리가 아는 해모수의 부여는 북부여인데, 졸본부여의 성립으로 해부루가 동부여로 떠나갈 때에 이를 따라가지 않은 북부여의 후손이다. 고구려 대무신왕 5년(22)에 의해 낙씨부여라고도 인정되었다. 『요사지리지』에서는 불열국(拂涅國)이라고 하였다. 그런데 불열국은 『위지동이전』에서 부여국이라고 기록하고 또 예(穢)(hu)라고도 하였으니, 예왕지인(穢王之印)이라는 국새(國璽)를 가졌었다. 요녕성 부신(阜新市) 지방의 불열국은 고구려 태조대왕(53-146) 때에 고구려의 중국 공격을 저지하여 괴롭혔으며, 또한 불열국은 요동왕 공손탁(194年卒)의 질녀를 왕비로 맞이했고 의려왕(282)에 이르러 선비족 모용외에게 쫓겨 일본으로 갔다.

31) 내몽고자치구를 말함

(紫蒙縣 本漢鏤芳縣地 後拂涅國置東平府 領蒙州紫蒙縣 後徙遼城 併入黃嶺縣 渤海復爲紫蒙縣 戶一千).

여기서 중요한 단서를 찾을 수 있다. 요(遼)나라 자몽현(紫蒙縣)은 한(漢)나라 루방현(鏤芳縣)이라 했으니 위치가 같은 땅이다. 루방현이 요나라에서 자몽현(紫蒙縣)으로 불렸다는 것은 몽주의 경계에 루방현이 있음을 암시하고 있다. 이 땅에 있었던 불열국(拂涅國)이 몽주(蒙州)의 자몽현(紫蒙縣)을 거느렸다고 했다. 이곳을 지도상에서 찾으면, 베이징과 청더(承德) 사이를 흐르는 난하(灤河; 패수)의 상류는 하북성과 내몽고자치구(蒙州)가 만나는 E116° N42° 지역이다. 이곳에서 발원하여 청더 서쪽 부근을 흐르는 난하(灤河)라는 강이 수경주에서 말하는 패수의 위치와 일치한다.

패수는 동쪽으로 흐르는 강이라 했다. 그런데 국사학계가 패수라고 주장하는 한반도의 대동강은 서쪽으로 흐르는 강이다. 왜 이렇게 엉뚱한 곳에 패수라는 이름을 붙이게 되었을까?
〈수경〉에서 말하는 것처럼 '패수와 낙랑(樂浪)'은 불가분의 관계에 있다.
일제 강점기에 일본이 우리 역사 〈조선사〉를 써 줄 때, 한반도 북부에 한사군이 설치되었다고 하고 낙랑군을 대동강변 평양에 배치하자니 패수를 끌어와서 대동강을 패수로 둔갑시킨 것이라고 본다. 정말 어처구니없는 일이다.
실제로 한(漢)의 사군(四郡) 중 낙랑군은 한반도가 아닌 중국의 난하

(패수) 옆에 존재했음을 필자가 앞의 책에서 밝힌 바 있다.[32]

〈조선사〉 발간(1938) 이후 우리는 80여 년간 잘못된 역사 교과서로 잘못된 한국사를 배우고 가르쳐왔다고 할 수 있다.

패수는 중국 난하(灤河)의 옛 이름의 강이라 할 수 있다.

패수가 지금의 난하인지, 『삼국사기』 기록에 대입시켜 확인해 보자.
바로 앞에서 소개한 '온조왕 원년(BC18) 기사, 비류와 온조가 패수(浿水)와 대수(帶水)의 두 강을 건너(渡浿帶二水)'의 대수가 더욱 선명해진다.
대수(帶水)의 대(帶)는 허리띠와 같이 '띠를 두르다'란 의미를 갖고 있는 것처럼 백제에서 볼 때 방어선의 띠가 되는 강이다. 대수는 현재 차오바이강(조백하)을 말한다. 현대 지도를 펼쳐놓고 보면, 조백하의 백하는 북경의 서쪽을 돌아 흐르고 조백하의 조하는 북경의 동쪽을 돌아 흘러 마치 허리띠와 같은 모양의 흐름이다. 2,000여 년 전 백제가 건국할 당시 도읍 위례성(북경 동부지역 추정)에서 볼 때 허리띠와 같아 조백하를 대수(帶水)라 불렀을 개연성이 있다.

『삼국사기』 권 제23 〈백제본기〉 시조 온조왕 편의 기록을 보면, 비류와 온조와 소서노 일행이 고구려를 탈출하여 도읍지를 정하는 과정을 그린 기록을 세밀하게 분석해 보자.
'그들은 마침내 한산(漢山)에 이르러 부아악(負兒嶽)에 올라 살 만한 땅을 바라보았다.(중략) 오직 이 하남(河南) 땅은 북쪽 둘레에 한수(漢水)가 (방어) 띠(帶)를 이루고, 동쪽으로 높은 산악을 의지할 수 있으며, 남

---

32) 오운홍, 『고대사 뒤집어 보기』, pp.204-209.

쪽으로 기름진 땅과 못(연못)이 있는 평야가 펼쳐지며, 서쪽은 큰 바다가 막아주므로 그(이)런 자연적 요해와 지리는 얻기 어려운 지세입니다(遂至漢山 登負兒嶽 望可居之地 -중략- 惟此河南之地 北帶漢水 東據高嶽 南望沃澤 西阻大海 其天險地利 難得之勢 作都於斯 不亦宜呼).'

한산(漢山) 부아악(負兒嶽)에 올라 그들이 도읍으로 정한 땅은 이렇다. 북쪽은 한수, 동쪽은 높은 산, 남쪽은 평야(물과 기름진 땅), 서쪽은 큰 바다(해하)이다. 북쪽의 강, 동쪽의 산, 서쪽의 바다는 방어 개념으로 본 지세이다.

여기서 '북쪽의 강'은 대수를 말한다.

한반도의 한강 이남의 땅은 분명히 아니다. 국사학계가 지목하는 풍납토성이나 몽촌토성을 중심으로 볼 때 남쪽과 서쪽을 〈백제본기〉에서 묘사한 지형과는 달라서 『삼국사기』의 기록이 잘못되었다고 말하는 학자도 있다.

〈백제본기〉에 기록된 북대한수(北帶漢水), 동거고악(東據高嶽), 남망옥택(南望沃澤), 서조대해(西阻大海)의 지형에 걸맞은 곳이 있다. 현 베이징(北京)시의 동부지역(E116°40′ N40°) 근방이다.

20세기에 와서 천문학자 박창범 교수가 초기 백제의 일식 기록을 분석한 결과 적정 관측지는 필자가 백제의 도읍지라고 지목한 베이징 근처이다.

혹자는 현재 지형이 그렇지 않다는 의견을 낼지도 모른다. 필자는 2,000년 전 지형을 짐작하여 말하는 것이다. 당시 톈진(天津) 부근은 해하(海河)였다.

〈백제본기〉에 '건넜다는 패대이수(渡浿帶二水)'는 패수와 대수를 말한다.

결국 백제는 처음 이곳에 자리 잡았다고 봐야 한다.

　패수의 위치를 입증할 또 하나의 기록이 더 있다.
　백제의 두 번째 도읍지를 옮기기(온조14년 정월) 전에 한성(漢城)의 지세를 기록한 기사가 13년 8월에 있다.[33] '8월, 사신을 마한으로 보내어 도읍 옮길 일을 알리고 마침내 국경을 그어서 정했는데, 북쪽은 패하(浿河)에 이르고, 남쪽은 웅천(熊川)까지 가고, 서쪽은 대해(大海)에 접하고 동쪽은 주양(走壤)에 이르렀다(八月 遣使馬韓告遷都 遂畵定疆場 北至浿河 南限熊川 西窮大海 東極走壤)' 온조왕 원년과 13년 기사를 비교해 보면, 서쪽의 대해(大海)는 같은데 한수(漢水)에서 패하(浿河) 쪽으로 이동한 것으로 보아 도읍을 동남쪽으로 이동한 것으로 본다. 위례성에서 조하(한수)를 넘어 동쪽으로 가까이 있는 강이 지금의 난하(패수) 뿐이기 때문이다.
　『수경주(水經注)』와 『요사遼史』와 『삼국사기』〈백제본기〉의 기사를 인용하여 패수(浿水)와 패강(浿江)과 패하(浿河)가 지금의 난하(灤河)임을 밝혀냈다.
　난하를 한국사의 기준점으로 삼을만하다.

　다음은 요수(遼水)를 찾는 일이다.
　요수를 찾는 까닭은 이 강을 중심으로 해서 나누어진 요동(遼東)과 요서(遼西)의 지명이 중국의 사서(史書) 곳곳에 나오며, 국내 사서 『삼국사기』〈고구려본기〉 영양왕 조에도 나오는데, 요수의 위치가 명확

---

33) 김부식, 이재호 옮김, 『삼국사기』〈백제본기〉, p.284.

하지 않아 역사 해석의 오류 요인이 되고 있다. 다시 말해 고대국가의 강역 혹은 영역의 범위를 명확히 파악할 필요가 있다.

그런데 요수(遼水)를 요하(遼河, 랴오허)로 보는 학자도 있어 필자가 문제를 제기한다.

만약 요하(랴오허)를 요동과 요서의 경계로 삼는다면 강의 동쪽 요동은 선양(瀋陽), 지린(吉林) 등 만주 땅이 된다. 그리고 강의 서쪽으로 대릉하(살수)와 난하(패수)가 있으며 두 강 사이에 있는 진저우(錦州), 차오양(朝陽), 청더(承德), 진황다오(秦皇島), 탕산(唐山) 등이 요서에 포함된다.

그런데 중국의 사서를 읽다 보면 이들 지역이 요서가 아니라 요동으로 표기되어 학자들의 역사 해석의 기준점을 다시 보게 한다.

이처럼 요하(랴오허)를 기준으로 하면 중국 사서의 기록과 상충 된다. 예를 들어 『사기』〈조선열전〉에 요동(遼東)이라는 기록이 나온다. '진(秦)나라가 연나라를 멸망시켰을 때 조선은 요동군(遼東郡) 바깥 변경에 속했다. 한(漢)나라가 일어섰지만, 그곳이 멀어 지키기가 어려워 다시 요동의 옛 요새를 수리하고 패수(浿水)에 이르러 경계를 정하고 연나라에 속하게 하였다(秦滅燕屬遼東外徼 漢興 爲其遠難守 復修遼東故塞 至浿水爲界 屬燕).'는 기사가 있다.

여기서 필자가 주시하는 것은 패수, 지금의 난하가 요동 땅에 있다는 것이다.

우리 학자들처럼 요하(遼河, 랴오허)를 기준으로 해석하면 패수(난하)는 요서(遼西)에 해당되고, 『사기』의 기록으로 보면 패수(난하)가 요동(遼東)에 해당된다.

어느 쪽이 맞는 것인가?

그것은 당연히 『사기』의 기록이 맞는 것이다. 왜냐면 요동과 요서를 구분하여 기록하기 시작한 때가 진(秦)[34]·한(漢) 때이기 때문이다.

이에 대해 "옛날에는 금주(錦州, 진저우)가 요동이었지만 현대에는 요서가 된다."고 말하는 학자도 있다.

이는 참으로 한심스러운 논평이다. 현대에 와서 구분 짓는 요동이니 요서의 경계는 전혀 필요 없는 일이다. 역사 탐구의 관점에서 필요한 것은 상고사의 요동과 요서를 구분하는 기준점으로서의 요수를 찾는 일이다.

6. 요동과 요서의 경계를 알아야 역사가 보인다

최근 중국발 황사와 미세먼지로 시계(視界) 제로인 것처럼 요동과 요서의 경계선에 대한 흔적이 막연하다. 그런데 한 점, 빛이 보인다.

앞서 소개한 『사기』의 기록을 분석해 보면, 패수가 요동에 포함되어 있는데, 요동과 요서를 구분하는 어떤 경계선에 가깝다는 것을 감지할 수 있다. 그 가상의 경계선이 요수가 아닌가 하여 탐색을 시작한다.

①중국의 지도를 펴놓고 보면, 요수(遼水)라고 표시된 지명은 찾을 수 없다. 그렇지만 요동과 요서를 구분하는 경계선인 (가칭) 요수(遼水)를 상정할 수 있는데, 그 경계는 난하(灤河, 패수)의 서쪽에 있다고 말할

---

34) 장삼식의 대한한사전(大韓漢辭典)에 의하면, 요서(遼西)는 진대(秦代)에 하북성 동북쪽에 부(部)를 설치하면서 붙여진 이름이다.

수 있다. 왜냐면 패수가 요동, 즉 요(遼)의 동쪽이면 상대적으로 요는 패수의 서쪽이 된다.

②『송서』에 '백제가 요서를 경략하여 차지하였다(百濟略有遼西).'[35] 그리고 '백제의 수도가 요서에 있다(國都在遼西)' 하였고, 박창범 교수가 백제의 일식 기록을 분석한 결과와 필자가 보는 백제 위례성의 위치[36]는 북경의 동부 지역인데, 북경을 요서, 즉 요수의 서쪽으로 보면 (가칭) 요수(遼水)라는 경계는 북경의 동쪽에 있다고 볼 수 있다.

③바로 앞에서 고찰한 패수(난하①)의 서쪽과 위례성(북경②)의 동쪽이 맞닿는 어떤 곳에, 경계선이 당연히 존재하게 된다. 그리고 그 경계가 '강물'이거나 '산등성이'일 것이다. 그런데 산등성이의 경우 군대가 오르기 힘한 고산준령이 아니라면 경계선으로 채택할 수 없다. 고대사에서는 산등성이 보다 강물이 더 넘을 수 없는 방어선이고 경계선이 되기 때문이다.

그렇다면 지도에서 난하와 북경 사이에 있는 강줄기를 찾으면 (가칭) 요수의 실마리를 찾을 수 있을 것이다.

④난하(灤河)와 북경(北京) 사이에 흐르는 강은 조백하(潮白河; 차오바이강)의 조하(潮河)뿐이다. 조백하의 조하(潮河)와 백하(白河)의 두 강줄기 중 조하는 옛날 조선하(朝鮮河)로 불렀다는 기록이 있다.

---

35) 『송서』 97권 동이열전 백제조
36) 오운홍, 『한반도에 백제는 없었다』, pp.64-69.

청나라 『사고전서(四庫全書)37)』에는 '노룡38)의 서쪽 북경(北京) 부근에 조선하(朝鮮河)가 있다'는 기록이 있다.

송나라 때 펴낸 병서(兵書) 『무경총요(武經總要)』39)에 조선하(朝鮮河)는 북경시 북쪽 지역이라 했다. 이와 같은 기록으로 보아 현재의 조하는 옛 지명 조선하(朝鮮河)가 틀림없다. 험독현에 왕검성을 둔 변조선의 경계가 조선하라고 본다.

㉤조선하를 경계선으로 삼아 요동과 요서로 구분한 이유가 무엇일까?
진(秦)나라 도읍이면서 한(漢)나라 도읍지가 된 서안(西安, 장안: 長安)에서 역사를 쓰고 기록하는 사마천의 눈에 비친 요동과 요서가 어떠했길래 구분해야 했을까?

요동이나 요서가 아닌 서로 다른 글자나 지명을 썼다면 몰라도 공통의 글자인 요(遼)를 정점으로 하여 동서로 나누어 구획 정리를 했다면 필시 무슨 사연이 있었을 것이다.

필자뿐만 아니라 사가(史家)의 눈에는 단박에 지배 세력이 다른 땅으로 파악된다. 그런 의미에서 경계선이 되는 그 강은 조선하가 아닐까 한다.

---

37) 『사고전서』는 청나라 건륭(乾隆: 1736-1795) 연간에 학자 1000여 명을 동원해 10년에 걸쳐 청 이전 중국의 사료를 집대성한 것으로 세계에서 가장 규모가 큰 사료의 보고(寶庫)이다. 8만 권에 달하는 방대한 사료를 담고 있다.

38) 중국의 하북성 진황도(시) 산해관구 만리장성 시작점인 노룡두(老龍頭, E119°50′ N40°)를 말한다.

39) 『무경총요(武經總要)』는 북송北宋 때 군사제도와 군사이론을 기록한 중국 최초의 관찬 병서(官撰兵書)이다. 그런데 여기서 특기할 사항은 연경의 지리를 설명하는 내용 가운데 조선하(朝鮮河)라는 이름이 등장한다. "조선하를 지나서 90리를 가면 북쪽으로 고북(하)구에 당도하게 된다.(過朝鮮河 九十里 北至古北(河)口)"

⑥고대사 자료에서 조선하(朝鮮河)와 요하(遼河, 랴오허)는 존재하는데, 요수(遼水)라는 표시는 쉽게 찾을 수 없다. 다시 말해 조선하는 통용되는 지명이고, 요수(遼水)는 현지에서 통용되지 않았다고 볼 수 있다.

먼저 '요하'나 '요수'에 사용하는 '요(遼)'의 개념을 보자.

'아득히 멀다'는 뜻과 '강 이름'이라는 뜻이 있다. 한마디로 말하면 서안(장안)에서 볼 때 아득히 멀리 떨어져 있는 경계선의 강을 지칭한다.

요수는 진·한의 중심지, 장안에서 볼 때 변방의 강줄기를 말하는 것이다. 행정구역의 표시로 요서를 구분 짓는 요수라고 강 이름을 붙였지만, 현지에서 보면 아득히 먼 강도 아니고 '조선하'라는 명칭이 이미 분명히 있는데, 안보상 절실한 강 이름으로 부른 요수라는 이름이 현지에서는 통용되지 않았다고 본다.

⑦랴오닝성의 요하(遼河, 랴오허)가 요수처럼 요동과 요서의 경계가 될 수 없는 이유가 있다.

진·한대 조정(朝廷)에서 거론하기를, 아무리 멀리 있는 강이라 하더라도 자국의 영토 안에서 변방에 아득히 멀리 있는 강 이름을 지칭하는 것은 있을 수 있는 상식적인 일이다.

그런데 만약 적국 (고) 조선 땅에 있는 요하(랴오허)를 가리켜, 먼 곳에 있다고 해서 요하를 요수라고 지칭했다면 당시 남의 나라(조선) 땅에 있는 강인데, 함부로 이름을 붙이는 꼴이 된다. 예를 들면 현 중국이 한국에 있는 한강(漢江)[40]이나 낙동강(洛東江)을 가리켜 자기네 입맛

---

40) 한강(漢江)은 중국식 혹은 한식(漢式) 명칭이 아니다. 한(漢)나라가 건국되기 전에 한(漢) 고조가 태어난 고향에 한수이(漢水)가 흐르고 있었다. 한강은 우리식 명칭이다. 오운홍, 『한반도에 백제는 없었다』, pp.76-79. 참조.

대로 요수나 요하 혹은 요강(遼江) 같은 이름을 붙이는 것과 같은 것으로, 경우에 없는 일이 된다.

실제로 요하(랴오허)는 진·한대에는 고조선의 땅이었고, 후일 당나라가 팽창하면서 발해와 국경을 이룰 때 요하가 중요한 경계의 지명이 되었을 것이며 그때 붙여진 이름이 아닌가 한다.

필자가 보기에는, 요수(遼水)가 진·한대에 행정구획 상으로, 사마천의 역사 기록에 사용된 명칭이라 하더라도, 실제로 현지에서는 조선하(朝鮮河)라는 이름으로 사용되어 진·한대의 행정적 지명이지만, 현지에서 요수라는 명칭이 일반화되지 않았다고 본다.

또 하나, 진(秦)나라나 한(漢)나라 때 고조선 세력과 마주하는 경계선의 개념을 진·한에서 처음 사용하였으므로 '요수(遼水)'를 동이의 시각에서 볼 것이 아니라 진·한의 시각에서 주로 사용됐음[41]이 아닌가 한다.

지금까지 논의한 것을 모아보면, 요수(遼水)의 위치는 차오바이강의 차오강(潮河)이고, 패수(浿水)는 난하(灤河)이며, 살수(薩水)는 대릉하(大凌河)이다.

이제부터 중국의 사서나 우리의 『삼국사기』를 읽을 때, 이들의 위치를 기점으로 하여, 다른 지명을 파악해야 우리 역사가 더욱 명확해질 것으로 본다.

---

41) 『삼국사기』〈고구려본기〉 영양왕 23년 2월 수양제가 군사를 거느리고 나아가다가 '요수(遼水)'에 이르러 고구려 군사의 방어에 막혀 강을 건너지 못했다는 기록이 있다. 김부식이 『삼국사기』를 편찬할 때 중국의 사서를 인용했다면 이해가 가는 대목이다.

7. 하나 더 명확히 해야 할 낙랑군의 위치

필자가 앞에서 살수, 패수, 요수를 찾아야 우리 역사가 바로 선다고 보아, 그곳의 위치를 찾아 명확히 했다. 여기에 하나 더 명확히 표시해야 할 지명이 있다. 그것은 낙랑군을 위시한 한사군의 위치이다.

이승휴가 말한 대로 한사군은 '진번임둔재남북(眞番臨屯在南北)'이고, 낙랑현도동서편(樂浪玄菟東西偏)'이고 한사군의 경계가 서로 붙어있다.

이 한사군의 위치를 바로잡아야 한국사를 바르게 정립할 수 있다. 그래서 우리 세대에서 반드시 이뤄져야 할 과제라고 생각한다.

지금부터 한사군이 한반도에 없었다는 것을 증명하려 한다.

먼저 '고등학교 한국사'에서 낙랑군의 위치를 살펴보자. 필자가 가지고 있는 교과서를 인용하지만 다른 출판사의 내용도 비슷하다고 본다.

한(漢)이 고조선과의 대결에서 승리(BC108)하자 대동강 유역의 왕검성 자리에 낙랑군을 설치(교과서[42] p.30과 p.32의 지도)하였다고 한다.

교과서 이야기가 나왔으니 덧붙인다면, 강단사학계의 반도 사관에 젖은 젊은 학자 중에는 고조선의 개국을 기원전 2333년으로 확정한 대한민국 정부의 '교과서 집필지침'에 반발하여, "국가라는 것은 청동기시대에나 발생하는 것인데, 한반도의 청동기 발생 시기는 기원전 400년, 조금 길게 봐주면 기원전 700-800년, 아무리 길게 봐줘야 기원전 1000년이다. 따라서 단군이 단군조선을 건국했다는 기원전 2333년은 한반도가 신석기시대에 불과하므로 당연히 국가가 발생할

---

42) 김종수 외, 『고등학교 한국사』, ㈜금성출판사, p.30, p.32)

수 없다. 그러므로 단군조선은 실체적인 것이 아니라 허구"라는 의견을 피력하였다.

　이들의 의견에 대해 필자가 우선 공감하며, 큰 틀에서 '한반도에서는 단군조선을 부정하는 이론'으로 받아들이고 싶다. 그렇지만 한반도 밖의 단군조선을 부정한다면 중국에서 동북공정으로 추진하는 홍산(랴오허)문명 발굴을 모르고 하는 소리로 여기겠다. 그런데 웃음이 나오는 것은 강단 사학을 배운 젊은 학자들이 고조선은 부정하면서 '한반도에 낙랑군 설치'는 믿고 있다니 아이러니하다.
　필자는 이들에게 질문을 하고 싶다.
　강단사학계는 한나라가 왕검성에 낙랑군을 두었다고 했다. 그 왕검성은 위만조선의 왕검성일 테고, 그 이전에는 고조선의 삼조선 중 준왕이 있던 왕검성일 것이다. 강단사학자들이 왕검성에 설치했다는 '낙랑군'은 인정하면서 그것과 인과관계가 있는 '왕검성과 고조선'을 인정할 수 없다면 이는 자기모순에 빠질 수밖에 없다.

　이런 지적에 대해 강단사학자들은 논리가 궁색해지자 위만이 통치했던 왕검성은 언급하지 않고, '고조선 외곽 지역'에 낙랑을 비롯한 한사군을 설치했다고 변론을 하고 있다.
　고등학교 한국사에 의하면, '고조선 지역에 한의 군현이 설치됨에 따라 우리나라 고대사를 이끌어 갈 새로운 정치 세력은 고조선 외곽 지역에서 출현하게 된다. 한 군현 중 대동강 유역에 설치된 낙랑군은 장기간 존속하면서 중국의 선진 문물을 한반도 일대에 전해주는 창구

역할을 수행하기도 하였다.'⁴³⁾고 한다.

다시 말해 낙랑군을 설치한 대동강 유역이 고조선의 외곽(변방)이라 한다.

이는 마치 일제가 조선총독부를 한양(서울)에 두지 않고 조선의 변방인 두만강이나 낙동강 유역에 설치하는 것과 같은 논리다. 실제로 조선총독부는 조선을 지배하는 상징으로서 한양(서울)에, 특히 조선 왕궁(경복궁) 안에 건물을 지었다.

'평양의 왕검성과 낙랑군'의 위치 관계에서 어느 한쪽이 틀렸거나 둘 다 틀릴 수 있다고 본다. 이런 상황에서도 한사군을 변론한다는 것은 바로 '한사군이 한반도에 있었다는 역사소설'을 주장하는 꼴이 된다.

이번에는 국사학계가 주장하는 낙랑군의 위치를 필자가 거부하고자 한다.

『한국민족문화대백과사전』에 보면, 한사군이란 고조선시대(말)에 한나라가 우리나라의 서북부지역에 설치한 낙랑(樂浪)·임둔(臨屯)·진번(眞蕃)·현도(토, 玄菟) 4개의 군현이라 한다. 우리가 배울 때에는 '한반도의 서북부지역'이라 표기했었는데 최근에 '우리나라의 서북부지역'이라고 용어가 바뀌었다. 그런데 '우리나라의 서북부지역'이라 하는데 당시 우리나라 경계가 어디인지 불분명한 상황에서 이렇게 애매한 표기가 역사의 논란을 키우는 원인 중의 하나가 되고 있다.

백과사전은 이어서, '한사군 중 가장 늦게 멸망한 낙랑군도 후기에는 대동강 유역을 중심으로 하는 좁은 지역에서 이름만을 유지하고

---

43) 김종수 외, 『고등학교 한국사』, ㈜금성출판사, 2018. p.30.

있었을 뿐이라는 사실을 밝혀냈다. 낙랑계 고분이 평양 근처에서만 집중적으로 발견되고 있는 고고학적 보고도 그와 같은 증거의 하나로 받아들여지고 있다.'라고 덧붙이고 있다.

　국사학계의 주장을 요약하면, 한사군의 중심 역할을 했던 낙랑군이 대동강 유역 평양 근처에 있었다는 것이고, 낙랑군을 중심으로 이어져 있는 한사군은 '한반도의 서북부지역'에 있었다는 〈조선사〉나 '우리나라 서북부'로 표시한 현 '고등학교 한국사'에서나 한사군의 위치는 다르지 않다는 것이다.
　백과사전의 언급대로 국사학계는 평양 근처의 고분을 낙랑계로 보고 있다. 그런데 필자가 이 글 다음에 전개하는 논점은 낙랑부(樂浪府)와 한반도 평양(대동강)은 관련이 없다는 방향으로 서술될 것이다. 따라서 평양 부근의 고분이 낙랑부와 관련이 없는 것이다. 그러나 발견되는 고분은 고고학적으로 사실이다. 필자는 학계가 이들 고분을 낙랑부와 연관 짓는 것은 무리라고 본다. 낙랑계로 보게 된 연유가 낙랑왕(樂浪王) 최숭(崔崇, ?-?)의 이동(BC 195)과 관련 있지 않나 연구해 볼 일이다. 이다음 고조선사를 쓸 기회가 있을 때 언급하기로 한다.

8. 한반도의 낙랑 유물은 가짜로 판명났다

국사학계는 평양 근처에서 집중적으로 발견되었다는 고고학의 발굴 사례를 증거로 내세우고 있다.

국사학계가 내세우는 물증에는 일제(日帝)가 평양 토성리에서 발굴했다는 낙랑 봉니(封泥)가 있다. 1918년 평양의 토성리 일대에서 발견된 이후 해방 이전까지만 해도 평양 근처에서만 200여 점 이상의 봉니가 출토되었다. 출토된 시기가 모두 일제 강점기라는 점에 유의할 필요가 있다.

봉니는 옛날 중국에서 간책(簡冊)으로 된 문서 따위를 끈으로 묶고 나서 봉할 때 쓰던 것으로 아교질이 섞인 진흙 덩어리를 사용하여 해체하지 못하게 찍은 인장 표시이다.

즉 고대 중국에서 공문서나 서신, 기물 등을 봉할 때 사용되는 인장 찍힌 점토덩이를 말한다. 종이가 보편적으로 사용되기 전까지 문서는 보통 죽간(竹簡)이나 목간(木簡)을 사용하였는데, 이를 철하거나 궤에 넣어서 끈으로 묶고 그 연결부에 진흙 덩이로 봉함한 후 인장을 찍어 놓으면 함부로 손을 댈 수 없게 된다. 여기서 우리 독자가 유의해야 할 일은 "고고학적으로 발굴된 봉니 지역은 '발신지'가 아니라 '수신지(수신처)'라는 점이다."

일제가 한사군 설치의 증명이라 내놓은 낙랑 봉니에는 낙랑군에 소속된 25개의 현(縣) 중에서 22개의 현 이름이 찍힌 봉니가 발견됐다고 한다. 그런데 22개 각각의 현에서 발견된 것이 아니라 같은 지역에서 모두 나왔다는 데서 의문을 제기할 수밖에 없다.

쉽게 말해 봉니들은 수신지(받을 사람이 있는) 22개 현에서 각각 발굴되어야 한다는 것이다. 그래서 봉니의 위조문제가 논란이 되고 있다. 왜냐면 봉니라는 것이 문서의 보안을 위해 보낸 자(발신자)의 직함과 같은 것을 인장으로 봉인하여 보내는 것이기 때문이다.

낙랑태수장(樂浪太守章), 낙랑수승(樂浪守丞) 등 발신자의 낙랑 관직명과 수신처가 표시되었는데, 발신자와 수신자의 구분에서 볼 때 잘못되었다는 것이다. 다시 말해, 이들 낙랑 관직명이 찍힌 봉니는 낙랑 관청에서 보내야 하는 물건이므로 발신지에서 나올 수는 없다는 것이다.

이에 대해 혹자는 갑작스러운 천재지변이나 체제의 멸망으로 미처 발송하지 못한 봉니들이 함께 나올 수 있지 않느냐는 변론을 제기할 수도 있다.

봉인은 보안을 요하는 문서(목간이나 죽간, 피륙 등)나 물품을 묶거나 포장한 후에 찍는 것이므로 위급상황에서 발송되지 못한 봉니라면, 봉니로 이미 봉인된 문서(죽간 등)나 물품도 함께 발굴됐어야 한다. 그리고 같은 장소에서 발송하지 못한 봉니가 무더기로 출토됐어야 한다. 그런데 평양 토성리 지역 여기저기에서 봉니만 나왔다는 것은 무엇을 말하는가?

출토되었다는 봉니가 가짜라는 실증이다.

일제가 '역사는 실증주의다'라며 발굴한 고고학 유물인 봉니는 완전범죄(일제의 역사위조)를 기도하다가 성공하지 못한 것이라고 본다.

박물관에서는 '낙랑 봉니'를 폐기 처분할 것이 아니라 역사를 조작하기 위해 의도적으로 만든 위조물로 채택하고 보존해서 세계 고고학계의 인증을 받아야 한다.

또 하나 국사학계가 낙랑군의 증거라며 내세우는 점제현신사비가 있다.

이마니시 류(今西 龍)가 1913년에 점제현신사비(秥蟬縣神祠碑)를 용강에서 발견해냈다고 제시했다. 점제현은 낙랑군의 25개 현 중 하나라며, 이 비를 가지고 낙랑군이 대동강 유역에 있었다는 역사적 증거물로 삼았다. 중국의 『한서』〈지리지〉에 '낙랑군에 점제현이 속해 있다'는 기록을 교묘하게 이용한 것이다. 이를 근거로 '점제현의 우두머리가 백성을 위해 산신제를 지냈다'는 내용이 새겨져 있다는 비석을 그가 제시한 것이다.

한사군 설치는 BC108년 이후의 일이고 비석을 발견한 1913년은 비석을 세운지 2,000년이 지난 후였다. 비석이 발견된 지점은 다음에 제시한 사진처럼 사방이 탁 트인 평야 지대이고 우뚝 솟은 구조물이라 어디서나 잘 보이는 물건이다. 2,000년 동안 똑바로 세워져 있었고 훼손되지 않았는데 그동안 농사지러 오가는 수많은 농부들 중에 아무도 본 적이 없다가 갑자기 발견되었다는데 어찌된 영문일까?

신채호 선생은 이를 두고 "귀신도 못하는 땅 뜨는 재주를 부린 것"이라 비난했다.

북한의 '조선고고학연구(제4호 1995)'에서 "비의 기초에 시멘트를 썼다.", "비석 돌 성분이 요동 지역의 화강석과 똑같다."고 발표했다.[44]

〈조선고고학연구〉에 의하면, 북한의 재발굴 과정에서 드러난 바와

---

44) 한겨레신문 2009. 6.9. 이덕일, 주류역사학계를 쏘다, 유적 유물로 보는 한사군.

같이 비석의 기초에는 시멘트를 써서 고정시켰다며 의문을 제기하면서, 비석의 화학 성분도 근처의 마영·온천 오석산 화강석이나 룡(용)강 화강석과는 다르다고 분석했다.

역사 조작의 결정적 증거는 비석 돌의 화학적 성분이다. 은(Ag)은 주위 3개 지역의 화강석보다 2-4배, 납(Pb)은 3배, 아연(Zn), 텅스텐(W), 니켈(Ni), 인(P)은 각각 2배가 많은 반면, 바륨(Ba)은 주위 화강석의 6분의 1 이하로서 다른 지역(요동지역 성분과 일치함)에서 가져온 비석(돌)이란 분석이다.

▲ 점제현신사비(黏蟬縣神祠碑)는 평안남도 용강군 해운면 용정리(E125°15′, N38°55′)에 있는 낙랑시대 고비(古碑)로, 1913년 조선총독부 고적조사단의 이마니시 류(今西 龍)에 의해 조사된 것으로 북한의 국보급문화재 제16호로 알려지고 있다. 한사군의 한반도설을 입증하는 유물이다.

북한의 주장처럼 이 비는 일제 때, 요동에서 옮겨와 시멘트 기초 위에 세워진 것이며, 이마니시 류의 날조 작품이라고 보고 있다.
　2,000년 전 사람들은 가까이에 있는 암석도 운반하기 힘들었을 텐데, 아주 먼 요동에서 이곳으로 옮겨오다니 트럭이 있었으면 몰라도 어떻게 운반했는지, 또한 그 당시는 시멘트도 없었을 텐데 납득할 수 없는 일이다.

　이마니시 류가 날조했다는 주장에 필자가 하나 더 추가한다.
　'비석의 재질과 관련하여 비문을 새기는 기술 문제'를 제기한다. 비석 재질이 화강암이라 했는데, 한반도의 BC108년경은 청동기에서 철기로 막 넘어오던 시기이다. 당시 연장으로 화강암에 글자를 새길 수 있었느냐 하는 의문이다. 동북아에서 철보다 더 단단한 강철을 사용한 것은 비석이 세워졌다는 BC108년보다 1세기 후였다. 강철 기술이 있다 하더라도 전쟁 무기에 우선적으로 도입되던 시기였으므로 변방의 석공에게 강철로 된 연장이 있을 수 없었다. 암석을 다루고 비문을 새기는 석공은 연장의 성능을 감안하여 그가 작업하기 쉬운 석회암이나 사암, 대리석 등 연암 재질을 택하기 마련이다.
　참고로 암석의 일축압축강도(kgf/cm^2)[45]를 기준으로 분류하면 응회암, 셰일, 대리석, 점판암, 사암 등 퇴적암 계열은 연암(125-400kgf/cm^2)에

---

45) 경도(kgf/cm^2)의 단위에서 f는 변성암에서 보이는 엽리(foliation)의 약자이며, 바위가 엷은 조각으로 갈라지는 힘의 표시가 된다. 극경암(1,2000이상)의 암석으로 흑요석, 석영, 규암, 석영안산암, 처트, 조면암 등이 있다. 석기시대 석기를 다듬는 연장, 퇴적암에 벽화를 그릴 때 사용했다는 흑요석(黑曜石, Obsidian)은 자연적으로 화산 분출에 의해 만들어진 화산 유리(volcanic glass)이다. 규산염(SiO_2,)의 무게비가 70-75%에 이르기 때문에 보통 성분상의 분류로는 유문암이나 조면암에 속한다.

속하며, 화강암, 유문암, 현무암, 섬록암 등 화성암은 경암(800-1,200kgf/㎠)이다. 연암이라면 몰라도 경암인 화강암을 비석의 재질로 선택했다는 것은 이마니시의 보이지 않은 결정적 실수라 할 수 있다.

현대에 와서 화강암, 섬록암 등 경암이 비석 재료로 쓰이지만 기원전 1세기 때 경암은 다루기 힘든 단단한 암석이었다.
한사군 설치보다 5세기(500년) 이후에 세워졌다는 광개토왕의 비석(414)은 연암재질인 응회암이다. 이보다 5세기 이전 점제현신사비가 세워졌을 무렵에는 화강암을 비석 돌로 쪼개고 다듬기도 어려운 일이고 당시 석공 연장으로 비문을 특히 음각(陰刻)이 아닌 양각(陽刻)으로 조각하기는 정말 불가능한 일이다.
참고로 광개토왕 비문은 경암이 아닌 응회암(연암)인데도 양각이 아닌 음각이다. 그 시대 기술로 보아 음각도 힘든 작업이라 할 수 있다. 그런데 그보다 500년 전에 단단한 화강암에 양각으로 글자를 새겼다는 것은 이마니시의 실수 중의 실수라고 봐야 할 것이다.

이마니시가 살았다는 20세기의 석재기술에는 가능한 일이다. 점제현신사비는 이마니시 류가 날조했다는 사실에 100% 확신이 간다.
이마니시 류가 1913년에는 교묘한 수단으로 역사를 조작하는 범죄에 성공한 듯 보이지만, 20세기 후반에 와서 과학적 범죄 수사의 관점인 암석성분 분석과 화강암 석재에 조각하는 기술 분석 시각에서 보면 백일하에 범죄 사실이 드러난 역사의 실증이 된다.[46]

---

46) 오운홍, 『고대사 뒤집어 보기』, p.194.

앞서 소개한 평양 토성리의 가짜 봉니와 지금 소개하는 점제현신사비 조작 사건은 말 그대로 낙랑군과 한사군 조작 사건이라 해도 과언이 아니다.

일본총독부가 '낙랑군이 평양에 있었다'고 조작하려니 점제현신사비와 봉니를 조작하게 된 것이다.

9. 수경주(水經注)와 임둔 봉니로 찾아낸 낙랑 땅

지금까지는 한사군이 한반도에 있었다는 이론을 반박하였는데, 이번에는 필자가 한사군이 한반도가 아닌 중국의 요동 땅에 있었다는 것을 입증하려 한다.

첫째, 고구려 대무신왕의 문헌 기록에서 찾아낸 낙랑의 위치가 있다.
본 장, 앞 부분, 살수를 찾는 과정에서 잠시 거론한 바 있는데, 『삼국사기』〈고구려본기〉에 고구려 대무신왕 '27년(44) 가을 9월에 한나라 광무제가 군사를 보내어 바다를 건너 낙랑을 쳐서 그 땅을 빼앗아 군·현으로 삼으니 살수(薩水) 이남이 한나라에 소속되었다(二十七年 秋九月 漢光武帝 遣兵渡海 伐樂浪 取其地 爲郡縣 薩水已南屬漢).'는 기록이 있다. 이때 군·현은 한사군을 말한다.

여기서 살수를 한반도 청천강으로 삼으면, 청천강 이남이 한나라 소속이라 했으니 평양은 물론 한반도 전역이 한나라의 영역이 된다. 그런데 청천강 이북과 요동 땅과 만주가 고구려 땅이니, 지도에 두 나라의 색을 구분하여 칠해서 보면 한(漢)나라는 두 동강이 난 셈이 된다.

다시 말해 한반도 대동강에 설치한 한나라의 낙랑군은 고립무원 지대가 된다. 살수가 청천강이라는 비정은 잘못된 것이다.

  필자가 살수라고 찾아낸 대릉하(大凌河)에 대입하면 살수 이남의 땅이 중국 요서(遼西)의 한(漢)나라와 연결된다는 기록이 성립된다. 이는 무엇을 말하는가?
  후한의 광무제가 고구려가 관할하는 낙랑을 빼앗아 (한사군의) 군·현으로 삼았다는 그 땅이 지금의 차오바이강의 한 가닥인 차오강(潮河, 朝鮮河)의 동쪽, 요동 지역이라 할 수 있다.
  다시 말해 차오강 동쪽에서 대릉하(살수) 서쪽까지의 땅에 한사군이 배치되었다고 보면 된다.

  둘째, 임둔 봉니 발견으로 본 한사군과 낙랑의 위치 관계를 정립할 수 있다.
  중국 지린대(吉林大)에서 '중국 요서 지역 청동기시대 연구'로 박사학위를 받은 복기대 단국대박물관의 연구원이 학술지 「백산학보」 61집에 기고한 논문, 〈임둔태수장(臨屯太守章) 봉니를 통해 본 한사군의 위치〉에서 문제의 봉니 출토 사실을 소개했다. 이 논문은 '임둔태수장(臨屯太守章)'이라는 다섯 글씨가 전서체로 음각된 봉니를 주제로 한다. 이 봉니는 중국 랴오닝성(遼寧省)의 해안 도시인 진시시(錦西市, 1994년 호로도시葫蘆島市로 명칭이 변경됨, 진저우錦州의 서쪽.) 샤오황띠(小荒地)라는 고대 성곽에서 지난 1993-1994년 지린대 박물관과 랴오닝성 고고문물연구소 조사팀에 의해 발굴됐다. 해안(E120° 지점)에서 30㎞ 남짓 내륙으로 들어간 곳에 자리 잡은 이

유적지에서는 기원전 20세기까지 올라가는 하가점(夏家店) 하층문화(홍산문명)를 비롯해 후대의 요나라시대에 이르기까지 크게 4개로 구분되는 문화층이 확인됐다고 한다.

이 지역은 여러 겹의 문화층이 있어 다양한 유물이 발굴되는 지역이다. 복기대 연구원은 '한나라 중앙에서 임둔군 태수(군 우두머리)에게 보낸 것이 확실하다'고 논문에서 말했다. 따라서 이 봉니가 발견된 곳이 한사군 중에서도 임둔군에 속했을 가능성이 매우 커졌다고 복기대 씨는 평가했다. 진시시(錦西市)는 대릉하(大凌河) 서쪽 언덕 지역에 자리 잡고 있다.

임둔 봉니의 발견 지역을 이승휴(李承休)가 지은 『제왕운기(帝王韻紀)』에 기록된 한사군의 위치에 대입시키면 그 위치가 더욱 명확해진다.

'진번임둔재남북(眞番臨屯在南北) 낙랑현도동서편(樂浪玄菟東西偏)'의 기록대로 지도를 그려보면, "진번군과 임둔군은 남북으로 맞닿아있고, 낙랑군과 현토군은 동서로 치우쳐 경계를 이루고 있다."

다시 말해 진번군은 임둔군의 남쪽에 위치했고, 현토(도)군은 낙랑군의 서쪽에 있었다고 한다. 그리고 다음에 제시하는 (셋째) 증거를 감안하면, 임둔군과 진번군 서쪽에 낙랑군이 잇대어 있었다고 할 수 있다. 낙랑 땅은 낙랑수(다음에 제시하는 넷째 증거)가 나오는 청더까지 확대해서 동경108-118, 북위28-42 안에 있다고 할 수 있다.

셋째, 패수와 루방현으로 본 낙랑의 위치는 중국의 사서가 증거하고 있다.

앞서 패수를 찾는 과정에서 살펴보았듯이, 『수경주(水經注)』의 원문인 〈수경〉에, '패수(浿水)는 낙랑 루방현에서 나와서 동남으로 흐르다가 패현(浿縣)[47]을 지나면서 동쪽 바다(발해)로 들어간다.'(浿水出樂浪鏤方縣, 東南過臨浿縣, 東入于海)는 기록이 있다.

예부터 내려오는 낙랑 땅의 지명이 〈수경〉에 분명히 있다. 또 '패수는 낙랑의 루방현에서 나온다.'라고 했으니, 루방현은 패수의 상류에 있다는 말이 된다. 루방현의 위치를 알면 패수의 위치는 저절로 알 수 있다. 중국 문헌의 기록을 보면 루방(현)은 현재의 베이징 인근 서북쪽으로 나타난다.

김운회 교수는 『요사遼史』의 기록을 소개하면서 요(遼)나라 자몽현(紫蒙縣)은 한(漢)나라 루방현(鏤芳縣)이라 했으니 위치가 같은 땅이다. 루방현이 요나라에서 자몽현(紫蒙縣)으로 불렸다는 것은 몽주(네이멍구자치구)와 허베이성(하북성)의 경계에 루방현이 있음을 암시하고 있다.

이곳을 지도상에서 찾으면, 베이징과 청더(承德) 사이를 흐르는 난하(灤河; 패수)의 상류인데 하북성과 내몽고자치구(蒙州)가 만나는 E116° N42° 지역이다. 이곳에서 발원하여 청더 부근을 흐르는 난하(灤河)라는 강이 수경주에서 말하는 패수의 위치와 일치한다.

루방현은 한반도에서 찾을 수 없는 지명이다. 패수의 상류 루방현과 낙랑 땅은 연결된 지명이다. 낙랑 땅은 지금의 난하(패수) 유역이라고 본다.

---

47) 패현(浿縣)이 현 20세기 지도에는 난현(灤縣, 난주灤州, E118°40′ N39°45′)으로 표기되어 있다. 실제로 이곳을 지나는 난하(灤河)의 물줄기가 동남에서 동쪽으로 바뀐다.

10. 낙랑 땅은 독특한 문화와 역사가 있는 땅이다

넷째, 낙랑의 어원으로 본 낙랑의 위치를 확인하다.

북경 동쪽 하북성을 북-남-동으로 흐르는 난하(灤河, 패수)가 있는데 『수경주(水經注)』에 의하면, 난하의 상류 쪽 유역을 낙랑이라 했다. 난하의 상류 쪽에 청더(承德)시가 있다. 청더[48]는 온천과 관련이 있다. 청더시는 옛 러허성(熱河省)의 성도(省都)였다. 이 도시 옆을 흐르는 난하(패수)를 옛날에는 러허강(熱河江)이라고 불렀다. 낙랑은 청더를 중심으로 하는 지역이라 할 수 있다.

또한 청더는 난하(패하) 서쪽 기슭에 있는 도시로서 박지원이 쓴 청나라 견문록 『열하일기』에 나오는 청나라 때 황제의 여름 별장이 바로 이곳이다. 예부터 내려오는 유명한 온천지이기도 하다.

그런데 언제부터 그 땅을 낙랑이라 불렀을까?

낙랑이라는 지명이 처음 등장한 것은, '23세 단군 아홀(阿忽) 재위 76년 갑신 원년(BC1237년)에 단제의 숙부인 고불가(固弗加)에게 명하여 낙랑홀을 통치하도록 하였다(二十三世 檀君 阿忽 在位 七十六年 甲申 元年 命皇叔固弗加 治樂浪忽).'[49]란 기록에서 찾을 수 있다.

낙랑은 BC1237년 이전부터 이미 사용하던 지명이라고 볼 수 있다. 당시 낙랑홀이 어떤 곳이기에 단제가 숙부를 우대하여 영지로 맡긴

---

48) 청더를 열하(熱河)라 했는데, 주변에 온천이 많아 겨울에도 강물이 얼지 않는다고 해서 유래된 명칭이라 한다. 청나라 황제들은 여름 별장인 피서산장(避暑山莊)에서 호수의 경관과 온천을 즐겼다고 한다.

49) 임승국, 『한단고기』. p.101.

것일까?

그리고 낙랑의 의미는 무엇인가?

낙랑(樂浪)?

낙랑이란 지명을 작명할 때도 무엇인가 의미가 있었을 것이다.

글자를 분석하면, '즐거운 낙(樂)'에, '물 이름 랑(浪)'이다. 그 물이 '절절 흐를 랑(浪)'이거나, 그 물이 특이하여 '고을(지명) 이름 랑(浪)'이 될 정도면 그 물은 독특한 물이다. 물 이름이 랑(浪)이라니, 과연 어떤 물일까?

랑(浪)의 쓰임새를 보면, 낭만(浪漫), 낭비(浪費), 낭유(浪遊), 낭인(浪人), 낭자(浪子) 등 보통 상식과 떨어져 있는 특이한 삶이거나, 늘어지고 자유분방한 삶의 모습이다. 통상적 삶이 아니고 비생산적인 생활 습성과 연관되어 있다. 이런 의미가 상통하는 랑(浪)이라는 물 이름이, 즐거운 낙(樂)을 만나면 더 어울리는 이름이 된다.

낙랑(樂浪)! 말 그대로 낙랑은 그런 독특한 물이 있는 지명이다.

낙랑이라는 즐거운 물, '낙랑수(樂浪水)이며 바로 '온천'을 가리키는 말이다.

온천지 물에 몸을 담그면, 낭만이 있고 낭비가 있다. 쓸데없이 시간을 보내는 낭유나 낭인의 시간을 보내도 어울리는 곳이 낙랑의 땅이다.

온천지에 가면 세상을 잊고, 우리말로 희희낙락(喜喜樂樂)의 생활 태도로 변한다. 온천의 물, 랑(浪)이 희희낙락의 낙(樂)을 만나면 기가 막히게 어울리는 단어가 된다. 낙랑(樂浪)은 온천지 바로 그 땅을 가리킴이다.

청더와 가까운 곳에 북경(北京)이 있다. 북경은 청나라 이전부터 연경(燕京)이라 했는데, 이는 계절마다 때가 되면 철새처럼 찾아오는 국제 무역상들이 돈을 벌고 가는 국제 무역 시장이다. 부를 축적한 무역상이 가져온 물건을 팔고 가져갈 물건을 구입하는 상업적 체류기간에 잠시 호사스럽게 휴식을 취하는 곳이 낙랑홀이었음을 유추할 수 있다. 연경이란 명칭의 유래와 무역상이 연경에서 당분간 체류하게 되는 연유에 대하여는 이다음 '고조선과 화폐 명도전'에서 소개할 예정이다.

낙랑은 온천지의 다른 이름이다. 그렇다고 온천지가 모두 낙랑이 될 수 없다. 낙랑은 고유명사이기 때문이다.
지금부터 3,500여 년 전에는 동양에서 어느 곳이든 온천을 즐기는 문화가 아니었다. 당시 고불가(固弗加)가 다스리던 낙랑홀은 온천 휴양시설을 갖추고 부자들을 상대했으리라는 상상이 간다.
이런 점에서 낙랑이라는 지명은 온천지인 청더를 빼놓고 다른 곳을 생각할 수 없는 일이다.
(고)조선을 멸망(BC108)시킨 한나라가 한동안 지배하던 낙랑 땅을 대무신왕이 37년에 낙랑을 습격하여 멸망시킨 기록이 있다. 이에 반발하여 후한의 광무제가 44년(대무신왕 27년)에 낙랑을 탈환하고 낙랑군을 위시하여 사군을 설치하니 살수(대릉하) 이남의 땅이 한나라에 소속되었다고 한다.
이점을 감안하면 낙랑군의 낙랑부(樂浪府)는 청더와 가까운 험독현(창려)의 왕검성에 두지 않았을까 한다.
추론의 근거는 ①적국의 심장부에서 통치해야 민심을 통제하기에 효과적이고, ②반란 등 만약의 사태에 대비하기 위해 기존의 성곽을 방어용으로 활용하려면 왕검성이 최적지라고 본다.

다섯째, 중국 사서가 증명하는 낙랑의 위치가 있다
『수서(隋書)』〈동이전(東夷傳)〉의 기록을 보면, '신라는 고구려 동남에 살았는데, 이곳은 한(漢)나라 때의 낙랑 땅이다(新羅國在高麗東南居 漢時樂浪之地).'라고 낙랑을 언급하고 있다.
이 말은 신라가 낙랑 땅에서 건국했다는 것이다. 바꾸어 말하면 초기 신라가 있던 땅이 낙랑 지역이라 하니, 낙랑군의 위치를 가늠할 수 있다.

『구당서(舊唐書)』〈동이편(東夷篇)〉에는 다음과 같은 기록이 있다.
'신라국은…한(漢)나라 때 낙랑의 땅이었다. 동남쪽으로는 큰 바다가 있고, 서쪽으로는 백제와 접해 있으며, 북쪽에는 고구려가 있다. 동서로 1천 리, 남북으로 2천리이다. 성과 읍, 촌락이 있었다. 왕이 있던 곳은 금성(金城)이다(新羅國…其國在漢時樂浪也. 東及南方俱限大海. 西接百濟. 北隣高麗. 東西千里. 南北二千里. 有城邑村落. 王之所居曰金城).'
초기 신라를 중심으로 삼국의 위치를 파악할 수 있다. 신라의 서쪽에 백제가 있고 신라의 북쪽에 고구려가 있다. 강단사학계가 한반도에 배치한 삼국의 위치와는 전혀 다른 곳이다.
이때의 한(漢)나라는 전한(前漢)을 말한다. 『구당서(舊唐書)』에서도 신라는 낙랑 땅에 있었음을 확인해 주고 있다.

'『한서』〈지리지〉에 이르기를 현토(군), 낙랑군은 무제 때에 설치하였고, 이때 예맥(濊貊)과 고구려도 모두 조선이었다. 응소가 말하길 현토는 옛 진번국이었고 낙랑은 옛 조선국이었다(〈地理誌〉 雲:玄菟 樂浪 武帝時置 皆朝鮮 濊貊 句驪蠻夷 應劭曰 玄菟 故眞番國 樂浪 故朝鮮國也).'

〈지리지〉에 의하면 한무제가 조선을 멸망하기 전에는 현토군을 설치한 자리가 진번국이었고, 낙랑군을 설치한 자리가 조선 땅임을 분명히 하고 있다. 한무제 때 낙랑군이라는 행정구역 표시를 했다는 것이다.

11. 험독현의 왕험성은 번조선의 왕검성이며 그 위치는?

전한서(前漢書)[50]에 보면 왕험성의 위치를 기록한 부분이 있다.

『한서(漢書)』 권 28하에 보면, '지리지 제8하 요동군(遼東郡)…중략…험독현(險瀆縣)에 대하여 응초(應劭, 응소)가 주석을 달아 말하기를 조선(朝鮮)왕(王) 위만(衛滿)의 도읍이다. 물이 험한 것에 의지하였기에 험독이라 하였다. 신찬(臣瓚)이 말하기를 왕험성(王險城)은 낙랑군(樂浪郡) 패수(浿水)의 동쪽에 있다. 요동군 험독현은 그냥 험독이다. 안사고(顔師古)가 말하기를 신찬의 설명이 옳다(瓚說是也). 패수의 패(浿)의 음(音)은 보(普)와 대(大)의 반절(反切) 음(音)이다'(《漢書 卷二十八下》地理志① 第八下 遼東郡…중략…險瀆, 應劭曰 朝鮮王滿都也 依水險故曰險瀆 臣瓚曰 王險城在樂浪郡浿水之東此自是險瀆也 師古曰 瓚說是也 浿音普大反).'

---

50) 중국의 정사 24사 중에 '전한서'라는 사서가 없다. 『한서』를 『후한서』와 구분하기 위해 『전한서』라 부르고 있다.

『사기(史記)』권 115 〈朝鮮列傳〉에 의하면, '위만은…중략…망명자들의 왕이 되어 왕험성(王險城)에 도읍하였다. 【집해(集解)】[51]에서 서광(徐廣)이 말하기를 창려(昌黎)에 험독현(險瀆縣)이 있다. 【색은(索隱)】에서 위소(韋昭)가 말하기를 옛 도읍의 이름이다. 응초(應劭, 응소)가 주석하기를 〈한서지리지〉에서는 요동군(遼東郡)에 험독현(險瀆縣)이 있는데 조선(朝鮮)의 왕이 옛날에 도읍하던 곳이다. 또 주석하기를 왕험성(王險城)은 낙랑군(樂浪郡) 패수(浿水)의 동쪽에 있다고 신찬(臣瓚)이 말했다고 한다.(②滿…중략…亡命者王之都王險【集解】徐廣曰 昌黎有險瀆縣也【索隱】韋昭云 古邑名 應劭注地理志云 遼東有險瀆縣 朝鮮王舊都 瓚云 王險城在樂浪郡浿水之東也).'

요약하면, 위만의 도읍지 왕험성은 험독현(險瀆縣)에 있고, 험독현은 요동군(遼東郡) 창려(昌黎)에 있으며, 왕험성(王險城)은 낙랑군(樂浪郡) 패수(浿水)의 동쪽에 있다는 것이다. 그리고 앞에서 소개했듯이 진대(秦代)의 요동군과 한대(漢代)의 낙랑군은 같은 장소를 말한다. 또 하나 주목할 것은 왕험성이 패수(난하)의 동쪽에 있다고 하였다.

또 『사기』에 기록된 '【정의(正義)】 조선은 2음(절)이다. 괄지지에서 말하기를 고려의 도읍인 평양성이다. 본래 한나라의 낙랑군 왕험성이다. 또 옛말에 조선의 땅이라 했다.(【正義】③ 潮仙二音. 括地志云高驪都平壤城, 本漢樂浪郡王險城, 又古云朝鮮地也.)'

---

51) 여기서 집해(集解)라는 것은 사마천이 지은 사기(史記)를 송(宋)나라 때 주석한 것이고, 색은(索隱)이라는 것은 사마천이 지은 사기를 당(唐)나라 때 주석한 것이다. 주석으로 표시한 것을 보면 사마천의 원래 기록이 아니라는 것이다. 집해와 색은의 저자들이 인용한 것은 모두 한서(漢書)에 나오는 것들이라고 한다.(출처: 우리역사문화연구모임)『사기』 원문을 보면, 【集解】, 【索隱】, 【正義】라는 약물 기호가 반복적으로 표시되어 있다.

여기서 고려는 고구려를 말하는데, 한나라의 낙랑군 왕험성을 고구려가 점령하여 성(城) 이름을 평양이라 불렀다는 기록이다.

왕험성(왕검성)을 찾기 위해, 재야사학자들이 탐색했던 것처럼 필자도 앞에서 인용한 『한서 지리지』와 『사기』에서 얻은 정보는 (1)'왕험성은 패수의 동쪽에 있다.(①과 ②)'는 것과 (2)그 '왕험성이 고구려 도읍 평양성(③)'이라는 것이다.

(1)의 '패수 동쪽에 왕험성이 있다.' 했으니, 필자는 패수 동쪽에 창려(昌黎)가 있으니 그 남쪽에 왕험성이 있었을 것이라 추론했었다. 왜냐면 『수경주』에서 말하는 패수는 패현(浿縣, 지금의 난현灤縣)에서 물굽이가 동(남)쪽으로 흐른다는 기록에 근거한 것이다.

그런데 인터넷 온라인에 떠도는 왕험성의 위치는 다양하다. 대부분 재야사학자들이 그들 나름대로 추론한 것으로 본다. 어떤 이는 난하(패수) 동쪽에 있다는 갈석산(碣石山) 부근의 창려현을 험독현으로 보고 그곳에 왕험성이 있다고 보는 재야사학자가 있다. 또 어떤 이는 창려현이 베이징 서남부 지역까지 관할했다는 기록에 의거 왕험성을 베이징 서남부의 역현(易縣)으로 본 학자도 있고, 또 역현의 남쪽에 있는 보정시(保定市)로 보는 학자도 있다. 이 외에도 왕험성에 대해 다양한 지역 표시가 있는데 필자를 포함해서 그야말로 백인 백색이다.

필자는 여기서 얻은 생각은 좀 더 구체적인 조건을 갖추고 그 조건에 부합된 왕검성의 위치를 추정해야 한다고 보았다.

조건 1)은 『한서 지리지』와 『사기』에서 말하는 '패수의 동쪽에 있다'는 '방향성'이고, 조건 2)는 『한서 지리지』에서 '물이 험한 것에 의

지하였기에 험독이라 하였다(依水險故曰險瀆)'는 '험독'의 군사적 방어 개념이다.

조건 2)의 험독의 개념을 살피기 전에 '왕검성'과 '왕험성'이 우리 역사에 혼용하고 있는데, '왕검성'은 왕이 거(居)한다 하여 붙여진 이름이고, '왕험성'은 험독현에서 따온 것으로 공략하기 어려운 요새(要塞)라는 의미가 담긴 명칭이다.

왕험성(王險城)의 험(險)은 험독현의 험(險)에서 차용한 것으로 본다. 그리고 험하다고 보는 쪽은 공격하는 쪽에서 보는 시각이라고 생각한다.

왜 험하다고 했을까?

그 답이 험독현(險瀆縣)이란 지명의 독(瀆)에 있다고 본다. 원래 독(瀆)이란 하천, 개천독, 도랑, 더럽고 냄새나는 하수 등 갯벌이 있는 하천이란 뜻이 있다. 성을 함락하는 공격 측에서 보면 험한 요새(要塞)로 볼 수 있다.

당시 최고의 기동력이 보병보다 기마병인데, 물이 험하다는 『수경주』의 기록대로 보면 기마병이 험독의 독(瀆) 앞에서는 무용지물이기 때문이다.

입장을 바꾸어 수비하는 측에서 보면 천혜의 방어 요충지이기도 하다. 이러한 지리적 요충지를 찾으면 험독현도 보이고 왕험성도 찾을 수 있다고 생각한다.

필자의 이러한 한문자 탐색에 대해 이의를 제기할 수도 있겠지만 중국에 있는 한자 지명이 한족이 아닌 동이족이 작명한 지명이라면 그 속에 답이 있다고 보는 것이다. 그 이유는 한족이 우리가 만든 동이의 한자[52]를 빌려 쓰기 때문에 음가에 치중하는 경향이 있다. 그 한 예가 앞에서 소개한 『사기』의 【正義】③의 '조선2음(潮仙二音)'이다. 조선(朝鮮)이 아니라 그들에게 익숙한 발음인 조선(潮仙)이다.

필자가 한문자 탐색에 관심을 두는 것은 예부터 동이족이 작명할 때는 우리 생활상을 반영한 것으로 믿기 때문이다. 그 한 예로, '氏(씨)'라는 글자가 있는데 씨족(氏族)의 대명사로 쓰이는 글자다. 성씨(姓氏)는 곧 혈통을 말한다. 진(秦)이 중국을 통일하기 전, 춘추전국시대까지 중국 중원을 차지하던 동이족이 족보를 중시했었다.

'씨'라는 우리말에는 성씨 말고도 열매나 곡식의 씨앗, 혹은 종자라는 뜻도 있다. 우리말에 보면, 막되어 먹은 자기 자식을 가리켜 그 어미가 "저놈의 종자"라고 욕을 한다. 혈통과 종자(씨앗)를 겸해서 쓰고 있다.

중국에서는 종자를 나타낼 때 '씨(氏)'라고 쓰지 않는다. 오직 성씨만을 씨(氏)라고 한다. 씨(氏)의 상형문자는 씨앗에서 싹을 틔우는 모습이며, 땅 밑에서는 뿌리가 내리는 형상이다. 우리는 씨(氏)를 루트(Root)까지 포함해서 이해하는데 중국 한족은 씨(氏)를 성씨로만 보고 있다. 뿌리를 내리는 씨앗이나 혈통의 조상을 같은 의미로 보는 것이 동이 문화가 만들어낸 글자이다. 바꾸어 말하면 글자에서 고대 동이 문화와 생활 의식을 읽을 수 있다는 거다.

이처럼 동이의 시각에서 보면, 험독현의 독(瀆)은 정치적, 군사적으로 해석하는데 매우 중요한 이정표를 제공한다고 생각한다.

이런 점에서 필자가 처음 비정한 창려현 남쪽은 험독이 뜻하는 요새의 조건을 갖추지 못했으며, 인터넷에 떠도는 재야사학자들이 비정

---

52) 오운홍, 『고대사 뒤집어 보기』, pp.273-283.

(比定)한 지역도 물이 방어책이 되는 요새가 아님이 분명하다.

그리고 조건 (1)과 (2)를 충족해 줄 지명을 찾는 것이 어렵다고 여기고 있을 즈음, 『명사(明史)』 지리지의 기록을 보게 되었다.

『명사』 지리지의 낙정주(樂亭州) 낙정조(樂亭條)를 보면, 난하(패수) 최하류는 두 줄기 지류로 나누어지는데, '낙정(樂亭, E118°55′ N39°25′)의 동쪽으로 흐르는 지류가 호로하(葫蘆河)라 하고, 서쪽 지류를 정류하(定流河)라 불렀다'고 한다. 우선 현대 지도에서 찾아보았다. 다행히 낙정이란 지명이 남아있었다.

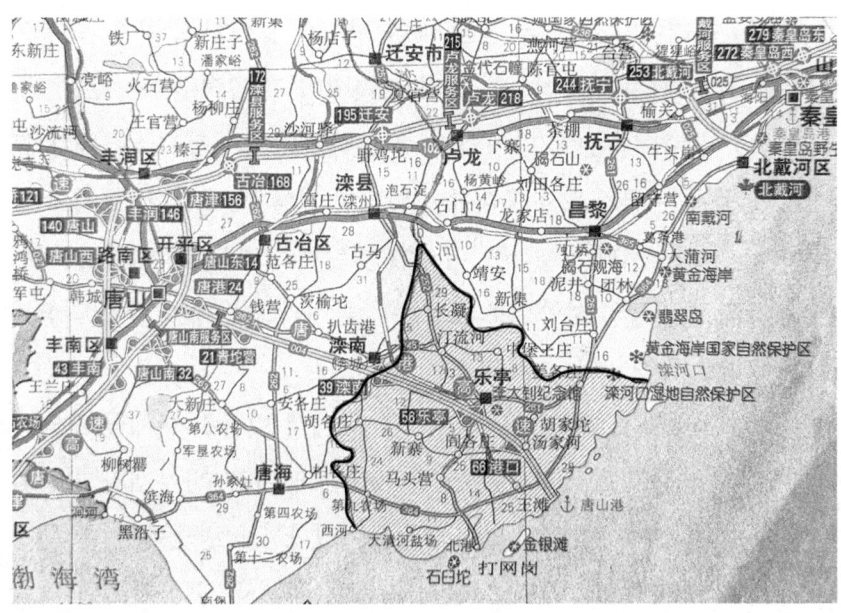

▲China Road Atlas, p.33의 지도에 필자가 하북성의 창려(昌黎) 남쪽 난하의 하류 쪽에 있는 두 지류가 만드는 지역에 ■ 표시를 했다.

『명사』 지리지가 말하는 '호로하'와 '정류하'라는 두 지류로 나누어진 난하(浿水)의 하류를 20세기 지도에서 찾아낼 수 있었다.

빗금친 부분은 『명사』에서 말하는 것처럼 난하 하류에서 두 강(지류)으로 갈라지는 경계점(E118°50′ N39°40′)을 기준으로 해서 볼 때 부채꼴 모양의 지역으로 구분된다.

필자에게는 바로 이 부채꼴 모양의 땅이 험독이라는 직감이 든다. 3면 중 2면이 강물이라는 방어선이 있고, 나머지 1면이 바다에 접해서 그야말로 공격하는 기마병이 건너기 힘들게 물로 둘러싸여 있기 때문이다.

『명사』 지리지가 말하는 '호로하'란 명칭은 보이지 않지만, 낙정의 서쪽을 흐른다는 '정류하(定流河)'라는 지명이 '정류하(汀流河, E118°43′ N39°30′)'라는 이름으로 남아있다. 정류하(汀流河)의 정(汀)은 '물가 모래성'을 뜻하는 글자로서 모래톱이 발달한 강물인 것 같다. 그리고 정류하 하구에는 서하(西河)라는 마을이 있는데, 『명사』 지리지가 정류하를 가리켜 낙정의 서쪽으로 흐르는 강물이라 했는데 이와 일맥상통하는 지명으로 보인다.

『명사』 지리지가 말하는 낙정주가 지도에서 빗금친 부채꼴 모양의 땅을 말하며, 위만조선 이전에는 번(番)한의 땅이고, 한무제가 평정한 이후에는 험독현이란 이름으로 요동군이었다가 낙랑군에 속한 행정구역 상의 지명으로 보인다. 『한서 지리지』와 『사기』에 기록된 낙랑군이란 명칭은 후일 주석을 달면서 붙여진 이름이 아닌가 한다.

그렇다면 좀 전에 필자가 내놓은 험독현을 찾는 조건 1)패수(난하)의 동쪽에 있는 땅이라는 방향성에 대하여, 지류인 정류하를 패수로 본다면 '패수의 동쪽'이라는 방향성이 충족된다. 그리고 조건 2) '험독'이라는 군사적 개념에 대하여도 3면이 물이란 방어선이 구축되어 있어 '험독'이라는 개념도 충족된다.

따라서 이 부채꼴 모양의 땅이 한나라 때 험독현이고, 그전에는 번한의 땅이며 그때 왕검성(왕험성)이 그 안에 있었다고 볼 수 있다.

마침 험독현의 역사 이야기가 나왔으니 짚고 넘어갈 것이 있다.

『사기(史記)』'괄지지(括地志)에서 말하기를 고려의 도읍인 평양성이다. 본래는 한나라의 낙랑군 왕험성이다(括地志云高驪都平壤城, 本漢樂浪郡王險城).'라고 했는데 쉽게 믿기지 않는 대목이다.

고구려의 평양성으로 불린 것은 대무신왕(3대) 20년(AD 37) 이후가 아닌가 한다. 이에 대해『사기』를 쓴 사마천이 BC 85년경에 사망했으므로 고구려가 차지했다는 왕험성의 기록을 믿을 수 없다는 주장도 있을 수 있다.

그런데 '사기(史記)'에 더한 주석들은 사마천이 기록한 것이 아니라 후대의 사람들이 더한 것이다. 예를 들면, 여기서 나온 '집해(集解)라는 것은 사마천이 지은 사기(史記)를 송(宋)나라 때 주석한 것이고, 색은(索隱)이라는 것은 사마천이 지은 사기를 당(唐)나라 때 주석한 것'(출처: 우리역사문화연구모임)처럼 고구려의 평양성 기록도 사마천 이후에 주석을 단 것이라고 본다.

이를 입증할만한 자료가 앞서 소개한『명사』지리지에서 말하는 '호로하'란 명칭이다. 여기 나오는 호로하(葫蘆河)는『삼국사기』〈신라본기〉에 나오는 나당연합군과 고구려와의 전투지명, 호로하(瓠瀘河)[53]와 같은 지명으로 보인다.

호로하가 고구려의 영역이었기에 나당연합군과의 전투가 이곳에서 있었던 것이라고 본다.

또 하나 짚고넘어갈 것은, '하나의 왕험성'을 두고 '낙랑군의 왕험성', 그리고 '요동군의 왕검성' 등으로 표기되는데 왜 이렇게 혼란스러운가를 질문할 수도 있다.

같은 책 『한서(漢書)』에 보면, 두 군의 설치 시기가 나온다. 요동군은 진(秦)이 설치(遼東郡秦置屬幽州)하였고, 낙랑군은 원봉 3년(BC108)에 한(漢)이 설치(樂浪郡 武帝元封三年開)하였다. 요동군 왕검성과 낙랑군 왕험성을 비교해 보면, 같은 땅인데 요동군이 낙랑군으로 바뀐 것을 알 수 있다.

앞의 세 문헌에 나오는 지명을 분석해 보면, 창려-험독현-요동군-왕험성-패수-낙랑군이 맞물려 있다. 이들 지명이 거의 같은 지역의 이름인 것이다.

이들 지명 중에서 현대 지도에서 확인할 수 있는 지명은 창려(昌黎, E119°10′ N39°40′)시와 낙정(樂亭, E118°55′ N39°25′)과 패수로 명명된 난하(灤河)와 그 지류인 정류하(汀流河)가 있다. 지도상으로 확인할 때, 낙정은 정류하(난하의 지류) 동쪽에 있다. 험독현이 현대 지도상에는 표시되어 있지는 않지만, 3면 중 2면이 강물로, 나머지 1면이 바다로

---

53) 김부식 저, 이재호 옮김, 『삼국사기』〈신라본기〉, p.267.

둘러싸여 '험독'이 된다는 점에서 험독현으로 볼 수 있고, 이 땅 안에 준왕의 왕험성이 있었으리라 유추할 수 있다.

여기서 또 다른 질문, 왕험성이 조선의 단군이 거처했다는 임검성(壬儉城)54)이냐는 질문을 할 수도 있다.

한마디로 대답하면 부 단군이 다스리는 왕험성을 왕검성으로 부르지만 단제(檀帝)가 거처했다는 임검성은 아니다. 이에 대한 소개는 다음 기회로 넘기겠다.

중국의 사서 『산해경』에도 낙랑의 위치가 나온다.

『산해경』 제18권 〈해내경〉에, (중국) '동해(황해)의 안쪽, 북해(발해)의 모퉁이에 하늘이 다스리는 조선이라는 나라가 있다. 그 사람들은 물(섬)에서 살며 사람을 아끼고 사랑한다(東海之內北海之隅 有國名曰朝鮮, 天毒, 其人水居, 畏人愛人…).'

또 여기에 위나라 '곽박(郭璞)이 주석하기를 조선의 그곳은 지금(위나라 때)의 낙랑군에 속한다. 참고로 조선이 있는 그곳은 다른 곳과 달리 북두칠성 모양의 섬이 있다(郭璞云: 朝鮮 今樂浪郡也 珂案; 朝鮮已見海內北經).' 하였다.

여기서 말하는 지역은 요동반도 다롄(大連)에서 산둥반도 봉래(蓬萊)시를 있는 묘도군도(廟島群島)와 그 동쪽에 있는 장산군도(長山群島)와 석성도와 대왕가도를 말한다. 이때의 조선은 위만에게 패한 준왕이

---

54) 『대쥬신제국사(大朝鮮帝國史)』를 쓴 김산호에 의하면, 단군왕검(檀君王儉)을 단군임검(檀君王儉)으로 불렀다. 박문기, 『맥이』, 정신세계사.(1987.5.15.) p.35, p.247. p.282.

마한도(馬韓島)⁵⁵)에 있을 때를 말한다.

이들 도서(島嶼)가 발해만 연안에 있는 낙랑군에 소속되어 있다는 이야기다. 낙랑군의 영역이 상당히 넓었음을 알 수 있다.

이처럼 『사기』를 보면, 창려에 험독현이 있다고 하였고, 그 험독현은 (번)조선왕의 옛 도읍인 왕검성이라고 한다. 창려는 하북성 석가장시 정정현(正定縣)까지 이른다고 한다. 여기서 창려는 현을 거느리고 있었다고 하니 창려군으로 격상하여 해석해야 할 것으로 본다. 따라서 그 영역은 하북성 정정현 보다 커져야 하기에 하북성 신락시(河北省 石可莊市 新樂市) 일대까지로 확장시킬 수 있을 것이다. 즉 그곳까지 낙랑군이라는 것이고, 그 북쪽의 하북성 행당현(河北省 石可莊市 行唐縣, E114°30′ N38°27′) 일대가 포함된다. 또 그 북쪽의 하북성 부평현(河北省 保定市 阜平縣, E114°8′ N38°48′) 일대부터는 서쪽으로 현토가 시작된다고 봐야 한다.

『후한서』〈동이열전〉에 '동쪽과 서쪽은 바다를 경계로 하니 모두 옛 진국의 땅이다(東西以海爲限, 皆古之辰國也).'는 기록이 있는데, 여기서 말하는 진국의 동쪽 바다는 발해(渤海)를 말하고, 서쪽으로 경계를

---

55) ①위만에 패한 준왕이 남은 무리 수천을 이끌고 '마한(馬韓)이 있는 섬(島)'에 들어가 공격하고 정권을 창출했으며(『후한서』), ②준왕이 그곳에서 기(箕)씨 성을 버리고 한왕(韓王)이라 칭했고(〈위략〉), ③청주 한씨 족보에 의하면 준왕이 마안도(馬鞍島) 혹은 마한도(馬韓島)에서 훙(薨, 별세)했다 했으며, ④준왕이 마한을 이어간 그 섬이 현재는 침강하여 석성도, 대왕가도, 오망도, 해양도로 남아있는데, 2,200여 년 전 당시 거대한 섬이었다는 점(본 책 3장에서 밝힘) 등을 종합하여 볼 때, 하나의 섬이었을 것이며, ①과 ③의 명칭을 참고해서 본 책에서는 '마한도(馬韓島)'로 명명하여 표기하고 있음.

이루는 바다는 해하(海河)를 말한다.

현대 지도에서 찾아보면 탕산(唐山)시와 창려(昌黎)시와 청더(承德)시를 잇는 낙랑의 중심지를 말하는 것이다.

『삼국유사』〈기이편 상〉의 마한전에는 『위지』를 인용했다는 기록 외에도 최치원(崔致遠)의 글을 인용한 부분이 있다.

'최치원이 "마한은 고구려이고, 진한은 신라다."라 하였다. 『삼국사기』에 의하면 신라는 먼저 갑자년(BC57)에 일어났고, 고구려는 후에 갑신년(BC37)에 일어났다고 하였다. 여기에 이른 것은 조선왕인 준(準)을 말함이다. 이것으로 알 수 있는 것은 (고구려) 동명왕이 일어날 때 벌써 마한까지 차지했음을 알 수 있다. 그래서 고구려를 마한이라고 부르는 것인데, 지금 사람들은 혹 금마산이 있어 마한을 백제라고 하지만 이것은 잘못된 말이다. 고구려 땅에는 원래 읍산이 있었기 때문에 이름을 마한이라 한 것이다(崔致遠云 馬韓 麗也 辰韓 羅也 據本紀 則羅先起 甲子 麗後起甲申 而此云者 以王準言之耳 以此知東明之起 已竝馬韓而因之矣 故稱麗爲 馬韓 今人或認金馬山 以馬韓爲百濟者 蓋誤濫也 麗地自有邑山 故名馬韓也)'[56]

최치원은 준왕이 있던 창려의 험독현, 그리고 해중 거한지인 마한도(馬韓島)를 중심으로 해서 진한과 마한의 계승자를 밝힌 것이다.

지금까지 살펴본 낙랑 관련 사서들을 종합해 보면, 낙랑군의 위치는 한반도가 분명히 아니라 요수(조선하, 조하) 동쪽, 동경(E) 119°와 북위(N) 40°가 만나는 요동 지역이라 할 수 있다.

---

56) 일연, 이재호 옮김, 『삼국유사』, pp.78-81.

앞으로 사학도(史學徒)들은 고대사를 논하는 자리에서 여기니 저기니 논쟁할 일이 아니다. 앞서 필자가 증명하였듯이 고대사의 경계 말뚝인 살수(薩水)가 지금의 대릉하이고, 패수(浿水) 또는 패강이 지금의 난하이다. 요동과 요서를 구분하는 요수(遼水)가 지금의 조하이고, 낙랑군의 낙랑부(樂浪府)는 창려시 난하 하구(E118°55′ N39°25′)이다. 이들 네 지점을 역사 측량의 기준점으로 삼아 고대사를 다시 정리하기를 권하는 바이다.

역사의 기준점이 되는 지명은 만들어내는 것이 아니라 찾아내는 것이다.

앞으로도 찾아내야 할 역사의 기준점이 더 있다. 젊은 사학도의 몫이라고 생각한다.

다시 봐야 할 중국 사서의 마한

제2장

다시 봐야 할 중국 사서의 마한

본 장에서 말하고자 하는 것은
중국 사서에 기록되고 우리가 배운 마한이
중국 대륙에 있었던 마한임을 밝히는 것이며
한반도 서남부에 있었다는 마한이 아님을 분명히 한다.
중국 사서가 말하는 그대로
중국 대륙에 있었던 마한은
중국 화하족과는 다르게, 동이의 3한 중 하나인 마한을 가리키는 것이다.

1. '고등학교 한국사'는 국사학계의 시각이다

『한반도에 백제는 없었다』를 읽은 독자들은 놀라움과 함께 궁금증이 더할 것이다. 백제의 흥망성쇠가 처음부터 끝까지 중국 땅을 무대로 했다면 한반도 서남부는 과연 누가 자리를 차지하고 있었을까?

필자가 쓴 '한국사 미스터리' 1, 2, 3권에서 얻은 결론으로 보면, 우리가 학창시절에 배운 한국사의 상고사는 믿을 수 없다는 것이다. 해방(1945) 이후 대한민국에서 중등교육을 받은 사람들은 너나 할 것 없이 왜곡된 역사에 올인하여 시간과 정력을 소비했다 해도 과언이 아니다.

국사학계는 백제사뿐만 아니라 문헌사적으로 오도된 마한사를 여과 없이 우리에게 보여주었기 때문이다.

우리가 배운 국사 교과서 내용을 살펴보자.

'고등학교 한국사'는 검인정이다. 국정교과서와 달리 집필진이 쓰는 방향에 따라 다소 다를 수 있고, 교육부가 고시한 교육과정과 집필지침을 통과하면 검인정을 받을 수 있다. 상고사의 경우는 교육부의 지침과 국사학계의 인식이 크게 다르지 않기 때문에 대부분 출판사별 교과서 내용이 크게 다르지 않다.

다음은 고등학교 『한국사』[57]의 마한과 관련된 내용인데 다른 출판사 발행 교과서의 내용도 이와 비슷하다.

'삼한은 한반도 중남부에서 성장하였다. 이 지역은 기후가 따뜻하고 비옥한 들판이 곳곳에 펼쳐져 있어서 일찍부터 농경이 발달하였다. 이를 바탕으로 진국[58]이 성장하였다. 진국은 한과 교류하려 하였으나 고조선의 방해를 받았다.

고조선 멸망 이후 철기 문화를 지닌 유·이민들이 대거 남하하면서 커다란 사회 변동이 진행되었다. 곳곳에 정치 세력이 성장하여 오늘날 경기도·충청도·전라도 지역에 마한, 낙동강 중상류와 동해안 지역에 진한, 낙동강 하류 일대에 변한 등의 연맹체가 형성되었다.

이 중 마한의 세력이 가장 커서 54개 소국으로 10만여 호에 이른 반면, 각기 12개 소국으로 이루어진 진한과 변한은 모두 합쳐 4-5만여 호에 불과하였다. 그리하여 마한 목지국의 지배자가 삼한을 대표

---

57) 김종수 외, 『고등학교 한국사』, ㈜금성출판사, 2018. p.35.

58) 진국은 (교과서 집필진이) 중국 역사책인 『사기』〈조선열전〉에 나오는 나라 이름이라 한다. 진국을 중국(衆國)으로 표기된 경우도 있는데, 이에 따른다면 고조선 말 한반도 중남부에 여러 나라가 있었던 것으로 추정된다고 했다.

하였다.'

본 장 후반부와 다음 3장에서 밝히겠는데 한반도에 삼한이 있었다는 교과서의 소개는 잘못된 것이다.

백제와 마한과의 관련 내용도 있는데, '삼한은 주변 지역과 활발하게 교류하며 더욱 발전하였다. 특히 변한은 우수한 철을 중국 군현과 왜에 수출하였다. 2세기 후반에는 강력한 정치세력이 다수 등장하였다. 이 가운데 마한의 백제국은 백제로, 진한의 사로국은 신라로 성장할 기반을 마련하였고, 변한의 가야국은 가야 연맹을 형성해 나갔다.'[59]고 한다.

교과서는 『삼국지』〈위지〉에 나오는 국출철(國出鐵)의 나라가 변한이라 하였는데, 변한이 아니고 진한이다. 필자의 다음의 책 '가야사'에서 밝히겠다.

교과서의 근간이 되는 국사 교육과정 지침과 국사계의 시각은 한반도 서남부에 마한이 있었는데 그 마한 중 하나인 백제국이 백제로 성장했다는 것이다.

필자의 『한반도에 백제는 없었다』에 비추어 볼 때, 한반도의 마한이 백제로 연결됐다는 국사학계의 주장은 잘못된 것으로 본다.

또 있다. 한반도 중남부의 '진국(辰國)과 한(漢)과의 교류'를 고조선이 막았다 하였는데, 이는 고조선의 위치가 대동강 유역이고, 고조선을 점령한 한사군의 위치도 이와 같음을 전제로 하여 짜 맞추어진 학설

---

59) 김종수 외, 『고등학교 한국사』, p.36.

이라 할 수 있다. 필자는 미스터리 한국사1, 『고대사 뒤집어 보기』에서, 그리고 앞장에서 낙랑군(한사군)의 위치가 중국 난하(灤河, 패수) 동쪽 지역임을 밝혀냈다. 이에 비추어 보면 진국의 위치도 다시 검토해야 할 것으로 본다.

또 하나 백제가 마한을 통합했다는 주장에도 문제가 있다. 교과서에 '근초고왕은 왕위의 부자 계승제를 확립하고 역사서를 편찬하여 중앙집권체제를 더욱 강화하였다. 그는 남쪽으로 마한의 남은 세력을 통합하고, 가야와 외교 관계를 맺어 왜로 가는 교통로를 확보하였으며, 북쪽으로 고구려의 평양성을 공격하였다(371).'[60]라 했는데, 이 내용은 『삼국사기』〈백제본기〉 근초고왕조에 나오는 기록에 근거한 것으로 본다.

그런데 『삼국사기』〈백제본기〉 근초고왕 조에 보면, '남쪽으로 마한의 남은 세력을 통합'했다는 기사가 없는데, 고등학교 교과서에는 '한반도 서남부의 마한을 백제가 통합했다'고 서술하고 있다. 이 부분에 대해서 어떤 문헌을 인용했는지 묻고 싶다. 왜냐면 중국 대륙에 있는 근초고왕(346-375)이 한반도 서남부의 마한을 통합했다는 기록은 역사 왜곡으로 보이기 때문이다. 백제가 마한을 통합했다면 마한은 375년(4세기 후반) 이전에 멸망한 것이 된다. 그런데 역사 왜곡을 증명이나 하듯, 최근에 전라남도의 마한 고분, 복암리 정촌고분에서 출토(2014년)된 인골을 복원한 결과, 5세기 후반에서 6세기 전반 영산강 유역을 다스린 40대 여성의 얼굴 모습까지 재현했다.(출처: 국립나주문화재연구소)

---

60) 김종수 외, 『고등학교 한국사』, p.41.

고등학교 한국사의 근초고왕은 4세기에 마한을 통합한 백제의 왕(13대)이라 했다. 그때 통합되어 없어졌다고 보는 마한은 문헌사적인 마한이다. 그런데 문헌사 중심 학자들의 주장을 부인하는 것처럼 고고학 발굴[61]로 실제 마한이 보란 듯이 등장하여 국사학계의 기존 학설을 뒤집어 놓았다.

시간상으로 볼 때, 발굴된 마한 유물은 근초고왕 때보다 1세기 이상 늦은 시기이다. 이와 같은 모순을 국사학계는 어떻게든 해명해야 할 과제라고 본다.

고등학교 교과서와 고고학계 발표 자료를 비교할 때, 어느 쪽이 더 믿을 수 있을까?

그것은 말할 것도 없이 현실적으로 우리 손에 잡히는 고고학에 의한 마한(馬韓)의 유적과 유물일 것이다.

문헌사에는 약점이 있다. 고고학과 다를 경우 실증하기 어렵다는 점이다. 더구나 필자의 주장처럼 『한반도에 백제가 없었다』는 것이 사실[62]이라고 보면, 한반도에서 발굴되고 있는 마한 유물이 중국 요서에 있는 백제와 통합이라는 연결 끈이 없어지게 된다. '고등학교 한국사' 집필진은 왜곡된 역사를 언제까지 가르치게 할 것인지 고민해야 한다.

우선 고등학교 교과서가 수정돼야 할 것이고, 국사학계 특히 문헌사를 기반으로 한 역사학자들도 자성하고 역사를 바로잡는 조치가 있어야 한다.

---

61) 복암리 정촌 고분 관련 자세한 발굴 내용이 본 책 4장에 있음.

62) 오운홍, 『한반도에 백제는 없었다』 PP.59-62에 '한반도 백제를 고집하기 전에 답을 해야 하는 문제들' 10문제를 내놓았다.

백제가 한반도에 없었다고 해서 한반도 서남부의 역사가 없어지는 것이 아니다. 다만 그 지역의 역사 기록이 없는 것일 뿐이다. 한반도에는 마한이 자리 잡고 있었고, 신라와 가야도 한반도 서남부지역으로 영역을 넓히고 있었던 자취가 유적으로 남아있다. 그곳의 실제 역사를 복원해야 할 것으로 본다.

국내 사서 『삼국사기』나 『삼국유사』에는 마한(馬韓)에 대한 기록이 단 몇 줄에 불과하다. 그런데 중국의 사서인 『후한서』[63]와 『삼국지』[64]의 〈위지〉, 『진서』[65]에는 소상히 기록되어 있다. 우리가 배워온 한국사의 '마한 관련 역사'는 중국 사서(史書)를 베낀 것이 아닌가 하는 의심을 오래전부터 해 왔다.

그리고 현대 고고학계가 한반도에서 발굴하고 있는 마한의 유적과 유물이 문헌사(文獻史)에 나온 연대와 장소와 맞지 않은 부분이 있다. 따라서 마한에 대한 역사를 다시 써야 하지 않나 생각한다.

---

63) 『후한서(後漢書)』는 중국 이십사사 중의 하나로 후한의 역사를 남북조시대 송나라의 범엽(范曄: 398-445)이 정리한 책이다.

64) 『삼국지(三國志)』는 위(魏)·촉·오(吳)의 3국이 정립한 시기부터 진(晉: 220-280)이 중국을 통일한 시기까지의 역사책이다. 서진시대에 진수(陳壽: 233-297)가 지었다.

65) 『진서(晉書)』는 중국 진나라(晉)의 기록을 담은 역사서이다. 이십사사중에 하나이다. 648년 당나라 태종 때에 방현령(房玄齡)·이연수(李延壽) 등 20여 명의 학자가 편찬한 책으로, 서진(265-316)과 동진(317-418)의 역사가 수록되어 있다.

2. 중국 사서는 왜 마한을 기록했을까?

중국의 사서 『삼국지』〈위지〉 동이전에, '마한은 서쪽에 있는데 그 백성은 정착하여 농경을 하며 누에 치는 법을 알고 면포(綿布)를 만든다. 각각 우두머리[長帥]가 있는데 큰 곳은 신지(臣智)라 하고 그다음은 읍차(邑借)라 한다. 산과 바다 사이에 흩어져 살고 성곽(城郭)이 없다(馬韓在西 其民土著 種植 知蠶桑 作綿布 各有長帥 大者自名爲臣智 其次爲邑借 散在山海間 無城郭).'

이 기록은 후한과 그 뒤를 이은 위, 촉, 오의 시대인 『삼국지』 중, 〈위지〉의 위나라(220-265년) 뤄양(洛陽)을 중심으로 존속했던 마한에 대한 기록으로 본다.

〈위지〉에서 동이에 대한 기록, '동이전'에서 당시 마한의 위치와 백성의 생활 모습, 존립 형태를 엿볼 수 있다. 크기가 다른 여러 마한이 각각 성곽은 없지만, 우두머리 중심으로 산과 바다 사이에 흩어져 존립했다는 기록과 신지와 읍차라는 우두머리의 통치 체제를 소개하고 있다.

이 기록에서 주목해야 할 부분이 있다. 마한이 '서쪽에 있다' 하였는데, 서쪽이라고 바라본 그 기준점이 어디냐 하는 점이다.

'〈위지〉 동이전'을 쓴 당시의 수도 뤄양이 중심지인지, 아니면 또 다른 기준점이 있는지 생각해 볼 일이다.

국내 사학자들은 '마한재서(馬韓在西; 마한은 서쪽에 있다)'라는 넉 자만 보고 '한반도에서 서쪽 지역'으로 보고 있다. 이는 우리 국사학계의 자의적 해석이라고 본다.

필자가 보기에는 기록자가 보는 중심부(기준점)의 위치가 어디인지를 찾아야 한다. 낙양을 중심으로 하여 기록한 것인지, 마진변(馬辰弁) 중에 마한이 상대적으로 서쪽에 있는 것인지 살펴봐야 한다.

『후한서』〈동이 열전〉에 보면, '한(韓)에는 마한(馬韓), 진한(辰韓), 변진(弁辰)의 3종(種)이 있다. 마한(馬韓)은 서쪽에 있는데 54개국이 있다. 북쪽으로 낙랑, 남쪽으로 왜(倭)와 접한다.(韓有三種 一曰馬韓 二曰辰韓 三曰弁辰 馬韓在西 有五十四國 其北與樂浪 南與倭接)'

〈위지〉보다 나중에 기록된『후한서』지만, 후한은 25-220년간 위나라보다 먼저 뤄양에서 존속했던 나라다. 한(漢) 왕조와 병존했던 다른 동이족 혹은 한(韓)의 존립과 위치를 기록한 것으로 본다. 후한이라는 한(漢)족의 입장에서 보면, 그들과 다른 동이에 뿌리를 둔 한(韓)을 마한, 진한, 변진으로 구분하고, 마한의 경우 54개국의 존재를 기록하였다고 본다. 마한 54개국 중에 북쪽으로 낙랑과 맞닿은 마한이 있고, 중국 남동부에 있는 왜와 국경이 맞닿아있는 마한도 있다고 기록하고 있다.

얼핏 보면 한반도의 정세와 같지 않나 생각할 수 있다. 국사학계의 주장대로 마한을 한반도의 서남부 경기도, 충청도, 전라도라고 볼 때, 북쪽은 황해도를 넘어 평안도의 낙랑[66] 땅에 인접하고, 남쪽으로 바다 건너 남쪽에 일본이 있으니 그럴듯하다. 그런데 '남여왜접(南與倭接, 남쪽으로 왜와 국경이 붙어있음)'이라 했는데, 이 표현은 한반도에 적용할

---

66) 국사계가 주장하는 한사군 중 대동강 변의 낙랑군을 말한다. 그러나 실제로 낙랑군은 한반도에 없었다.(오운홍의『고대사 뒤집어 보기』pp.204-209 참조)

수 없다고 본다. 한반도에서 왜는 바다 건너에 있기 때문이다. 국경을 접한 것이라 볼 수 없다.

우리 국사학계가 결정적으로 잘못 해석하게 되는 원인이 두 가지 있다.

하나는 낙랑군의 위치가 한반도 대동강 유역이 아니라 중국 패수(浿水), 현 난하(灤河) 동쪽 요동(遼東)지역[67]임을 인정하지 않는 데서 오는 오류가 있다.

다른 하나는 당시 왜의 위치에 대해, 『후한서』의 〈왜전〉에 왜의 위치가 양쯔강 이남 중국의 남동해안이라 했다. 당시 일본 열도에는 야마토 왜(倭)가 없었는데 왜를 일본 열도에 있다고 보아 역사 해석 방향이 엉뚱해진 것이다.

여기서 잠깐, '현 일본 열도에 왜(倭)가 없었다'니, 독자들은 잠시 혼란에 빠질 것이다. 『후한서』가 말하는 왜가 일본 열도에 없었다는 것을, 이 글의 후반에서, '야마토 왜(倭)와 한반도 마한은 연관이 없다'에서 밝히겠다.

이렇게 따져보면 마한의 위치에 대해 한반도 서남부에 있었다는 주장은 중국문헌을 잘못 해석하여 오류가 낳은 왜곡된 역사가 된다.

후한(後漢)이나 위(魏)나라가 당시 지배체계로 볼 때 중국 전역을 지배했던 것도 아니고 지배할 수도 없었다. 그런 후한이나 위나라에서 볼 때 당장 주변의 마한은 젖혀두고, 한반도의 마한을 기술했을 것이

---

67) 오운홍, 『고대사 뒤집어 보기』. pp.204-209.

라고 보는 발상 그 자체가 어린아이 같은 생각이라고 본다.

　역사서 기록의 상식으로 볼 때, 역사 기록 주체와 안보상 그와 가까이 있는 나라를 우선 거론한다. 마한(馬韓)과 진한(辰韓), 변진(弁辰)은 낙양을 중심으로 하는 후한(後漢)이나 위(魏)나라 주변 국가라고 봐야 한다. 이런 관점에서 마한은 엄연히 현 중국 대륙에 있었다고 본다.

　또 다른 측면에서 봐야 할 일은 중국 사서에 기록된 마한 백성의 생활 모습이 이웃집을 바라보듯이 너무나 상세하다는 점이다.
　낙양에서 볼 때, 한반도의 한쪽 구석은 너무나 막연한 지역이다. 당시 지식과 정보 공유 정도로 볼 때, 한반도 남서부의 지역이 뤄양에서 볼 때 어느 방향인지, 얼마나 멀리 떨어져 있는지 자세히 알 수 없는 곳이다. 중국 조정에 위협적이지 않으면 자세히 기록할 필요가 없는 땅이다. 그런 땅의 지형이나 크기, 그곳 주민의 생활 모습을 자세히 기록할 필요가 없는 것이다.

　이웃 나라의 정보를 수집하기 위해서 사관(史官)을 파견하는 일은 없다. 만약에 있다 하더라도 낙양에서 한반도 서남부의 정보를 파악하는 일은 불가능하다고 본다. 사관이 이웃 나라 정보를 얻는 방법에는 외교관계 외에 대치 중인 국경에 파견된 군사정보나 장사꾼에게 얻은 정보에 의존한다. 그리고 먼저 제작된 사서의 사료를 인용하기도 한다. 실제로 제작 연도를 감안할 때, 먼저 시대인 『후한서』가 나중 시대의 역사서인 『삼국지』를 인용한 것으로 보인다. 이런 점을 종합할 때 마한의 기록은 낙양 주변에서 얻을 수 있는 기록이라고 봐야 한다.

중국 사서는 왜 마한(馬)을 기록했을까?

한마디로 말해 마한(馬韓)이 후한(後漢)이나 위(魏)나라 주변에 있었기 때문이라고 본다. 그들의 주변 나라를 역사 기록에 남긴 것이다.

국사학계는 이점을 간과해서는 아니 된다.

지정학적으로 볼 때, 한반도는 당시 중국 사서에 기록할 만큼 영향력이 있거나 위협적이거나 중시할 땅이 아니었다. 현재 한반도 전남 지역에서 발굴되는 마한 유적은 중국 사서에 기록된 그 마한 유적이 아니다.

후한은 23-220년에 존속하여 3세기 초에 멸망한 나라이다. 그런데 한반도 전남 지역에 조성된 마한 분묘는 3세기 중엽에서 6세기까지 인데, 후한의 존속 연대로 볼 때, 어떻게 한반도 서남부에 마한이 존재할 것이란 미래를 예측하여 후한서를 기록할 수 있는지, 상식적으로 설명할 수 없는 일이다.

3. 중국 사서의 기록을 한반도 마한사로 착각하다

필자도 학창시절 선생님이 가르쳐 준 그대로 마한을 한반도 마한사로 잘못 알고 있었다.

『후한서』〈동이열전〉에 다음과 같이 기록되어 있다. '마한(馬韓)은 서쪽에 있는데, 54개의 나라가 있으며, 그 북쪽은 낙랑(樂浪), 남쪽은 왜(倭)와 접하여 있다. 진한은 (마한의) 동쪽에 있는데, 12개 나라가 있으며, 그 북쪽은 예맥(濊貊)과 접하여 있다. 변진은 진한의 남쪽에 있는데, 역시 12개 나라가 있으며, 그 남쪽은 왜와 접해 있다. 모두 78개의 나라가 있다. 백제(伯濟)는 그중에 속해있는 한 나라이다. 큰 나라는 만 여호(萬餘戶), 작은 나라는 수천 가(家)로 이루어졌는데, 각기 산과 바다 사이에 있어서 전체 국토의 넓이가 사방 4천여 리나 된다. 동쪽과 서쪽은 바다를 경계로 하니 모두 옛 진국(辰國)의 땅이다. 마한이 (삼한 중에서) 가장 강대하여 그 종족들이 함께 왕(王)을 세워 진왕(辰王)으로 삼아 목지국(目支國)에 도읍을 삼아서 전체 삼한 지역의 왕으로 군림하는데, (삼한의) 모든 국왕의 선대는 모두 마한 출신의 사람이다.(馬韓在西 有五十四國 其北與樂浪 南與倭接 辰韓在東 十有二國 其北與濊貊接 弁辰在辰韓之南 亦十有二國 其南亦與倭接 凡七十八國 伯濟是其一國焉 大者萬餘戶 小者數千家 各在山海間 地合方四千餘里 東西以海為限 皆古之辰國也 馬韓最大 共立其種為辰王 都目支國 盡王三韓之地 其諸國王先皆是馬韓種人焉)'

우선 눈에 띄는 부분이 78개국의 나라이고, 마한이 차지한 국토의 넓이가 4방 4천여 리라는 점이다. 우리 국사학계는 한반도라는 고정관념에 사로잡혀 있는데, 한반도의 남북 길이가 3천 리요, 동서 길이는 일천 리가 못 된다. 더구나 국사학계가 말하는 한반도 서남부의 마한 땅은 남북이 1천 리요 동서가 400리인데 한반도는 절대 아니라고 본다.

사방 4천 리가 되는 땅이 어디인가? 중국 대륙 말고는 없다.

국사학계에 병폐가 있는데, 자신들의 시각에 맞지 않는 기록이 있으면 그 기록이 잘못됐다고 회피한다. 그러면서 중국 사서는 왜 인용하는지, 필요한 부분만 뽑아 인용하는 고질병은 고쳐져야 한다.

『후한서』의 기록은 중국에 있는 마한과 진한과 변진의 위치를 기록한 것이다.

그중에 '東西以海爲限,皆古之辰國也(동쪽과 서쪽은 바다를 경계로 하니 모두 옛날 진국의 땅이다)'라는 구절이 있는데, 진국의 땅을 묘사하는 구절이다. 동쪽과 서쪽이 바다를 경계로 한다고 했다.

국사학계가 중국 사서의 기록을 한반도에 적용하고 있는데 이는 잘못된 선택이다.

국사학계의 주장 그대로 보면, 진국을 이어받은 신라가 경상도에 있고 동해에 접해 있다 하더라도 서해(황해) 쪽은 백제와 마한이 가로막고 있기에, '(진국이 모두) 동쪽과 서쪽은 바다를 경계로 한다'는 기록과 달라서 국사 학계의 주장은 맞지 않다고 본다.

왜 이렇게 해석의 차이가 생긴 것일까?

국사학계가 알고 있는 마한, 진한, 변한의 위치는 한백겸이 쓴 『동국지리지』에 고정되어 있다. 중국 사서 『후한서』를 읽으면서 학자들은 국내 사서 『동국지리지』로 해석했기 때문이다.

한백겸의 『동국지리지』가 만들어지는 배경을 다음의 장에서 밝히겠는데, 한마디로 말해 왜곡된 역사서에 근거하여 만들어진 위사(僞史)라고 봐야 한다.

『후한서』〈동이열전〉에서 동쪽과 서쪽이 바다로 접해 있다는 옛 진국의 땅은 어디일까?

중국에서 유일하게 서쪽 바다가 있는 곳이 있다. 필자가 백제 위례성의 서쪽 대해(大海)[68]를 찾아내어 입증한 적이 있다. 여기서 말하는 동쪽 바다는 발해이고 서쪽 바다는 해하(海河)를 말하는 것이다.

---

68) 오운홍, 『고대사 뒤집어 보기』. pp.105-108.와 본책 1장의 해하지도 참조.

이곳에서 북쪽, 즉 요동 지역은 옛날 진국의 땅이라 할 수 있다. 현대 중국 지도를 펼쳐놓고 보면 탕산, 청더, 친황타오, 차오양, 진저우가 있는 지역이라 할 수 있다.

4. 마한이란 명칭의 유래는 삼한과 삼조선에서 비롯된다

또 하나 해석할 부분은 『후한서』 기록 중에, '(삼한의) 모든 국왕의 선대는 모두 마한 출신의 사람이다(其諸國王先皆是馬韓種人焉).'라는 기록이 눈에 띈다.

이 말은 『후한서』나 『삼국지』의 〈위지〉를 쓰기 이전에 마한이 이미 존재하고 있었다는 증거이다.

'삼한의 모든 국왕의 선대는 모두 마한 출신'이라 함은 '단군 왕조'나 그 전의 '환웅 왕조'가 타클라마칸 사막(Taklamakan Desert)을 넘으며 서역과 교역로를 확보했던 것에서 유래한다.

타클라마칸(塔克拉瑪干) 사막의 면적은 약 33만에서 넓게는 37만 km^2이고, 이를 통과하는 길이는 1,000km가 넘는다. 물이 귀하고 대표적인 모래 사막에 속한다. 타클라마칸의 의미는 위구르어(語)로 '죽음의 땅' 또는 '한번 들어가면 살아 나올 수 없는 곳'이란 뜻이다. '말(馬)을 이용하지 않고 들어가면 다 죽는다는 마칸(瑪干, 마한)의 땅'이다.

이같이 어려운 교역로를 뚫고, 동시(東西, 화물)를 운반하며 국부(國富)를 얻었고, 교역의 중심을 맡았던 그때 마한(馬韓)이 삼한 중에서 중요한 역할을 했던 것을 말한다.

원동중이 쓴 『삼성기전』 하편에 '이에 환웅이 3,000의 무리를 이끌고 태백산 꼭대기의 신단수 밑에 내려오니, 이곳을 신시라 하고 이분을 환웅천왕이라 한다(於是桓雄率衆三千降于太白山頂神檀樹下謂之神市是謂桓雄天王也).'는 기록이 있다. 이들 3천의 정병은 서역(환국, 중앙아시아)에서 타클라마칸 사막을 경유하는 운송로와 흑요석(黑曜石)의 생산로(生産路)를 확보하기 위해 요소요소에 배치하고 관리하는 데에 필요한 인원으로 본다.[69] 이처럼 환웅시대나 고조선 때는 마한의 역할이 매우 중요한 위치를 점하고 있었다고 볼 때, '삼한의 모든 국왕의 선대는 모두 마한 출신'이라 함은 의미 있는 기록이라고 본다.

여기서 본론과 잠시 이탈하여 짚고 넘어갈 부분은 3,000의 무리가 정병(남성)이란는 점이다. 가족을 데리고 타클라마칸 사막을 넘을 수 없는 일이다. 이들 남성들은 싱가포르의 페라나칸[70]처럼 현지 여성과 대를 이어갔을 것으로 유추할 수 있다.

후한(23-220)과 동시대에 존재했던 '한(韓)에는 마한(馬韓), 진한(辰韓), 변진(弁辰)의 3종(種)이 있다'는 말은 한(漢)나라가 자기네와 다른 족속으로 본 마한의 존재를 인정한 것이다. 그 마한은 한(漢)나라가 건국하기 전, BC2333년부터 존재했던 고조선 때부터 존재했었다.

---

69) 오운홍, 『고대사 뒤집어 보기』, pp.212-219.

70) 페라나칸은 말레이어로 '현지에서 태어난 사람'이라는 뜻이다. 말레이반도로 이주해 온 중국인 남성과 말레이 여성 사이에서 태어난 이들을 페라나칸이라고 하며 거기서 태어난 남성을 바바(baba), 여성은 논야(nonya)라고 부른다. 15세기 무렵, 중국에서 내려온 중국인 남성 이민자들은 대다수가 본국으로 돌아가지 않고 말레이 여성들과 결혼하고 정착을 선택했다. 가부장적인 중국인 남편의 영향으로 명절·예법·제사 의례 등은 중국식으로, 음식·식기 등은 말레이식으로 하는 독특한 혼합 문화가 나오게 되었다.

이암(李嵒)이 쓴 『단군세기』에 보면, 단군왕검 경자 93년(BC2241)에 '천하의 땅을 새로 갈라서 삼한(三韓)으로 나누어 다스렸으니, 삼한(三韓)은 모두 오가 64족을 포함하였다(於是 區劃天下之地分統三韓 三韓皆有五家六十四族).'

이처럼 삼한의 개념은 단군왕검 임종(BC2241.3.15.) 직전에 만들어진 행정 구획이라고 본다.

『태백일사』〈삼한관경본기(三韓管境本紀, 제4)〉, '마한세가(馬韓世家) 하'에 보면, 22세 단군 색불루(索弗婁) 병신(丙申) 원년(BC1285) 기록이 있다.

'5월 제도를 개정하여 삼한을 3조선이라 하였다. 조선이란 관경(管境)을 말한다(五月 改制 三韓爲三朝鮮謂管境也).' 했다.

이때의 왕의 명칭은 진한(辰韓), 마한(馬韓), 번한(番韓)이다.

이로부터 천년 후, 고조선의 3한 중 번한이 BC323년에 기자의 후예 기후(箕詡)가 왕권을 이어받음으로 '번한'이 '변한(弁韓)'으로 불렸다.

후한의 역사서 『후한서』를 고조선의 3한과 비교할 때, 마한(馬韓)과 진한(辰韓)은 같은데 변진(弁辰)은 변한(弁韓)도 아니고 번한(番韓)도 아니다.

이에 대한 자세한 이야기는 이다음 '가야사'를 소개하는 책에서 밝히겠다.

이상과 같이 『후한서』〈동이열전〉의 기록이 하나도 틀린 것이 없다. 여기 기록된 마한은 현 중국 땅에 존재했음이 틀림없다.

『후한서』〈동이열전〉에 기록된 생활 문화면을 살펴보자.

'마한 사람들은 농사와 양잠을 할 줄 알며, 길쌈하여 베를 짠다. 큰 밤이 산출되는데 그 크기가 배만큼 크며, 꼬리가 긴 닭이 있는데 꼬리의 길이는 5척(尺)이나 된다. 읍락(邑落)에 거주하며 역시 성곽이 없다. 땅을 파서 움집을 만드니 그 모양이 마치 무덤 같으며, 출입하는 문은 윗부분에 있다. 무릎을 꿇고 절하는 줄을 알지 못하며, 어른과 어린이의 차례와 남녀(男女)의 분별하는 따위의 예가 없다. 금, 보화, 비단, 모직물 등을 귀하게 여기지 않으며 소와 말을 탈 줄을 모르고, 오직 구슬을 귀중히 여겨서 옷에 꿰매어 장식하기도 하고 목이나 귀에 달기도 한다. 그들은 대체로 머리를 틀어 묶고 상투를 드러내 놓으며, 베로 만든 도포를 입고 짚신을 신는다. 그 나라 사람들은 씩씩하고 용감하여 젊은이 중에 집을 짓는 데에서 일하는 사람은 매번 밧줄로 등의 가죽을 꿰어 큰 나무를 매어 달고 소리를 지르는데 (이것을) 건장하다고 한다. 해마다 5월에는 농사일을 마치고 귀신에게 제사를 지내는데, 낮이나 밤이나 술자리를 베풀고 떼 지어 노래 부르며 춤춘다. 춤을 출 때는 수십 명이 서로 줄을 서서 땅을 밟으며 장단을 맞춘다. 10월에 농사의 추수를 끝내고는 또다시 이같이 한다. 여러 개 나라의 도읍에서는 각각 한 사람이 천신(天神)의 제사를 주재하는데 (그 사람을) 천군(天君)이라고 부른다. 또 소도(蘇塗)를 만들어 거기다가 큰 나무를 세우고서 방울과 북을 매달아 놓고 귀신을 섬긴다. (마한의) 남쪽 경계는 왜와 가까우므로 문신(文身)을 한 사람도 있다.(馬韓人知田蠶 作綿布 出大栗如梨 有長尾雞 尾長五尺 邑落雜居 亦無城郭 作土室 形如冢 開戶在上 不知跪拜 無長幼男女之別 不貴金寶錦罽 不知騎乘牛馬 唯重瓔珠 以綴衣為飾 及縣頸垂耳 大率皆魁頭露紒 布袍草履 其人壯勇 少年有築室作力者 輒以繩貫脊皮 縋以大木 歡呼為健 常以五月田竟祭鬼神 晝夜酒會 群聚歌舞 舞輒數十人相隨 蹋地為節 十月農功畢 亦復如之 諸國邑各以一人主祭天神 號為「天君」又立蘇塗 建大木以縣鈴鼓 事鬼神 其南界近倭 亦有文身者)'

이 부분은 역사 교과서나 대학의 역사 교재에서 우리가 이미 읽은 내용이다. 이런 중국 사서 기록이 국내 마한의 역사로 둔갑한 것이다. 중국 대륙의 마한과 한반도의 마한 문화가 크게 다르지 않은 것 같지만 다른 점이 곳곳에 있다.

우리가 관심을 두고 볼 것은 '땅을 파서 움집을 만드니 그 모양이 마치 무덤 같으며, 출입하는 문은 윗부분에 있다.'라는 주거문화의 기록이다. 한반도 특히 전남지역에서 발굴되는 마한 유적(국내 마한유적 발굴)이 이와 같지 않으며, 주거문화의 생활유적은 더욱 아니다.

또 '마한의 남쪽 경계는 왜와 가까우므로 문신(文身)을 한 사람도 있다'[71] 하였는데 현재 전남 지역에 문신하는 풍습이 있는 것도 아니다. 이러한 기록은 한반도에 있는 마한 기록이 절대 아니라고 본다.

5. 국내 사서, 『삼국사기』의 마한 무대는 중국 대륙이다

국내 사서, 『삼국사기』에 보면, 마한에 대한 기록이 몇 군데 있다.

〈신라본기〉 시조 혁거세거서간 '38년(BC20) 봄 2월에 호공(瓠公)을 보내어, 예를 갖추고 마한(馬韓)을 방문하게 했다. 마한 왕이 호공에게 꾸짖어 말했다. "진한과 변한은 우리의 속국인데 해마다 공물(貢物)을 보내지 않으니 큰 나라를 섬기는 예의가 어찌 이와 같으냐?"(三十八年

---

71) 『후한서』 외에도 『삼국지』 〈변진전〉에 男女近倭 亦文身(왜와 가까운 지역이므로 남녀가 모두 문신을 하기도 하였다.), 『양서』 〈백제전〉에 其國近倭 頗有文身者(그 나라 가까이에 왜가 있어 문신을 한 사람도 꽤 있다.), 『남사』 〈백제전〉에 其國近倭 頗有文身者(그 나라 가까이에 왜가 있어 문신을 한 사람도 꽤 있다.) (출처; 윤세영, 『문헌사료로 본 삼국시대 사회 생활사』, 서경문화사, 2007. p.125.)

春二月 遣瓠公聘於馬韓 馬韓王讓瓠公曰 辰卞二韓爲我屬國 比年不輸職貢 事大之禮其若是乎)'

　신라가 마한에 사신을 파견한 것으로 보아 신라와 마한은 국경을 접하고 있다고 본다. BC20년이라면 백제가 건국되기 이전의 일이다.
　마한 왕이 속국이라 말한 진한(辰韓)은 신라를 말하는 것이고, 변한(卞韓)은 혁거세 19년(BC39) 봄 정월에 신라에 항복한 나라인데 당시 마한 왕은 국제 정세 파악이 어두웠던 것 같다.
　신라 초기의 위치[72]는 박창범 교수의 일식 기록 분석 결과 동경 108°-118°, 북위 26°-35°의 범위 안에 있었다. 마한이 만약 한반도의 서남부에 있었다면 신라의 이웃이 될 수 없었을 것이다. 그러므로 여기에 나오는 마한은 한반도 서남부에 있다는 마한이 아님을 분명히 할 필요가 있다.

　이듬해 '(혁거세) 39년(BC19)에 마한 왕이 세상을 떠났다. 어떤 사람이 임금을 설득해서 말했다. "서한(西韓, 마한) 왕이 전에 우리 사신을 욕보였으니, 이제 그 임금의 상(喪)을 당하였으므로 그곳을 치면 그 나라를 평정할 수 있겠습니다." 임금은 말씀하시기를, "남의 재앙을 다행스럽게 여김은 어질지 못하다."하고 그 말을 따르지 않았다. 이에 사신을 보내어 조문하고 위로했다.'
　마한(馬韓)을 서한(西韓)으로 기록한 데는 신라와 대치 중인 마한이 신라의 서쪽에 있음을 말하는 것이며, 중국의 사서『삼국지』〈위지〉 동이전에, '마한은 (진한의) 서쪽에 있다'는 기록과도 통한다.

---

72) 오운홍,『고대사 뒤집어 보기』, pp.16-19.

탈해이사금 '5년(61) 가을 8월에 마한 장수 맹소(孟召)가 부암성(覆巖城)을 들어 항복했다'는 기록이 있는데 자세한 위치를 가늠할 수 없다. 석탈해의 영토 확장 중에 귀속된 성으로 보인다.

필자의 『고대사 뒤집어 보기』에서 상대(上代) 신라는 중국 땅에 있음[73]을 밝혔는데, 따라서 〈신라본기〉에 나오는 마한은 한반도의 마한이 아니고 중국 땅에 있는 마한이라 할 수 있다.

〈백제본기〉에도 마한에 대한 기록이 있는데 더욱 실제 상황이다.

시조 온조왕은 '13년(BC6) 8월, 도읍을 옮기기 전에 마한 왕에게 알렸다.' 이로 보아 위례성에서 새로 옮기는 도읍(한성)도 마한 땅이 아닌가 한다. 그 전에 '10년(BC9) 가을 9월에 (온조) 왕은 사냥을 나가서 신록을 잡았기에 마한으로 보냈다'는 기사가 있다.

양국의 우호 관계를 돈독히 하고자 하는 노력으로 보인다.

위례성에서 한성으로 옮긴 이후인 6년에 일어난 사건으로는 다음과 같은 기록이 있다. '24년(6) 가을 7월에 (백제가) 웅천책(熊川柵)을 만드니 마한 왕이 사신을 보내어 책망했다.

"왕이 처음 강을 건너와서 발붙일 곳이 없기에 내가 동북 1백 리의 땅을 내어주어 편히 살게 했으니, 그것은 왕을 대접함이 후하지 않음

---

73) 신라의 위치에 대해, 『북사』에는 백제의 동쪽 끝은 신라다(北史云 百濟東極新羅)라 했다. 북조는 백제의 초기, 위례성에서 한성으로 천도한 이후에 해당한다. 백제를 기준으로 하여 동쪽에 신라가 있다는 그곳은 중국의 요동을 가리키고 있다. 신라는 그 후 장쑤성, 안후이성 쪽으로 이동하였는데, 〈신라본기〉 소지마립간 16년(494) 신라군이 고구려와 살수(薩水, 대릉하) 들판에서 싸워 패하여 견아성(犬牙城)이 포위되었을 때, 〈백제본기〉 동성왕 16년(494)에 군사 1천명을 보내어 신라를 구원한 기록이 있다. 당시 견아성은 신라 초기 영토이며 장삿길의 전초기지로 본다.(출처; 한반도에 백제는 없었다)

이 아니었소. 왕은 마땅히 이를 보답할 것을 생각하여야 할 것인데, 이제 나라가 튼튼해지고 백성들이 모여드니 나에게 대적할 사람이 없으리라 생각하여 성지(城池)를 크게 설치하여 우리의 땅을 침범하려 하니, 그것이 옳은 일이라 보는가?"

왕이 부끄러워 마침내 웅천책을 헐어버렸다.'

이 기사로 보아 백제의 도읍은 마한의 영토 안에 있었다고 볼 수 있다. 또 마한 왕이 '동북 1백 리의 땅을 내어(떼어) 주었다' 하는 말이 맞다고 할 수 있다. 이 기록을 신뢰하고 보면, 마한의 동북쪽에 백제가 있다면 역으로 볼 때 마한의 영역은 백제의 서남쪽에 가까이 있다고 볼 수 있다. 국사학계가 주장하는 한반도의 마한에 적용하면 동북쪽 ↔ 서남쪽의 위치 관계가 아니고 남과 북의 위치 관계가 되어 『삼국사기』의 기록과 어긋나게 된다. 따라서 국사학계의 주장은 틀린 것이다.

필자는 이와 같은 기록에 근거하여 백제의 첫 도읍지 하남위례성(河南慰禮城)의 위치는 현 베이징시 동부지역이며, 조하(조백하)의 서쪽[74] 임과 마한의 국읍을 다퉁(大同)으로 밝힌 바 있다. 두 번째 도읍지 한성은 온조왕 원년과 13년 기사의 지세를 말함인데, 즉 북쪽은 패하(浿河), 동쪽은 주양(走壤), 남쪽은 웅천(熊川), 서쪽은 대해(大海)로 보아, 도읍을 한수에서 패하(난하) 쪽으로 이동한 것이며, 다시 말해 첫 도읍지 위례성에서 볼 때 조하를 건너 동남쪽으로 이동한 것 같다. 두 도읍지의 위치로 보아 이 당시 마한의 국읍은 다퉁(大同)을 중심으로 중국에 있었다고 볼 수 있다.

---

74) 오운홍,『고대사 뒤집어 보기』, pp.105-108.

또 『후한서』〈동이열전〉에서 '동쪽과 서쪽은 바다를 경계로 하니 모두 옛 진국의 땅이다(東西以海爲限, 皆古之辰國也)'라는 진국의 위치가 나오는데, '진국을 이어받은 신라'[75]와 연이어진 땅이기도 하다.

백제가 웅천책으로 인해 마한으로부터 굴욕을 당한 이듬해인 '25년 봄 2월, (한성) 왕궁의 우물이 갑자기 넘쳤다. 한성의 민가에서 말이 소를 낳았는데 머리 하나에 몸이 둘이었다. 일관(日官)이 말하였다. "우물이 갑자기 넘친 것은 대왕이 크게 일어날 징조이고, 소가 머리 하나에 몸이 둘인 것은 대왕이 이웃 나라를 합병할 징조입니다." 임금이 듣고 기뻐하며 드디어 진한과 마한을 합병할 마음을 가졌다. (二十五年 春二月 王宮井水暴溢 漢城人家馬生牛 一首二身 日者曰 井水暴溢者 大王勃興之兆也 牛一首二身者 大王幷鄰國之應也 王聞之喜 遂有幷呑辰馬之心)'

그다음 해, '26년(AD8) '겨울 10월에 (온조) 왕은 군사를 내어, 사냥한다고 꾸며 말하고 몰래 마한을 습격하여 드디어 그 국읍(國邑)을 병합했는데, 오직 원산과 금현 두 성만은 굳게 지키며 항복하지 않았다 (冬十月 王出師 陽言田獵 潛襲馬韓 遂幷其國邑 唯圓山錦峴二城 固守不下).'

온조왕이 사냥한다고 위장하여 몰래 마한을 습격하여 국읍을 차지했다는 기사다. 사냥을 구실로 군대가 이동한 걸 보면, 마한의 국읍과 백제의 도성은 멀리 떨어져 있지 않았음을 알 수 있다.

---

75) ①최치원이 "마한은 고구려이고, 진한은 신라다."『삼국유사』〈기이편 상〉의 마한전, ②『북사』에는 '백제의 동쪽 끝은 신라이고, 서쪽과 남쪽은 모두 큰 바다를 한계로 했으며, 북쪽 끝은 한강에 접했다(北史云 百濟東極新羅 西南俱限大海 北際漢江)'고 했다. 여기서 한강은 '조백하'를 말한다.

마한의 국읍을 다퉁(大同)으로 본 것은 필자의 견해이다. 그래서 다른 사서에서 입증될만한 사료를 찾고자 했다.

『환단고기』〈태백일사〉삼한관경본기(三韓管境本紀, 제4)의 '마한세가 (하)'에 22세 단군 색불루(索弗婁) 병신(丙申) 원년(BC1285) 기록이 있다. '5월 제도를 개정하여 삼한을 3조선이라 하였다. 조선이란 관경(管境)을 말한다. -중략- 여원흥(黎元興)에게 명하여 마한(馬韓)이 되어 막조선(莫朝鮮)을 통치케 하고, -중략- 여원흥이 이미 대명을 받아 대동강(大同江)을 장악하니 역시 왕검성이라 한다. 천왕도 역시 매년 봄에는 반드시 마한에 머무르시며 백성이 근면하기를 정치로 장려하였으니 이에 자공후렴(藉供厚斂)[76]의 폐단이 마침내 사라졌다(五月 改制 三韓爲三朝鮮 謂管境也-중략- 命黎元興爲 馬韓治莫朝鮮-중략- 元興旣受大命鎭守大同江亦稱王儉城 天王亦以每年仲春必巡駐馬韓以政於是藉供厚斂之弊遂絶).'라는 기록이다.

이 기록에서 알 수 있는 것은, '마한'이란 국명은 원래 직책이고 왕의 명칭이라는 것이다. 막조선을 통치하는 마한(馬韓)이 거처하는 도읍이 왕검성(다퉁)이고 '백제가 병합했다는 국읍(國邑)'으로 본다. 당시 (BC1285) 마한(왕)은 여원흥이며, 왕검성이 있는 지명은 대동강 유역의 대동(大同, 다퉁)이다.

한반도의 대동강이 아니다.

색불루 단군이 해마다 길이 풀리는 봄이 되어 3조선의 관경(管境)을 순시하는 이유 중의 하나가 서역과의 장삿길 관리 상황 점검이다. 마

---

76) 어떤 일을 빙자하여 물건이나 돈을 공여받거나 억울한 세금을 많이 거두어들이는 일

한의 대동(다퉁)은 만리장성을 넘어 서역으로 가는 관문이기도 하다.

마한의 왕검성인 다퉁(大同)의 위치가 '백제의 일식 기록' 분석 결과, 백제 도읍을 찾는 동경 110-122° 북위 38-48° 범위 안에 있다. 다퉁은 백제 땅과 가까운 지역이라 할 수 있다. 온조왕이 마한의 국읍을 습격하여 차지한 곳이 다퉁(大同, E113°30′ N40°)으로 보인다.

백제의 첫 도읍지가 베이징 근처가 분명하므로 마한 땅에서 건국한 백제의 기록을 근거로 마한은 중국 땅에 있었다고 할 수 있다. 『삼국사기』에 기록된 마한은 한반도 서남부를 차지하는 마한과는 다른 것이다.

6. 고구려 태조왕 때 '마한 기록'은 사실이다

『삼국사기』〈고구려 본기〉에도 마한이 등장한다. (6대) 태조대왕 70년(122) '12월, 임금이 마한(馬韓)과 예맥(濊貊)의 1만여 명의 기병을 거느리고 나아가 현토성을 포위하였다. 부여 왕이 아들 위구태(尉仇台)를 보내 병사 2만 명을 거느리고 한나라 병사와 힘을 합쳐 막고 싸우니 우리 군사가 크게 패하였다.(十二月 王率馬韓濊貊一萬餘騎 進圍玄菟城 扶餘王遣子尉仇台 領兵二萬 與漢兵幷力拒戰 我軍大敗)'

이 기사 끝에 『삼국사기』 편찬자인 김부식은 마한의 등장에 대하여 이를 의심하는 사견을 적어놓았다. '마한은 백제 온조왕 27년(9)에 멸망했는데, 지금 고구려왕과 함께 군사를 보냈다 하니 아마 멸망되었다가 다시 일어난 것인지?(馬韓而百濟溫祚王二十七年滅 今與麗王行兵者 蓋滅而復興者歟)'라 첨언 했다.

쉽게 이해할 수 없다는 의견을 사족으로 달아놓았다.

필자가 보기엔 김부식이 『삼국사기』를 편찬할 때 참고 했던 고구려의 〈유기(留記)〉나 〈신집(新集)〉을 베끼면서 납득(納得)할 수 없어 한 줄 적어놓은 것으로 본다. 그가 생각했던 마한은 왕검성 다퉁(大同)을 중심으로 하나의 왕권이 모든 마한을 통제한 것으로 본 것 같다. 더구나 최상위 우두머리가 없는 상황에서 54개의 소국이 각자(各自) 도행(道行)한 것을 파악하지 못했던 것 같다.

김부식까지 잘못 알고 있는 마한인 것이다.

국사학계는 김부식의 사견에 한술 더 떠서 태조왕 70년(122) 조의 기사를 달리 확대 해석하여 지도에 배치하면서 국사책에 반영하고 있다.

국사학계는 일본이 써 준 『조선사』를 그대로 베껴, 백두산과 개마고원에 있었다는 현토군(玄菟郡)을 기정사실로 하고, 현토의 서부 통구(通溝, 현 집안 集安, E126°10′ N41°10′)에 있던 고구려가 현토군 동쪽 함경도에 있는 예맥(濊貊)과 손을 잡고, 또 한편으로는 한강 이남 백제의 남쪽에 있는 마한(馬韓)의 지원을 받아 현토군을 공격했다고 기술하고 있다. 이는 한사군 설치가 한반도 북부지역에 있었다는 가정 아래 창작된 가설(소설)이고 그에 따른 지도(배치)라고 본다.

이렇게 소설 같은 한사군의 배치가 가능했던 것은 '고구려의 태조가 현토성을 공격했다'는 고구려 본기의 기록에 대해 가능성이 희박하다는 김부식의 사족이 또 다른 역사 소설을 만들었다고 본다.

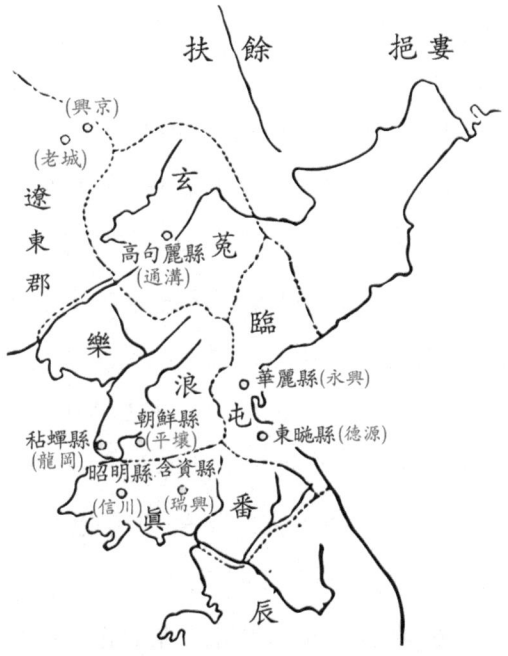

▲ 국사학계가 생각하는 한국사의 한사군 지도77)

위의 한사군 지도는 일본이 써 준 『조선사』를 근거로 국사학계가 아직도 주장하는 한사군 배치 개념도이다.

이 지도를 보면 고구려와 현토군의 전쟁은 압록강 변에서 이뤄졌다고 가정할 수 있다. 백제가 진번군의 남쪽 한강 이남에 있었다는 한국사로 보면, 마한은 백제의 남쪽 충남이나 전남 지역에 있다고 보고 있다.

독자 여러분은 국사학계의 주장대로 마한의 이동 거리와 경로를 상상해 보시라. 필자가 이 지도를 인용한 것은 한반도 서남부의 마한을 끌어들이는 것이 어렵다는 사실을 보이려고 한 것이다.

---

77) 이기백, 『한국사신론』, 일조각, 1972. p.30.

한국사에서 말하는 이 가설(소설)은 다음의 세 가지 이유에서 폐기되어야 한다.

첫째, 한국사에서 말하는 '한반도의 마한'이 되살아나서 현토성을 공격하려면 전라도 지역에 있는 마한이 한강 유역의 ①백제 땅을 공격하여 넘어야 하고, 다시 임진강 이북의 ②진번군을 반드시 넘어가야 하고, 그다음에 ③낙랑군이나 임둔군을 넘어가야 한다. 같은 한(漢)의 정치체제인 두 개의 군(郡)을 돌파할 수 있는 일인지, 과연 현실성이 있는 일인지 살펴볼 때 불가능한 일이라고 본다.

둘째, 한사군은 처음부터 한반도에 없었다.[78] 이 책 1장에서 낙랑군이 패수(난하) 유역(E118°55′ N39°25′), 요동 땅에 있었다고 밝혀진 이상 국사학계의 가설은 잘못된 것으로 본다.

셋째, 한반도 마한의 유적이 전라남도에 집중되어 있다. 압록강 변에 있다는 현토군을 공격하려면 북쪽으로 2,000리 이상 진격해야 한다. 그리고 한반도 마한 유적은 3세기 중엽(250년) 이후의 일인데, 태조왕이 마한을 공격한 해가 122년이다. 고고학계에서 본 한반도 마한의 성립은 3세기 이후이고, 태조왕은 그 이전의 전투이므로 한반도에서 연합할 마한이 없었다고 본다.

여기서 답변이 막힌 학계에서는 준왕의 마한(BC194)을 거론할지 모른다. 준왕의 마한은 N39° 이북에 있는 황해 북안의 해중 왕국이다. 준왕의 마한은 다음 장에서 자세히 밝히겠다.

---

78) 오운홍, 『고대사 뒤집어 보기』, pp.204-209.

7. 태조왕은 한반도 마한과 연합하지 않았다

태조왕 70년(122) 조의 『삼국사기』 기사는 필자가 보기에 당시 정황에 맞는 정확한 기록으로 본다.

먼저 앞서 소개한 지도, 즉 한사군의 배치도를 뇌리에서 지워야 한다.

20세기 고고학계는 한사군 중 임둔군(臨屯郡)의 위치를 가늠할 수 있는 유물인 봉니(封泥)가 랴오닝성(遼寧省)의 해안도시인 진시시(錦西市, 진저우 錦州의 서쪽)에서 발견[79]하였다. 이로 인해 한사군의 위치를 다시 생각해야 하고, 이어서 낙랑군이 패수(난하) 유역, 요동 땅에 있다는 것과 이어서 현토군(玄菟郡)의 위치를 어림잡을 수 있게 되었다.

앞서 인용한 것처럼, 이승휴(李承休)가 쓴 『제왕운기(帝王韻紀)』의 기록을 보면 한사군의 위치는 '진번임둔재남북(眞番臨屯在南北)'이고, 낙랑현도동서편(樂浪玄菟東西偏)'이라 했다. 이 기록을 현대 지도에 맞추어보면, 친황다오(秦皇島)와 진저우(금주錦洲), 차오양(朝陽), 츠펑(赤峰)으로 이어지는 지역에 남북으로 진번군과 임둔군이 배치된다. 그리고 낙랑군과 현토군은 동서로 치우쳐 경계를 이루고 있다고 했다 했으니, 낙랑군은 난하(灤河)의 청더(承德)와 창려(昌黎)를 중심으로 하고 있고, 그 서쪽에 장자커우(張家口)와 만리장성 북쪽에 현토군이 있었다고 볼 수 있다. 다시 말해 현토(도)군은 베이징의 서북쪽으로 만리장성 이북 땅과

---

79) 중국 지린대(吉林大)에서 '중국 요서지역 청동기시대 연구'로 박사학위를 받은 복기대 단국대박물관 연구원이 학술지 「백산학보」 61집에 기고한 논문, 〈임둔태수장(臨屯太守章) 봉니를 통해 본 한사군의 위치〉에서 문제의 봉니 출토 사실을 소개했다. 봉니(封泥)란 종이 문서 이전에 죽간(竹簡)이나 목간(木簡)의 문서를 끈으로 묶는 마감 부분을 진흙 덩이로 봉한 후에 인장을 찍는 문서 보안 방책이다. 오운홍의 상게서, 〈궁금 역사11〉 pp.187-189. 참조.

연이어 있다고 볼 수 있다.

이와 같은 필자의 주장을 보완하기 위해 고구려 태조왕이 현토군을 공격할 때 함께 참여한 예맥(濊貊)과 마한의 위치를 다시 한번 확인해 볼 필요가 있다.

〈고구려 본기〉 태조왕 70년(122)의 기록은 후한(後漢, 25-220)이 존재했을 때의 기록이다.

먼저 마한의 존재를 다시 확인하자. 『후한서』〈동이 열전〉에, '마한(馬韓)은 서쪽에 있는데 54개국이 있다. 북쪽으로 낙랑, 남쪽으로 왜(倭)와 접한다(馬韓在西 有五十四國 其北與樂浪 南與倭接).' 했으니, 낙랑(난하와 요동)과 접해 있는 마한 중 1국이 (고구려와) 가까이에 있다고 할 수 있다. 또 '진한은 (마한의) 동쪽에 있는데, 12개 나라가 있으며, 그 북쪽은 예맥(濊貊)과 접하여 있다(辰韓在東 十有二國 其北與濊貊接).'는 기록으로 보아 낙랑과 접해 있는 마한 중의 1국과 예맥이 거리상으로 가까이에 있다고 할 수 있다. 이 부분은 후한 때(25-220년)에 마한이 존재했다는 기록을 전제로 한 것이다.

김부식이 〈고구려본기〉에서 사족을 단 까닭은, 〈백제본기〉 온조왕 '26년(8)에 마한을 습격하여 국읍(國邑)을 병합했다'는 기록에 의거 그가 '마한 전멸'로 생각했기 때문으로 본다. 8년의 일이라면 후한이 건국하기 이전의 일이다.

그런데 후한은 물론이고, 그 후에 일어난 위나라 때의 역사서에도 마한이 존재했다는 것을 기록하고 있다. 왜 이런 사실이 존재할 수 있을까?

온조왕이 병탄한 마한 1국을 제외하고 나머지 마한 50여 개의 마한 소국이 『삼국지』〈위지〉동이전의 기록처럼, '각각 우두머리(長帥)가 있는데 큰 것은 신지(臣智)라 하고 그다음은 읍차(邑借)라 한다. 산과 바다 사이에 흩어져 살고 성곽(城郭)이 없다(各有長帥 大者自名爲臣智 其次爲邑借 散在山海間 無城郭).'하였으니, 태조왕 70년(122)에도 마한의 우두머리가 다스리는 50여 국이 중국 땅에 넓게 흩어져 각자도생(各自圖生)으로 존재했다고 볼 수 있다.

특히 '후한서의 기록'처럼 '북쪽으로 낙랑, 남쪽으로 왜(倭)와 접한다' 했으니, 낙랑과 동서로 붙어있는 '현토군'과도 인접한 마한이 있다고 추론할 수 있다. 이때 '왜'[80]는 일본 열도의 '왜'가 아니라 양쯔강 남쪽의 월주 이남에 있었다 했으니 후한서의 기록에 신뢰를 더할 수 있다.

고구려와 인접한 마한의 존재를 확인했으니, 다음으로 살펴볼 것은 태조왕이 현토를 공격할 때 마한과 함께 참여했다는 '예맥(濊貊)'의 위치를 찾는 일이다.

예맥을 찾기 전에 예맥과 진번과 현토의 지정학적 위치를 파악하는 것이 먼저 할 일이다.

'『한서』〈무제기〉에 이르기를 원봉 3년(BC108)에 조선 우거왕을 참하고 그 땅에 낙랑, 임둔, 현토, 진번군을 설치하였다(『漢書』〈武帝紀〉雲:元封三年 朝鮮斬其王右渠降 以其地爲樂浪 臨屯 玄菟 眞番郡).'는 기록이 있다.

'우거왕을 참하고 그 땅'이란 어디인가? 단군왕검이 BC2241년에

---

80) 야마토 왜를 말한다. 『후한서』에 나오는 '왜'의 위치 참조.

치두남(蚩頭男)을 번한(番韓)으로 삼고, 험한 물을 해자(垓字)로 삼아 험독현(險瀆縣, E118°55′ N39°25′)에 성을 쌓고 부(府)를 두었다는 그곳, 바로 왕검성(王儉城)[81]이라 본다.

이 부분에서 독자들은 혼란에 빠질 것이다. 험독현의 왕검성과 앞서 말한 다퉁(大同)의 왕검성이 2곳에 존재하기 때문이다.

『삼국사기』〈고구려본기〉 동천왕 21년(247)조에 보면, '평양성은 본래 선인(仙人) 왕검의 택(宅)이다. 또는 왕의 도읍을 왕험이라 한다.'(平壤城 本仙人王儉之宅也 或云 王之都王險)는 기록이 있다. 마한(왕)의 도읍도 왕검성이고, 번한(왕)의 도읍도 왕검성이기 때문이다.

문헌사를 읽을 때, '왕검성' 혹은 '평양성'은 특별한 지명을 지칭하는 고유명사가 아니라 일반명사로 파악해야 한다.

본론으로 돌아와서 예맥의 위치를 찾아보면, '『한서』〈지리지〉에 이르기를 현토, 낙랑군은 무제 때에 설치하였고, 이때 예맥(濊貊)과 고구려도 모두 조선이었다. 응소(應劭)가 말하길 현토는 옛 진번국이었고 낙랑은 옛 조선국이었다〈〈地理誌〉 雲:玄菟 樂浪 武帝時置 皆朝鮮 濊貊 句驪 蠻夷 應劭曰 玄菟 故真番國 樂浪 故朝鮮國也〉.'는 실마리가 있다.

여기서 예맥(濊貊)이 나온다. 응소가 말한 옛 진번국(真番國)이란 진번조선(眞番朝鮮)을 말하며, BC290-BC221년경 연나라 진개(秦開) 장군에게

---

81) 신찬(臣瓚)에 의하면 왕험성(王險城)은 낙랑군 패수(浿水, 난하)의 동쪽에 있는데, 험독현(此)은 자연적으로(自) 올바른(是) 험독이라고 했다(臣瓚曰, 王險城在樂浪郡浿水之東, 此自是險瀆也).〈한서지리지〉

빼앗긴 3조선 중의 하나다. (고)조선 말기의 시대적 상황[82]이 그랬다.

당시 연나라 진개 장군에게 빼앗겼던 예맥 조선은 난하의 서쪽으로부터 장자커우(張家口, N114°50´ E40°50´)지역까지 점유하고 있었고, 진번조선은 난하의 북동부 지역(요서, 요동)에 분포되어 있었다. 예맥의 위치를 짐작할 수 있다.

이렇게 되면, 고구려와 예맥과 마한이 서로 가까운 곳에서 연합군을 결성할 수 있었다고 본다. 이를 입증할만한 사서의 기록이 또 있다.

『후한서』〈동이열전〉에 보면, '진한은 (마한의) 동쪽에 있는데, 12개 나라가 있으며, 그 북쪽은 예맥(濊貊)과 접하여 있다(辰韓在東 十有二國 其北與濊貊接).'고 했고, 같은 책(『후한서』)의 '〈동이전〉에 이르기를 예(예맥)와 옥저, 고구려는 본래 조선 땅이다. 한나라 원봉 3년(BC 108) 조선을 멸하고 4군으로 분치 하였다(〈東夷傳〉 云:濊及沃沮 句驪 本皆朝鮮之地也 漢元封三年 滅朝鮮 分置 四郡).'는 기록이 있다.

---

82) BC365년 연나라 사람 배도(倍道)가 쳐들어와 요서를 함락시키고 운장에 육박했다. 번조선과 진조선과 막(마)조선이 연합하여 막아냈다.(45세 단군 여루 32년)
  BC341년 12월에 번조선 왕 해인(解仁)이 연나라가 보낸 자객에게 시해당했다.(46세 단군 보을 원년)
  BC252년 연나라가 사신을 보내어 새해 인사를 올려 왔다.(47세 단군 고열가 44년)
  BC238년 47세 단군 고열가 58년에 왕위를 버리고 해모수(解慕漱)가 왕위를 이어받았다.
  BC239년 해모수가 왕위를 잇고 북부여(北扶餘)를 열어갔다.
  BC221년 연나라 장수 진개(秦開)가 쳐들어 와서 만번한(滿番汗)에 이르니 그곳을 국경으로 삼았다.
  BC202년 연나라 노관(盧綰)이 진개가 이룬 요동의 옛성터를 수리하고 경계로 삼았다.
  BC194년 번조선 왕(준)은 수유(須臾)에 있다가 떠돌이 도적(위만) 떼에 패하여 망한 뒤 바다로 들어가 돌아오지 않았다.

진한의 북쪽에 예맥이 있다는 것은 예맥이 차오양(朝陽)과 츠평(赤峯) 부근에 있다는 말이고, 한반도의 함경도에 예맥이 있었다는 국사학계의 주장은 틀린 것이 된다.

『후한서』에서 말하는 조선 땅이란 고조선 말기의 영역을 이른다.

또 전한(前漢)의 '소제(昭帝)[83] 시원 5년(BC82)에 이르러 임둔, 진번군을 파하고, 낙랑, 현토군에 병합하였다. 현토군이 고구려 땅으로 옮겨가 살았다.(至昭帝始元五年罷臨屯眞番 以並樂浪玄菟 玄菟復徙居句驪).'는 기록이 있다.

이 기록이 고구려 태조왕이 현토성을 공격하게 된 원인이라고 볼 수 있다.

또 '현토군이 고구려 땅으로 옮겨가 살았다(玄菟復徙居句驪)[84]'는 기사가 범장이 쓴 『북부여기』에도 나온다. 이 기사가 고구려 태조대왕이 마한과 예맥과 연합하여 현토군을 몰아내기 위해 공격하게 된 동기라 볼 수 있다.

---

83) 전한의 8대 소제 유불릉(劉弗陵), 효소황제 유불릉(漢 孝昭皇帝 劉弗陵)은 재위 BC87-BC74년이다.

84) 현토군이 고구려 땅으로 옮겨가 살았다는 시기를 BC87-BC74년 사이로 본다. 이는 고주몽이 BC37년에 고구려를 건국했다는『삼국사기』의 기록과는 너무 큰 차이가 있다. 그런데『환단고기』〈북부여기〉하(下) pp.136-137에 보면 BC87년 단군 고우루(高于婁)가 유민과 힘을 합하여 침입자 한(漢)을 쳐부수었다는 기록과 BC79년 5월5일에 고주몽(高朱蒙)이 분능에서 태어났다는 기록, 고주몽이 BC58년에 고구려를 건국했다는 기록이 있는데, 신라계 김부식이 편찬 책임자가 되어 만든『삼국사기』의 기록과는 상당한 차이가 있다. 이런 점에서 볼 때, 전한(前漢)의 '소제(昭帝) 때 기록을 신뢰할 수 있다고 본다.

정리하면 『삼국사기』 〈고구려 본기〉 (6대) 태조대왕 70년(122) '12월, 임금이 마한(馬韓)과 예맥의 1만여 명의 기병을 거느리고 나아가 현토성을 포위하였다.'는 기록은 역사적으로 사실이며, 이 기록을 통하여 마한(馬韓)이 중국에 있음을 분명히 증명하게 한다.

지금까지 국사학계가 지목한 '압록강변'이 전쟁터는 아니라고 본다. 이로써 〈고구려본기〉 태조왕 조에 기록된 김부식의 사족으로 인한 조선 후기 실학자들의 오해를 씻어내고 역사를 바로잡을 수 있는 계기가 되었으면 한다.

『삼국사기』의 〈신라본기〉와 〈고구려 본기〉, 〈백제본기〉에 나오는 마한(馬韓) 기록을 인용한 것은 지금의 중국 땅에 마한이 있음을 증명하는 것이다. 혼란스러워할 독자가 있을까 하여 덧붙인다. 백제는 물론이고 상대(上代) 신라도 중국 땅에 있었다는 것을 '한국사 미스터리 1권'에서 밝힌 바 있다.

8. 마한 54개국은 한반도에 존재하지 않았다

『삼국지』의 〈위지〉 오환 선비 동이전에 50여 개의 마한 국명이 기록되어 있다.

'한(韓)은 대방(帶方) 남쪽에 있고 동서간으로 바다에 막혀 있다. 남쪽으로 왜(倭)와 접하고 사방 4천 리다. -중략- 산과 바다 사이에 흩어져 살고 성곽(城郭)이 없다. 원양국, 모수국, 상외국, 소석색국, 대석색국, 우휴모탁국, 신분고국(臣沽國), 백제국(伯濟國), 속로부사국, 일화국,

고탄자국, 고리국, 노남국, 월지국(月支國), 자리모로국, 소위건국, 고원국, 막로국, 비리국, 점리비국, 신흔국, 지침국, 구로국, 비미국, 감해비리국, 고포국, 치리국국, 염로국, 아림국, 사로국, 내비리국, 감해국, 만로국, 피비리국, 구사오단국, 일리국, 불미국, 지반국, 구소국, 첩로국, 모로비리국, 신소도국, 막로국, 고랍국, 임소반국, 신운신국(臣雲新國), 여래비리국, 초산도비리국, 일난국, 구해국, 불운국, 불사분야국, 원지국, 건마국, 초리국 등 모두 50여 개 나라가 있다.(韓在帶方之南 東西以海爲限 南與倭接 方可四千里 -중략- 散在山海間 無城郭 有 爰襄國 牟水國 桑外國 小石索國 大石索國 優休牟國 臣沽國 伯濟國 速盧不斯國 日華國 古誕者國 古離國 怒藍國 月支國 咨離牟盧國 素謂乾 古爰國 莫盧國 卑離國 占離卑國 臣國 支侵國 狗盧國 卑彌國 監奚卑離國 古蒲國 致利鞠國 路國 兒林國 駟盧國 內卑離國 感奚國 萬盧國 卑離國 臼斯烏旦國 一離國 不彌國 支半國 狗素國 捷盧國 牟盧卑離國 臣蘇塗國 莫盧國 古臘國 臨素半國 臣雲新國 如來卑離國 楚山塗卑離國 一難國 狗奚國 不雲國 不斯邪國 爰池國 乾馬國 楚離國凡五十餘國)'

이와 같은 〈위지〉의 기록을 가지고 이병도 박사와 천관우 선생이 마한 50여 국의 위치를 한반도 서남부의 좁은 공간에 배치[85]하였다.

이병도는 지명에서 한자음의 유사성을 감안하였고, 천관우는 한반도 서남부의 땅에다 북쪽에서 남쪽으로 위지에 기록된 (국명의) 순서대로 배열하였다. 필자가 보기엔 주먹구구에 가깝다고 할 수 있다.

천관우가 배치한 표[86]에 의하면, 원양국(爰襄國)과 상외국(桑外國)은

---

85) 임영진, 『우리가 몰랐던 마한』, pp.23-24.

86) 상게서(pp.23-24.)의 표1

경기도 파주군 연천면에, 소석색국(小石索國)과 대석색국(大石索國)은 경기도 강화섬에, 일화국(日華國)과 고탄자국(古誕者國)은 경기도 양평군 지평면에, 심지어는 전라북도 부안군 태인면에 일라국(一離國)과 불미국(不彌國), 지반국(支半國) 등 3국이 공존했다는 것이다. 군현(郡縣)도 아니고 면(面) 단위 좁은 땅에 2개국 또는 3개국이 존재한다니 말이 되는가?

우선 짚고 넘어가야 할 부분이 있다.
〈위지〉에서 50여 국의 마한(馬韓)이 존재했다는 땅이 동서남북 4방 4천리(里)라 한다. 그런데 한반도는 서남부의 남북(南北)이 1천 리요, 동서(東西)가 400리 정도이다. 한반도는 아니라고 본다.
나라(國) 안에 군현이 있는 법인데, 군현도 못되는 좁은 땅, 면(面) 소재에 3개국이 존립했다는 것은 엄지손가락이 귓구멍에 들어갈 수 없다는 말과 같다. 국사학자들은 당시 50여 국의 마한이 부족국가 수준으로 너무나 소규모였다고 말도 안되는 궤변을 늘어놓았다.
그런데 국사학계는 이 부분에 대해 큰 이의(異意) 없이 받아들이고 있어 필자가 볼 때 더욱 놀랍다.

다음에 살필 일은 『삼국지』의 〈위지〉에서 한(韓)의 북쪽은 대방(帶方)과 접한다 했는데 한(韓, 진한)의 땅이 어디일까?
이글 뒷부분에서 자세히 밝히겠는데, 진한의 위치는 중국의 탕산(唐山)과 차오양(朝陽)과 진저우(錦州)를 잇는 요동의 삼각지역으로 본다.
강단사학계에서는 대방을 한사군의 남쪽 지역, 즉 한반도의 황해도라고 주장하고 있다.

필자가 쓴 '한국사 미스터리 1'과 이 책 1장에서 밝혔듯이 한사군은 한반도에 없었고, 낙랑의 위치가 요동에 있었다. 대방의 위치도 중국의 '난하(灤河) 중하류의 동북부 지역'이며 한반도에 적용하기에는 맞지 않다고 본다.

〈위지〉에서 마한은 남쪽으로 '왜와 접(接)했다' 했는데, 한반도와 일본 열도는 쉽게 오갈 수 없는 바다라는 장애물이 있어 '왜와 접(接)했다'고 할 수 없다. 또 당시 왜의 위치가 중국 사서에 기록된 지명과 『일본서기』에 있는 일식 기록을 분석한 천문학자 박창범 교수에 의해 중국 남동해안임이 밝혀졌다. 다음의 절, '야마토 왜(倭)와 한반도 마한은 연관이 없다'는 글에서 자세히 소개하겠다.

또 하나 짚고 넘어갈 일은 앞에서 살폈듯이 지금의 중국 대륙에 마한이 존재했음을 여러 역사 기록으로 확인할 수 있었다. 여기서 한 가지 의문을 풀어야 한다. 후한이나 위나라가 국경을 직접 접하고 있는 이웃 마한 제국(諸國)을 놔두고, 멀리 한반도 곳곳에 다니며 마한 국명을 지어주고 역사에 기록할 이유가 뭔지 국사학계는 답을 해야 한다.

마땅한 답을 내놓지 못하겠다면 중국 대륙에 있는 마한을 인정해야 한다.

이같이 남쪽으로 왜와 접했다는 마한, 특히 『삼국지』〈위지〉오환선비 동이전에 나오는 50여 개의 마한 국명의 기록은 중국 대륙 마한의 기록이지, 한반도 마한의 기록이 분명 아니다.

이렇게 볼 때 〈위지〉에서 말하는 마한의 남쪽은 왜[87]와 접하였다 했으니, 요동에 있는 대방과 월주 이남의 왜까지의 거리는 남북으로 N40°-N25°30′에 해당하는 거리로 대략 4천 리가 된다. 54개국이 흩어져 있는 마한 땅은 중국 대륙이라 본다.

9. 야마토 왜(倭)는 한반도 마한과 무관하다

마한사를 논하는 자리에서 왜(why) 왜(倭)의 위치를 말하려 하는가? 『후한서』〈동이열전〉에 보면, '마한(馬韓)은 서쪽에 있는데, 54개의 나라가 있으며, 그 북쪽은 낙랑(樂浪), 남쪽은 왜(倭)와 접하여 있다.'고 하였다. 그런데 국사학계는 이 기록을 근거로 남쪽의 왜를 한반도 남쪽의 규슈에 있다고 보고 있다.

독자들이 이 책을 읽는 내내 야마토(大和) 왜의 위치에 대해 의구심을 가질 것 같아, 이참에 확실히 짚고 넘어가야 할 것 같다. 그렇지 않으면 한반도와 규슈 일대에 산재한 고분군도 제대로 해석할 수 없기 때문이다.

먼저 중국의 사서 『삼국지(三國志)』와 『후한서(後漢書)』에 왜인(倭人)이 왜(倭)라는 명칭으로 나온다. 왜(倭, 위衛)가, 동북 회계(會稽), 동남 대만(臺灣), 서북 담이(儋耳: 廣西省), 서남 주애(朱崖), 해남도(海南島: 하이난 섬) 사이에 있다 하였으니 지금의 중국 남동해안을 말한다. 『후한서』〈왜전〉에

---

87) 오운홍, 『고대사 뒤집어 보기』, pp.53-55. 왜의 위치는 양쯔강과 월주 이남 지역이다.

관계된 지명으로 회계(會稽), 주애(朱崖), 담이(儋耳), 이주(夷洲), 단주(澶洲)가 있는데 회계(會稽)는 절강성(浙江省), 담이(儋耳)는 귀주성(貴州省), 주애는 해남도(海南島), 단주(澶洲)는 항저우(杭州) 입구이다. 그리고 이주(夷洲)는 바로 대만(臺灣, 타이완)을 나타내고 있다.

이들 지명을 종합하면 왜(야마토)의 위치는 중국 남동해안이라고 할 수 있다.

또 하나 왜(倭)가 스스로 기록한 일식 기록을 분석한 자료가 있다.

왜의 뿌리를 기록한 그들의 상고사인 『일본서기』 상고 편을 만들 때, 엿가락 늘이듯 자기들 마음대로 연장했지만, 그들 조상이 기록해두었던 일식 기록만큼은 마음대로 조작할 수 없었다. 그들의 일식 기록 중 가장 오래된 일식 기록(628-709)을 천문학자 박창범 교수가 분석했다. 이 시기는 일본의 야마토(大和)시대에 해당하며, 아스카(飛鳥)시대(592-710)[88]와도 겹치는 시기이다.

일식 관측지는 동경110-126°, 북위12-26°이다. 이 지역은 대만, 중국의 하이난섬, 푸젠성(福建省), 필리핀의 루손섬이다.

놀랍게도 중국의 사서가 말하는 왜의 위치와 거의 일치하는 지역이다. 왜가 자기네 국사를 기록할 수준의 단계[89]를 갖출 때까지 중국 남

---

88) 아스카(飛鳥)시대를 구분할 때, 일본 문화사는 AD538-710, 일본 정치사는 AD592-710으로 본다.

89) 일본에서 가장 오래된 역사책, 『일본서기』는 덴무 천황의 명을 받은 도네리 친왕 중심으로 680년경에 시작하여 720년에 완성했다고 한다. 편찬 시기가 아스카시대(538-710) 후반에 시작하여 나라시대(710-784) 전반이고, 박창범 교수가 분석한 일식 기록(628-709)이 동경110-126°, 북위12-26° 지역인 점을 감안하면 『일본서기』는 일본 열도로 진입하면서 그 이전 중국 동남해안의 역사도 예를 들어 고훈(고분古墳) 지역 등

부의 절강성과 타이완섬, 광서성과 하이난섬을 중심으로 살았다고 봐야 한다.

이를 어떻게 해석해야 할까?

일본인들이 즐겨 쓰는 '야마토(やまと, 大和)·와(화; 和)라는 명칭에서 왜의 위치를 가늠할 수 있다. 와(화; 和)도 일본을 지칭한다. 특히 화(和, 와)는 아주 예스러운 느낌이 있다고 한다. 오키나와에서는 일본 본토를 자신들과 구분할 때 이 단어를 자주 사용한다.'(출처; 나무위키 사이트)

고(古) 시대 오키나와의 나패(那覇; 나하) 사람들이 동쪽에 있는 미개한 '일본 열도와 구분하는 의미'가 담겨있다. 이것은 나하(나패)와 중국 대륙의 야마토(왜) 간에 문물교류가 일찍부터 있었고 자신들은 선진이라는 자부심이 있다는 의미가 들어있다. 서쪽에 있는 야마토에서 여기(나패)까지가 대화(大和)라는 자존심의 경계라는 것이다.

'야마토'에서 유래한 '화(和)'는 화식(和食) 등 일본을 뜻하는 글자로 현대에서도 쓰이고 있다.

대화(大和)는 야마토 정권이 일본 열도에 진입하기 전, 중국 남동 해안(푸젠성, 광둥성, 광시좡족자치구)에 있었을 때 왜(일본)의 다른 이름이라고 할 수 있다.

먼저 『일본서기』 야마토(大和)시대의 일식 기록(628-709) 연대와 아스카(飛鳥)시대(592-710)가 겹쳐있음에 주목해야 한다.

에 적용하여 정리된 것 같다. 『일본서기』에 나오는 지명들이 모두 일본 열도로 보이는 것은, 나라시대 이후에 열도의 주인이 되어 이름 없던 곳에 새로 지명을 명명할 때 중국 동남해안의 지명을 차용하여 일본 열도에 적용한 결과라고 본다.

야마토시대의 일식 기록 10개 중 맨 마지막 일식이 709년의 일인데 아스카시대가 끝나기(710년) 1년 전의 일이다. 이때 일식을 보고 관측한 지역이 중국 남동해안이라는 것이다. 일식을 기록하는 사관(史官)이 그곳에 있다는 것은 야마토의 왕(천황)이 그곳에 있다는 증거다.

그런데 아스카시대의 유적은 일본 열도에 있다.

일본 열도를 관광하는 코스 중에 아스카 유적을 찾으면 두 곳임을 알게 된다. 한 곳은 초기 도래인이 살던 오사카의 가와치, 즉 '가까운 아스카(치카츠 아스카)'라 부르는 곳이고, 다른 한 곳은 나라현의 아스카로 '먼 아스카'라는 곳이다. 왜 두 곳이냐 하면, 야마토 왕국에서 파견된 쇼토쿠 태자가 처음 정착한 오사카 지역을 말하고, 또 하나 동쪽으로 '나라의 기틀을 마련했다는 나라현'을 아스카라 부르기 때문이다.

아스카시대의 끝은 곧바로 나라(奈良)시대(710-794)로 이어진다.

일본 역사를 보면, 여성 천황인 겐메이 덴노가 헤이조쿄(平城京)에 수도를 세웠는데 이곳이 바로 현재의 나라현에 해당한다. 그런데 천도 기간이 5년이라 한다. 천도 기간이 5년이라니, 어디서 어떻게 천도를 했길래 5년이란 기간이 필요했는지, 좀처럼 이해할 수 없는 일이다.

필자가 보기에는 아스카시대(592-710)가 쇼토쿠 태자를 중심으로 하여 야마토 왕국의 천도를 위해 기반을 조성[90]하던 시기라고 할 수 있다.

---

90) 가까운 아스카'인 오사카에 성덕태자의 묘소를 돌보는 '예복사'가 있다. 그곳 안내문을 보면 '쇼토쿠 태자가 오사카에서 (태어나고 자라서) 나라현 쪽으로 근거지를 넓혀 나갔다.'고 한다. 본명은 우마야도이며, 당시 야마토 조정에 막강한 영향력을 행사하던 소가노 우마코(蘇我馬子)의 조카로서 밀명을 띠고 일본 열도에 파견된 것이다. 안내 문

일본 역사 기록에 답이 있다고 본다.

첫째, 아스카를 한자로 비조(飛鳥)라고 표기하였는데, '새(鳥)가 난다 (飛)'는 단어가 한 시대를 어떻게 대표할 수 있느냐는 것이다. 그런데 쇼토쿠 태자 일행이 야마토 왕국의 천도를 위해 중국 남동해안에 있는 진평군 진평현(晋平郡 晋平縣)[91]에서 일본 열도 사이를 592-710년 동안 수없이 오가며 난세이제도의 수많은 섬을 어렵고도 날쌔게 건너는 모습을 비조(飛鳥)로 표현한 것 같다.

둘째, 나라현에 있는 헤이조쿄(平城京)로 천도하는데 5년이란 기간이 소요됐다는 것도 쉽게 이해할 수 없는 일이다. 일본 열도의 가까운 곳이 아니라 먼 곳에서 옮겨 온 것이라는 증거가 된다. 중국에서 일본으로 천도하려면 부녀자들이 동행하고 화물까지 실어 나르는 대선단을 이끌고 대양을 횡단하는 것인데, 풍향이나 파고를 고려할 때 당시 선박 기술로 보아 안전한 운항이 1년에 한두 번 가능한 일이다.

5년이란 천도 기간이 소요될 충분한 이유를 여기서 찾을 수 있다.

구 중 (태어나고…) 안의 말을 빼고 읽어야 할 것 같다.

91) 진평현은 중국의 『송서』〈백제전〉에 '백제의 소치(所治, 治所치소, 관청)가 진평군 진평현(百濟所治, 謂之晉平郡 晉平縣)'에 있다 하는 바로 그곳이다. 진평군의 위치는 현재 광시좡족자치구의 성도(省都)인 남령(南寧)시 옹령구(邕寧區)에 있다. 그곳에는 백제허(百濟墟, 백제 유적)와 백제향(百濟鄕, 백제 마을) 등 '백제(百濟, E108°32′ N22°28′)'라는 지명이 있다.(출처: 오운홍, 『한반도에 백제는 없었다』) 필자가 이곳을 야마토 왜의 본거지로 본 것은, 첫째 『후한서』와 『삼국지』에 나오는 왜의 위치와 야마토의 일식 기록 관측지가 일치하는 중국 남동해안에 고성(古城)이 이곳밖에 없고, 둘째 백제와 야마토 왜가 중국 대륙에서 해상 선박을 이용하여 긴밀한 협력관계에 있었고, 셋째 『일본서기』(10대) 숭신 천황(354) 65년 조의 기록을 분석한 결과이다.

셋째, 천도하기는 하지만 천황묘들을 두고 갈 수밖에 없었을 것이다. 천도를 단행한 겐메이 덴노 이전의 천황(묘)들을 중국 땅에 두고 갔다는 이야기다.

실제로 나라현의 아스카에 있는 천무천황(672-686)과 지통천황(686-697)의 묘를 찾아가 보면 알 수 있다. 신기하게도 우리나라 왕릉과는 판이하게 다르다. 일단 봉분이 없다. 범부가 평장을 당한 것처럼 평지에 지표석만 남아있어 썰렁하다. 천황의 능묘라 하기에는 어딘가 어색하다. 더구나 오사카 예복사에 있는 쇼토쿠 태자의 묘소는 대단히 크고 화려한데, 이보다 늦게 천황을 지낸 천무와 지통의 능묘가 없고 표지석만 남아있다는 것이 상식적으로 이해할 수 없는 일이다. 이것도 대양을 건널 때 두고 온 천황의 묘를 대신하는 것으로 설명할 수 있다.

다시 말해 천무와 지통 천황은 헤이조쿄(平城京)로 천도하기 이전 야마토 왕국에 있었기 때문에 그들의 실제 능묘는 중국 땅에 있다고 봐야 한다.

필자의 이 같은 주장을 증명해 주기라도 하듯, 그동안 천황능에 대한 의문을 단번에 풀어주는 신문기사가 있다.

문화일보(2014.12.15.)의 '천왕 없는 천황릉…메이지 정권의 급조된 역사 사기'라는 제목의 기사는 다음과 같다. "'천황릉엔 천황이 없다.' 메이지(明治) 정부가 발굴 조사 없이 고대 고분에 무작위로 이름을 붙인 행위를 비판하는 말이다. 근대국가 건설을 위해 '천황(天皇)'이라는 구심점이 필요했던 당시 정권은 대일본제국헌법(메이지 헌법)이 발포된 1889년부터 그간 소재 불명이었던 모든 천황릉의 위치를 확정했다.

또 '천황은 신성하고 침해받지 않는다'는 메이지 헌법 제1조에 따라 금족(禁足)령을 내렸고, 지금도 학술 연구를 위한 조사가 허락되지 않는다. 메이지(1852-1912)·다이쇼(大正·1879-1926)·쇼와(昭和·1901~1989)를 제외한 나머지 천황릉의 진위 여부는 사실상 '아무도 모른다'고 했다."

일본 열도에 있는 천황묘는 조작된 것이다. 메이지(明治) 정부가 발굴 조사 없이 고대 고분에 무작위로 이름을 붙인 행위는 발굴 조사할 분묘가 없다는 말이 된다. 한마디로 말해 이들 천황릉은 일본 열도에 존재하지 않았고 해당 천황들은 중국 남동부에 살다가 그곳에 묻혔기 때문으로 본다.

필자가 처음으로, 야마토[大和] 왕권이 아스카 이전까지는 중국 남동부에 있음을 밝혀냈다. 아스카(飛鳥)시대를 가리켜 중국에 있던 야마토 왕국이 바다를 건너는 비조(飛鳥)처럼 일본 열도로 도래를 시작하는 시기라 보고 있다.

넷째, 쇼토쿠 태자는 천도지 개척의 명을 받은 당시 젊은 나이(19세)[92]로 경륜이 부족하여 도읍 터를 정하는 데는 안목의 한계가 있었다고 본다.

대양을 건너 어렵게 천도한 헤이조쿄는 강과 너무 멀었기 때문에 배수시설이 나빠서 위생 상태가 좋지 않았고, 이 때문에 전염병이 돌곤 했는데, 이것이 후에 헤이안으로 천도하는 원인 중 하나가 되었다.

794년 간무 덴노가 교토 헤이안으로 수도를 옮겼다. 이때부터 헤이

---

92) 쇼토쿠 태자(574-622)가 천도 계획을 가지고 파견되면서 아스카시대(592-710)가 시작되었다고 보면 파견 당시 19세가 된다.

안(平安)시대(794-1185)가 시작된다. 그리고 헤이안 시대 다음이 일본의 중세로 들어가는 가마쿠라(鎌倉) 시대(1185-1333)로 연결된다.

다섯째, 박창범 교수가 일본의 일식 기록을 분석한 자료에 의하면, 야마토 시대에 포함된 아스카시대(628-709)는 남중국 해상에 집중되었고, 가마쿠라시대(1185-1333)에는 일본 열도에 집중되었으며 그 이후 시대에도 일본 열도의 집중은 계속되었다. 그런데 나라시대(710-794)와 헤이안시대(794-1185)의 일식 기록은 무질서하게 흩어져 한 곳에 집중되지 않았는데 이는 일본 고대사를 늘리는 습성에 따라 연도가 어긋났기 때문으로 본다.

필자가 지금까지 장황하게 야마토 왜를 거론한 것은 적어도 710년 이전까지는 야마토 왜가 중국 남동해안에 있었다는 것을 명확히 해두고자 했기 때문이다.
따라서 710년 이전의 한반도 역사를 논할 때, 야마토 왜와 관련된 주장이나 언급은 역사 왜곡의 실마리가 된다는 것을 밝히기 위함이다.
실제로 국사학계가 한반도의 마한 연구에 야마토 왜(倭)의 영향을 끌어들여 마한 이론을 전개하고 있는 실정이기 때문이다.
그렇다면 일본 열도인 규슈나 혼슈에 있었다는 왜(倭)는 무엇인가?
일본 야요이(彌生)시대(BC300-250)의 왜는 가야의 분국[93]이고, 고훈(古墳)시대(250-600)의 왜는 마한계와 가야계, 그리고 신라계가 어우러진 왜라고 볼 수 있다. 다음의 책 가야사에서 언급하겠다.

---

93) 최성규, 『일본왕가의 뿌리는 가야왕족』, 을지서적, 1993.

10. 진한, 변진, 마한은 한반도가 아닌 중국 대륙이다

다시 중국 사서에 나오는 마한으로 돌아와 생각해 보면, 마한의 실체가 분명한데도 국내 학계 특히 문헌사 연구진들은 중국 사서의 마한(馬韓)을 근거로 하여, 이들 54개국이 모두 한반도의 서남부에 분포되어 있다고 하며, 이들의 위치를 표시까지 해 놓았다. 경기 한강 이남부터 전라남도까지 산악지역은 제외하고 배치하다 보니 그들이 만든 배치도를 보면 지금의 행정구역 시·군, 면소재까지 하나하나가 마한국(54개국 중 1국)에 해당한다. 그야말로 마한국의 국가가 다닥다닥 붙어있는 꼴이 되었다. 이해할 수 없는 학설이고 현실적으로 설명할 수 없는 주장이다.

이에 대해 국사학계는 마한 54개국이 당시 부족국가(部族國家)라 국가의 몸집이 작아서 그렇다는 구차한 변명을 내놓았다. 철기시대[94]에 '부족국가'라니 외국의 사학자들이 우리 국내 사학 수준을 어떻게 볼 것인가?

당시 〈위지〉의 위(魏)나라는 220-265년간 뤄양을 중심으로 존속했던 나라이다. 이 시기는 세계적 추세로 보아 청동기를 거쳐 철기시대이므로 국가건설이 가능했다. 그런데 한반도에만 아직도 부족국가로

---

94) 『삼국지』〈위지〉 '동이전 변진조'에 '나라에서 철(鐵)이 생산되는데 한(韓), 예(濊), 왜(倭) 모두가 와서 사 간다. 시장에서는 철을 중국의 화폐처럼 사용했고 또한 (낙랑군과 대방군) 2군(二郡)에도 공급했다(國出鐵韓濊倭皆從取之 諸市買皆用鐵如中國用錢 又以供給二郡)'는 기록이 있다. 한반도의 동남부 석탈해 중심 세력은 기원전 1세기부터 철을 생산하였고, 가야에서는 기원전 2세기 이전부터 철 생산을 해왔다. 자세한 내용은 필자의 다음 책 '가야사'에서 밝힐 예정이다.

남아있어 마한 54개국이 다닥다닥 붙어서 존재할 수밖에 없었다는 변명을 하고 있는 것이다.

부족국가라면 석기시대가 아닌가? 어안이 벙벙해진다. 독자의 수준을 초등학생 수준으로 보는 것이 아닌지 모르겠다.

그들 주장대로 정리하면, 부족국가(석기)시대에는 문자도 제대로 갖추지 못했을 텐데 한반도의 이름 없는 부족국가 이름을 중국의 위나라에서 어떻게 알고 기록했을까? 한반도에 찾아와서, 일일이 찾아다니며 국호를 작명해 주고 54개국을 위해 애써 기록해줄 이유가 없다. 국사학계는 일제(日帝)가 '조선사'를 기술하던 습성대로 '한국사'에서도 잠시 소설을 쓴 것이라 본다.

〈위지〉에 의하면 마한이 분포된 넓이가 사방 4천리(里)라 했는데, 마한 땅으로 보는 한반도 남서부의 넓이가 남북은 1천 리요, 동서의 폭은 400리 정도이다.

54개국이 있다는 땅은 한반도가 분명 아니고 마한은 중국 대륙에 흩어져 있는 국명이라고 본다.

국내 문헌사 연구자들은 기원전 마한 유적이 한반도에서 별로 발견되지 않는다는 점, 기원후 3세기 이후에 조성된 것으로 보이는 마한 유적과 실증적 자료가 전남 지역, 특히 영산강 유역 부근에서 집중적으로 발견되고 있는 점을 중시해야 한다. 자신(문헌사)들이 정리해 놓은 마한사(馬韓史)에 갇혀있지 말고 겸허하게 유적과 유물이란 물증을 인정하고 수용할 것을 권하고 싶다.

지금까지 소개한 마한 관련 역사 기록을 종합해 보면, 우리가 알고 있는 『후한서』의 〈동이 열전〉이나 『삼국지』 〈위지〉의 마한사는 한반도의 마한사가 아니고 중국 대륙에 있는 마한사라고 할 수 있다.

앞서 필자가 전개한 '중국 사서의 마한'을 한반도의 마한 유적과 비교하여 요약 정리하면 다음과 같다.

첫째 후한은 23-220년에 존속한 나라이다. 『후한서』의 기록은 그 시기, 주변에 존재했던 역사적 사실을 기록한 것이다. 그런데 한반도 전남 지역에 조성된 마한 분묘는 3세기 중엽에서 6세기까지 일로 후한이 멸망한 이후의 일이다.

중국 사서에 나오는 마한의 연대와 한반도 마한의 연대가 분명히 다르다.

중국의 사가는 어떻게 한반도 서남부에 마한이 존재할 것이란 미래를 예측하여 후한서에 기록할 수 있는가?

다시 말해 한반도 전남 지역의 마한 분묘는 3세기 중엽 이후에 조성된 것이고, 『후한서』에 기록된 마한은 3세기 초엽 이전이므로 중국 사서의 마한과 한반도 마한은 시기적으로 볼 때 다르고, 한반도 마한이 나중에 있는 역사이다.

둘째 『후한서』〈동이 열전〉에 보면, '한(韓)에는 마한(馬韓), 진한(辰韓), 변진(弁辰)의 3종(種)이 있다. 마한(馬韓)은 서쪽에 있는데 54개국이 있다. 북쪽으로 낙랑, 남쪽으로 왜(倭)와 접한다.(韓有三種 一曰馬韓 二曰辰韓 三曰弁辰 馬韓在西 有五十四國 其北與樂浪 南與倭接)'고 했는데, 당시 낙랑은 앞의 1장에서 밝혔듯이 한반도가 아니라 중국 난하의 요동지역에 있었다. 그리고 마한의 남쪽으로 왜(야마토)에 붙어 있다 했는데, 앞에서 소개했듯이 일본 열도에 왜가 있는 게 아니라 중국 남동해안에 있었다. 중국 사서에서 말하는 야마토 왜는 앞의 절에서 밝혔듯이 광시좡족자치구에 근거를 두고 있었으므로 한반도의 마한과 무려 3,000리 이상 떨어져 서로 무관한 지역이라 할 수 있다.

셋째 『후한서』〈동이열전〉에 의하면, 마한이 차지한 국토의 넓이가 4방 4천여 리라 했다. 한반도의 남북 길이가 3천 리요, 동서 길이는 일천 리가 되지 않는다. 더구나 국사학계가 말하는 한반도 서남부의 마한 땅은 동서가 400리요 남북이 1천 리이니 한반도는 절대 아니라고 본다.

넷째 『후한서』〈동이열전〉에 '땅을 파서 움집을 만드니 그 모양이 마치 무덤 같으며, 출입하는 문은 윗부분에 있다.'라고 마한의 주거문화를 기록했다. 한반도 특히 전남 지역에서 발굴되는 마한 유적(국내 마한 유적)은 이와 같지 않으며, 주거문화의 생활유적은 더욱 아니다.(본 책, 제4장 한반도의 유적과 마한 분묘, p.229의 〈표1〉 전남지역 마한 유적 발굴조사 현황에서 확인)

중국 사서의 마한 기록과 한반도 마한 유적은 다른 것이다.

다섯째 『삼국사기』〈신라본기〉에 보면, 개국 초기에 신라(박혁거세)와 이웃한 마한과의 갈등이 있다. 〈백제본기〉에는 마한 왕의 허락을 받아 백제(온조)가 도읍지를 정한 기록이 있다. 신라와 백제가 중국 땅에서 건국하였으므로 삼국사기에 기록된 마한은 한반도가 아니라 중국에 있다고 할 수 있다.

여섯째 『삼국사기』 〈고구려 본기〉 (6대) 태조대왕 '70년(122) 12월, 임금이 마한(馬韓)과 예맥의 1만여 명의 기병을 거느리고 나아가 현토성을 포위하였다'는 기록은 중국 사서인 〈한서지리지〉와 『후한서』의 〈동이전〉으로 입증된 역사적 사실이며, 이와 같은 전쟁은 중국 땅에서 이뤄진 일이다.

일곱째 중국 사서에 나오는 마한이 '우리가 몰랐던 마한'일 수 있다. 특히 강단사학계의 시각에 의하면 그렇게 볼 수 있는 일이다. 강단사학계는 한반도 마한이 아니라 고조선 중반부에 나타난 삼한 중의 하나인 마한을 모를 수 있다. 그동안 강단사학계가 위서라고 왕따시켰던 『환단고기』를 읽은 사람들은 삼한이나 삼조선이 중국 대륙에 있었다는 것과 그중 마한의 존재도 이미 알고 있었다. 강단사학계가 그동안 금기로 여겼던 『환단고기』에 있는 고조선의 삼한을 새롭게 알고, 접근하는 계기가 되었으면 한다.

고조선 초기부터 중국 대륙에 존재했던 마한은 영산강 유역의 마한과는 시대적으로나 지리적으로 전혀 다른 마한이다.

한반도 서남부(전남·북)에 마한이라는 명칭을 누가 붙였는지에 대해 다음 장에서 살펴보겠다.

우리는 그동안 중국에 54개국으로 산재한 고조선의 마한사를 한반도의 마한사로 잘못 알고 배운 것이다. 학자들은 그동안 마한 관련 문헌사를 얼기설기 엮어온 사상누각 위에 또 하나의 역사적 사실이라며 옥상옥을 쌓아가고 있었던 것이다.

중국 사가들은 이를 보며 우리 사학계를 얼마나 우습게 여길 것인가?

'중국 사서의 마한사를 열심히 배우는 까닭이 한반도 마한사와는 다르지만, 우리 조상의 역사이기에 교과서에 채택하여 배우는 것'이라 한다면 이해할 수 있는 일이다. 그렇지만 여태 한반도 마한사로 배우고 가르친 일을 생각하면 정말 부끄럽고 화가 날 일이다.

준왕(한왕)의 해중 거한지(居韓地)를 찾다

제3장

준왕(한왕)의 해중 거한지(居韓地)를 찾다

앞의 장에서 마한사가 왜곡되었다는 가설을 제기했다.
본 장에서는 삼한 중 하나인 번한(변한)의 마지막 왕, 준왕의 피신 행로에 대해,
입해(入海)한 것을 월해(越海)로 왜곡한 『삼국유사』의 기록을 바로잡고,
입해한 준왕이 마한도에서 한왕(韓王)으로 자리 잡은 거한지를 찾아냈다.
그리고 우리 고대사 연구 마당이 왜 한쪽으로 기울어졌는지,
역사 왜곡의 주범과 공범이 누구인지 짚어보고,
한백겸과 신채호의 삼한론의 모순을 밝혀내고 있다.

1. 마한사 왜곡은 어디서 비롯되었나?

『삼국유사』〈기이편 상〉에 마한에 대한 기록이 있다.
'『위지』에 이런 말이 있다. 위만이 조선을 치니 조선왕 준(準)은 궁인(宮人)과 좌우의 신하를 거느리고 바다를 건너갔다. 남쪽으로 가서 한(韓)의 땅에 이르러 나라를 세우고 마한(馬韓)이라 했다(魏志云 魏[衛]滿擊朝鮮 朝鮮王準 率宮人左右 越海而南 至韓地 開國號馬韓).'[95]

준왕이 바다를 건너[越海] 남쪽에 있는 한의 땅(한반도)에 도착했다는 것이고, 그곳에서 마한을 개국했다는 것이 삼국유사의 기술이다.

---

95) 일연, 이재호 옮김, 『삼국유사』1, 솔, p.80.

번(변)조선의 마지막 왕, 준왕이 위만에게 쫓겨 왕검성인 험독(險瀆)에서 피신할 때, 바다라면 발해(渤海)만과 이어진 황해(黃海)가 있다. 유사(遺事)를 쓴 일연 스님은 준왕이 바다(황해)를 건넜고, 남쪽의 한(韓)의 땅(전라도 익산 금마리 추정)에 개국하여 마한의 시조가 되었다는 것을 암시하고 있다.

이를 근거로 국사학자들은 위만의 찬탈(BC194년)이 기원전 2세기이므로 이때부터 마한이 시작됐다는 식의 주장과 학설을 내놓기 시작한 것 같다. 이러한 기사를 근거로 조선시대의 학자들이 왜곡된 역사에 소설 같은 역사를 덧붙여 꼬리를 이어간 것 아닌가 한다. 이런 점에서 마한사 왜곡의 실마리는 '삼국유사'에서 시작되었다고 볼 수 있다.

일연 스님은 『삼국유사』에서 인용했다는 원사료(原史料)의 출처를 밝혔다. 그런데 출처인 『위지』의 기록을 보면 일연이 쓴 『삼국유사』와 결정적 부분에서 전혀 다름을 알 수 있다.

'준(準)은 위만(衛滿)과 싸웠으나 감당하지 못했다. 좌우 측근과 궁인들을 거느리고 바다로 들어가 한(韓)의 땅에 거처하게 되었고 스스로 한왕(韓王)이라 불렸다(準與滿戰 不敵也 將其左右宮人走入海 居韓地 自號韓王).'고 한다.

첫째, 눈에 띄는 부분이 '『삼국유사(遺事)』'의 월해(越海)'와 '『위지(魏志)』의 입해(入海)'라는 피신처이다.

'바다를 건넜다(월해)'가 맞는가, '바다 가운데로 들어갔다(입해)'가 맞는가의 논란은 현대에 와서 우리 상식으로 판단할 일이 아니다.

어느 쪽이 맞는가는 자명하다.

일연 스스로 인용했다 하며 원사료를 밝혔으니, 원사료인 『위지(魏志)』의 기록이 맞는 것이고, 이에 따라 '입해(入海)'가 맞는 것이다.

바다를 건너지 않고 '입해' 했다는 기록이 국내 다른 사서에도 있다. 범장[96]이 쓴 『북부여기』 '상', 2세 단군 모수리(慕漱離) 조에 '정미 원년(BC194) 번조선 왕은 오랫동안 수유(須臾)에 있으면서 항상 많은 복을 심어 백성들이 매우 풍부하였다. 뒤에 떠돌이 도적(위만) 떼에 패하여 망한 뒤 바다로 들어가더니 돌아오지 않았다(丁未元年 番朝鮮王箕準久居須臾嘗多樹恩民皆富饒 後爲流賊所敗亡入于海而不還)'하여, '바다로 들어갔다' 했으니 '위지(魏志)의 입해(入海)'라는 기록과 같은 표현이라고 볼 수 있다.

준왕이 '바다를 건너갔다[월해]'라고 다르게 옮겨 쓴 일연은 이 부분에서 1차로 역사를 왜곡한 것이 분명하다.

『북부여기』를 쓴 범장은 『단군세기』를 쓴(1363년) 이암(李嵒)과 1335년에 만난 기록이 있다. 이암이 고려 말기에 수문하시중(守門下侍中, 총리 지위)을 지낼 정도로 고명(高名)하기 때문에 지금도 강원도 춘천 소양호에 있는 청평사(淸平寺)의 '사찰 안내판'에 보면, 그 절에 머물렀던 대표적인 인물 중에 '문하시중 이암'을 확인할 수 있다. 이암이 조정에 사직서를 내고 이곳에 온 까닭은 밝히지 않았으나 필자가 보기엔 두 사람이 책을 쓰는 과정에서 가까운 청평산(현 오봉산)에

---

96) 범장(范樟)의 생몰 연대는 불명이나 자는 여명(汝明)이고, 호는 복애(伏崖)이다. 고려의 국운이 다하자 벼슬을 버리고 두문동(杜門洞)에 은거하여 충절을 지킨 두문동72인 중 한 사람이다. 사후 후덕군(厚德君)에 봉해졌으며, 시호는 문충(文忠)이다. 묘는 고향인 현 광주광역시 광산구 덕림동 복만마을에 있다. (출처: 안경전 역, 『청소년 환단고기』, p.262)

기거하던 범장(휴애거사 休崖居士)을 만나기 위한 일정이라고 본다.

이같이 필자가 소상히 밝히는 이유는, 범장(『북부여기』 상·하)과 이암(『단군세기』)이 비슷한 시기에 책을 썼을 것이고, 책을 쓸 때 이미 50년 전(1285년)에 발간된 『삼국유사』를 읽었을 것이다. 특히 이암은 조정의 책임[총리직]을 맡고 있었고 사서에 관심이 많았기 때문에 일연스님의 책 발간을 모를 리 없었을 것이다. 그런데도 범장이 『삼국유사』와 달리 '준왕이 입해(入海)하였다'고 쓸 수 있었던 배경에는 확고한 근거자료가 있었다고 생각한다.

그렇다면 일연스님은 준왕이 왜 월해(越海)를 했다고 기록했는지 궁금하다.

실수인가, 의도적인가?

이 문제를 풀기 위해서 다음의 몇 가지를 살필 일이 있다.

먼저 '유사(遺事)'의 '지한지(至韓地)'와 '위지(魏志)'의 '거한지(居韓地)'라는 '한(韓)의 땅'을 다시 살펴보자. 전자는 바다 건너 도착한 지(至)라 하여 도착을 강조한 땅이고, 후자는 바다 가운데 있는 섬에서 정착(居)했음을 의미하는 땅이다.

그런데 한(韓)이라는 땅의 한(韓)은 삼한(三韓) 중의 하나를 말한다.

『위지』에서는 삼한의 땅, 특히 그중 마한의 땅(마한도 馬韓島)에 가서 자칭 한왕(韓王)이라 하며 정권을 창출했다는 것이고, 반면 『삼국유사』에서는 바다 건너 (한반도의) 한의 땅에서 마한을 개국했다는 것이다.

본 (3)장 후반, '마한 역사 왜곡의 주역(범)과 공범을 찾다'에서 밝히겠는데 당시 한반도 남부는 삼한이라 불리는 땅이 아니었다.

일연스님은 위지를 왜곡한 데다 또 하나의 왜곡을 더한 셈이 된다.

유사(遺事)의 표현은 위지(魏志)를 인용하면서 다르게, 자의적으로 해석했다고 본다.

2. 준왕(準王)의 거한지(居韓地) 마한을 추적하다

다음으로 논의할 부분은 준왕의 행적과 관련하여 그가 정착했던 곳을 추적하는 일이다.

『삼국지』〈위지〉'오환 선비 동이전'에서 소개하는 '『위략(魏略)』[97]에 이르기를 준(準)의 아들과 부모는 조선(왕검성)에 머물렀는데, (준왕이) 성을 바꿔 한씨(韓氏)라 했다. 준왕이 바다 가운데 (섬에) 있을 때 조선과 서로 왕래하지 않았다(魏略曰 其子及親留在國者 因冒姓韓氏 準王海中 不與朝鮮相往來).'고 했다.

준왕(準王)이 바다 가운데(海中)라는 의미는 섬에 있음을 말하는 것인데, 준왕은 바다를 건너간 것이 아니라 섬에 거처했다고 본다.

또 준왕의 가족이 왕검성에 남아있다는 것은 위만이 그들을 볼모로 삼았다고 볼 수 있다. 그런데 기준(箕準)은 기씨(箕氏)[98] 성을 버리고 한

---

97) 『위략(魏略)』(50권)은 위(魏)나라 때 관리(官吏)를 지냈던 어환(魚豢)이 쓴 책으로 중국의 삼국 중 위(魏)나라를 중심으로 쓰여진 역사서이다.

98) 환단고기〈태백일사〉삼한관경본기(三韓管境本紀)의 번한세가 하(下)에, 기비(箕丕)의 선조 기후(箕詡)가 등장한다.
'무술년(BC323)에 수한(水韓)이 훙서(薨逝)하였는데 후사 없음에 이에 기후(箕詡)가 명을 받아 군령을 대행하였다. 연나라는 사신을 보내 이를 축하하였다. 그해 연나라도 왕이라 칭하고 장차 쳐들어오려고 하였으니 기후도 역시 명을 받아 번조선(番朝鮮) 왕이라

씨(韓氏)라 개명한 것이다. 개명한 배경에는 삼한(三韓)의 적통을 이어 받았다는 표면적 이유도 있었겠지만, 이면(裏面)에는 기자조선의 뿌리를 자르려는 위만 세력의 암살 위협에서 표적을 바꾸는 방책일 수도 있다고 본다.

한국의 성씨 본에 보면 기준(箕準)과 관련된 성씨로 기씨(奇氏)·한씨(韓氏)[99]·선우씨(鮮于氏)가 보인다. 한씨(韓氏) 성은 준왕이 바다 가운데(섬에) 있을 때 '성을 바꿔 한씨(韓氏)라 했다'는 『위략(魏略)』의 기록에서 찾을 수 있다.

칭하고 처음에는 번한성(番汗城)에 머무르며 만일의 사태에 대비했다. 기후가 죽자 아들 기욱(箕煜)이 즉위했다. 기욱이 죽고 신미년(BC290)에 아들 기석(箕釋)이 즉위했다. 그해 각 주군에 명하여 어질고 지혜 있는 자를 추천하게 하니 일시에 선택된 자가 270인이었다. 기묘년(BC282) 번한(番汗)이 교외에서 몸소 밭을 가꾸었다. 을유년(BC276) 연나라가 사신을 파견하여 조공을 바쳤다. 기석이 죽고 경술년(BC251)에 아들 기윤(箕潤)이 즉위하였고, 그가 죽자 기사년(BC232)에 아들 기비(箕丕)가 즉위하였다. 처음 기비는 종실의 해모수(解慕漱)와 몰래 약속하여 제위를 찬탈(역새, 易璽)하려 했으니, 열심히 명령을 받들어서 보좌했다. 해모수가 능히 대권을 쥐게 된 것은 생각건대 기비 그 사람 때문일 것이다. 기비가 죽으니 아들 기준(箕準)이 즉위(경진, BC221년)하였는데, 정미년(BC194)에 떠돌이 도적 위만의 꼬임에 빠져 패하고 마침내 바다로 들어간 후 돌아오지 않았다.(戊戌水韓虁無嗣於是箕詡以命代行軍令燕遣使賀之 是歲燕稱將來侵未果箕詡亦承命正號爲番朝鮮王始居番汗城以備不虞 箕詡虁丙午子箕煜立虁辛未自箕釋立是歲命州郡擧賢良一時被選者二百七十人己卯番韓親耕于郊 乙酉燕遣使納貢箕釋虁庚戌子箕潤立虁己巳子箕丕立 初箕丕與宗室解慕漱密有易璽之約勤贊佐命使解慕漱能握大權者惟箕丕其人也 箕丕虁庚辰子箕準立丁未爲流賊衛滿所誘敗遂入海而不還)'
기씨가 번한(땅)에서 기자조선(변조선)의 왕조를 수립하고 6대를 이어갔다는 기록이다. 위만조선 전에 기자조선이 분명히 존재하고 있었다.

99) 《청주한씨세보》에 따르면 기자조선(箕子朝鮮)을 건국한 기자(箕子)의 후예인 마한(馬韓) 9대 원왕(元王)의 세 아들 우성(友誠), 우량(友諒), 우평(友平)이 각각 기씨(奇氏)·한씨(韓氏)·선우씨(鮮于氏)가 되었다고 한다.

그런데 일연스님은 다른 관점에서 생각한 것 같다.

스님이 책(삼국유사)을 쓰기 전, 전국의 사찰을 순례하는 중에 미륵사(彌勒寺, ?址)를 찾았을 것이고, 그 뒤편으로 미륵산(彌勒山, 430.3m)과 산의 남쪽 기슭에 기준성(箕準城)[100] 터도 둘러보았을 것이며, 기준(왕)과 연관을 지어보았을 것이다. 또 기준성에서 남동쪽으로 4㎞ 지점에 있는 익산 금마(金馬)리도 기준왕의 도읍지가 아닌가 살폈을 것이다.

후일, 『삼국유사』를 쓸 때, 위만에게 쫓긴 준왕이 기준성을 거쳤을 것으로 보아 월해(越海)라는 단어를 선택하지 않았나 한다.

논의하고자 하는 점은 성씨 내력이 아니라 익산 금마리가 한(기준)왕이 영향력을 행사하며 활동하기 적절한 장소인가, 기준성의 지정학적 위치의 진가를 찾는 일이다.

국내 사학자(강단사학자)들은 월해와 관련된 땅으로 전북의 익산 금마리를 지목하고 있다. 그곳은 준왕(準王)의 피신처로 적합할 수 있다고 본 것이다.

실제로 현 익산시 동북쪽에 있는 금마면(金馬面)에 가면 기준성(箕準城)이 있고, 금마리에는 옛 도읍의 흔적인 동고도(東古都)리와 서고도(西古都)리가 있다. 금마면과 인접한 왕궁면(王宮面)에는 왕궁탑(王宮塔)이 있다.

---

100) 『동국통감』 외기(外記) 삼한기, 〈동국여지승람〉에는 '고조선 왕 준(準)이 금마 땅에 내려와 마한을 개국하고 성을 쌓았다 하여 기준성으로 불린다'고 기록되어 있다. 성내에서는 무문토기편과 청동기, 백제토기편 및 기와편이 출토되고 있으나 1990년 원광대학교 마한·백제문화연구소의 동문지 발굴조사결과 백제시대에 축성되어 조선 초기까지 4차에 걸쳐 개축된 사실이 확인되었다. 발굴팀이 백제와 관련하여 해석한 것은 우리 국사계의 인식의 한계로 본다.

신라 말기 최치원이 생존했을 당시에도 '마한의 금마산론'이 거론된 것을 보면, 금마면 일대의 유적이 최치원 생존(857-904?) 이전에 존재했던 것이 사실이다.

한편 국사학계는 왕궁탑을 비롯한 금마리 유적을 백제의 무왕(武王) 관련 유적으로 보고 있으나 『한반도에 백제가 없었다』는 필자의 주장에 의하면 무왕은 한반도 땅을 밟은 적이 없다고 할 수 있다.

필자가 보기엔 기준성(箕準城)의 기준(箕準)은 한왕으로 개명하기 전의 명칭이므로 준왕의 어느 왕자와 그 일족이 피난하여 준왕의 명맥을 유지했던 것이 아닌가 한다.

이는 후학의 연구 과제로 넘기겠다.

이곳 익산 금마리는 피신처로 적합할지 모르나, 기준이 한왕(韓王)으로서 중국에 있는 여러 나라에 영향력을 행사하려면 신속히 정보를 수집하고, 시급한 상황에서 재빨리 대처해야 할 텐데, 거리가 멀고 교통상의 한계가 있어 적합하지 않다고 본다.

전북 익산은 기준의 국제 정치적 영향력을 발휘하기에 적합하지 않고, 황해 가운데 있는 섬이 지리적으로 더 적합한 장소라고 볼 수 있다.

또 하나 우리 국사학계가 놓치고 있는 부분이 있다.

준왕이 월해(越海)했느냐, 입해(入海)했느냐의 논쟁에서 두 주장 모두 준왕이 바다를 이용하여 피신했다는 것은 분명한 사실이다.

바다를 이용했다는 역사 기록에 근거하여 왕검성의 위치를 다시 역추적하여 보고자 한다.

국사학계가 한반도의 대동강 유역에 '한(漢) 사군(四郡) 설치'를 주장하고 있다.

　이 주장이 맞다고 가정하면 한사군 설치 전에 대동강 유역의 평양은 위만(衛滿)의 왕검성이 되고, 또 위만의 찬탈 전에는 준왕의 왕검성이 된다. 이러한 논리로 보면 준왕이 대동강 유역 평양에 거처했다는 가정으로 이어진다.

　그리고 위만의 반역에 쫓겨 준왕이 전라도 익산으로 피신했다면, 왜 위험하고 어려운 뱃길을 택했느냐는 의문이 든다. 뱃길을 특별히 택할 이유가 없다. 육로 1천 리 길을 이용하면 손쉽게 갈 수 있는 길이다. 육로를 버리고 바다를 이용했다면, 이동 거리가 멀고 화물이나 피신 인원의 제한을 받을 수 있다.

　왜 위험하고 어려운 길을 택한 것일까? 바다를 이용하여 피신했다는 점에서 보면 기준의 왕검성은 대동강 유역에 있지 않았다.

　본책 1장 '한국사의 기준점 찾기'에서 낙랑군의 위치와 험독현에 왕검성이 있었던 자리를 찾아냈다. 왕검성은 한반도가 아닌 것이다.

　국사학계는 또 하나의 문제를 풀어야 한다.

　준왕이 어렵사리 해로를 이용하여 한반도 평양에서 한반도 남서부의 기준성으로 도피를 했다고 가정하자. 그런데 위만이 보기에는 기준의 가족을 볼모로 억류하고 준왕을 사로잡고자 자객을 보내는 상황에서 기준이 숨어 있다는 기준성이 육로로 직선거리 1,000리인데, 수군이 아니고 날랜 기병과 보병만 보내도 기준성을 함락시킬 수 있는데 왜 제거하지 못했을까?

　실제적 상황에서 설득력이 없으며 일연의 역사 기록이 의심스러워진다.

이러한 여러 가지 모순을 종합적으로 고찰할 때, 필자가 보기엔 익산 금마리는 준왕의 피신처가 아니라고 부정하는 동시에 후일, 평양에 '한사군 설치설'까지 부정하는 것이다.

번한(변한)의 왕검성은 뱃길을 택할 수밖에 없는 요동 지역의 바닷가, 험독(E118°55′ N39°25′)이라고 본다.

『삼국유사』에서 '준왕이 한반도로 이동했다'는 부분에서만큼은 가짜 역사라고 본다. 이는 학자 간에 찬반으로 논쟁할 주제가 못 된다. 일연이 『위지』를 인용했다 했으니 위지와 다르게 기록한 일연 스스로가 역사 왜곡을 자인하는 셈이 되기 때문이다.

그렇다면 준왕은 정확히 어디로 간 것일까?

3. 준왕의 거한지는 기준성이 아닌 대왕가도이다

중국의 『진서(晉書)』〈동이열전〉마한조에 의하면, '무제 태강 원년(280)과 2년(281)에 그들의 임금이 자주 사신을 보내 토산물을 조공하였다. 7년(286)·8년(287)·10년(289)에도 자주 왔다. 태희 원년(290)에는 동이 교위 하감(何龕)에게 와서 조공을 바쳤다. 함녕 3년(277)에도 왔고, 이듬해(278)에 또 내부를 청하였다(武帝 太康元年·二年, 其主頻遣使入貢方物, 七年·八年·十年, 又頻至. 太熙元年, 詣東夷校尉何龕上獻. 咸寧三年復來, 明年又請內附).'는 기록이 있다.

'진서'에 따르면, 276-291년 사이에 낙양에 있는 서진[101]이 마한(馬

---

101) 265년-316년, 4대 51년. 국호는 진(晉)이지만 대중적으로는 '서진'으로 불리며, 간혹 북진(北晉), 사마진(司馬晉)이라고도 한다. 수도는 낙양(265년) → 업(304년) → 낙양(304

韓)과 교류했다고 한다. 모두 9번에 걸쳐 사신단이 파견되었는데 적게는 3국(277년), 많게는 11국(289년) 등 여러 소국이 사신단에 동참하였다고 한다.

같은 책 〈장화전〉에 보면, 282년에 신미제국 등 20여 국이 처음으로 사신을 보냈다는 기록이 있다.

'『진서(晉書)』 권36 〈열전제6 장화전(張華傳)〉에, 동이(東夷) 마한에서 새롭게 일어난 여러 나라(신미제국, 新彌諸國)는 산에 의지하고 바다에 싸여있는데(依山帶海), 거리는 유주(幽州)로부터 4천여 리이다(去州四千餘里). 과거에 외교가 없던 20여 국이 함께 사신을 파견하여 조공을 바쳤다(卷三十六 列傳第六 張華傳 東夷馬韓 新彌諸國 依山帶海 去州四千餘里 歷世未附者二十余國, 並遣使朝獻).'는 기록이 있다. 이는 국내에 소개된 기존 마한사에 새로운 해석의 필요성을 제기한다.

신미제국(新彌諸國)이라는 마한의 또 다른 명칭이 새로 나온다.

이 기사에서 산을 의지하고, 바다로 둘러싸인 땅이 과연 어디일까?

의산대해(依山帶海)로 보아 험준하고 장대한 산맥이 있는 해안선 가까이에 있는 섬(島)이라 할 수 있다. 그 땅(島)을 동이마한(東夷馬韓)의 땅이라고 본다.

『위략(魏略)』에서 '준왕이 바다 가운데 있을 때 조선(왕검성)과 서로 왕래하지 않았다(準王海中 不與朝鮮相往來)' 했으니, 어느 섬(島)인가에 거(居)한 것이 사실이다.

년) → 장안(304년) → 낙양(305년) → 장안(311년) 순으로 옮겼다.

이는, 국내 사학자 중에 '준왕이 자리 잡은 곳'이 육지(陸地)에 있는 익산 '금마설'이나 '영산강 유역설'과는 다른 해석을 요구한다. 여기서 참고로 국사학계가 주장하는 영산강 유역은 『위략(魏略)』이나 『진서(晉書)』의 기록에 비추어 볼 때 분명히 아니다. 영산강 유역은 섬이 아니기 때문이다.

『위략(魏略)』의 준왕해중(準王海中)이라는 섬(島)이 어디일까?
'진서(晉書) 장화전(張華傳)'의 의산대해(依山帶海)라는 섬(島)은 어디일까?
『후한서』〈동이열전〉에, '당초 조선 왕 준(準)이 위만에 패했을 때 남은 무리 수천 명을 이끌고 바다로 달아나 마한을 공격하여 깨트리고 한왕이 되었다(初 朝鮮王準爲衛滿所破 乃將其餘衆數千人走入海 攻馬韓 破之 自立爲韓王).'는 기록이 있다.
바다로 피신하여 날랜 기병과 보병의 침공을 소수의 정예부대로 차단할 수 있는 천혜의 자연환경을 갖춘 해(바다) 중의 섬이 어디일까?
위만에 패한 준왕이 바다로 들어가 기존의 마한을 공격했다는 것은, 공격당한 마한이 바다 가운데(섬)에 있는 마한이라는 의미이고, 그 섬은 마한도(馬韓島)를 말한다.

준왕이 위만에게 밀려, 따르는 백성을 이끌고 바다로 도주(피신)하여, 마한(馬韓, 마안도)을 공격해서 깨뜨리고 한왕(韓王)이 되었다고 한다. 준왕은 마한을 새롭게 건국한 것이 아니라 마한을 이어간 것이다. 위만에게 쫓긴 준왕이 마한을 공격하고 자리 잡았다는 마한도(馬韓島)는 지금의 석성도(石城島, E123° N39°30′)와 대왕가도(大王家島, E123°10′ N39°20′)로 보인다.

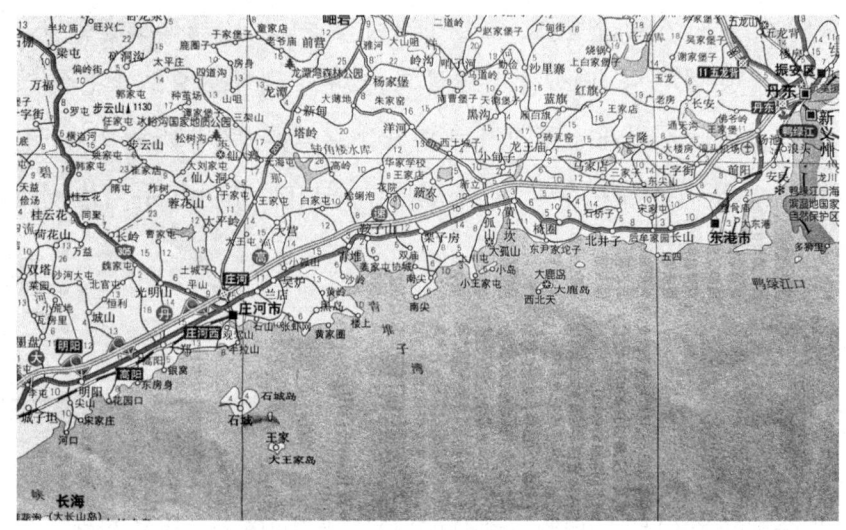

▲ 황해 북안에 있는 석성도와 대왕가도(출처; China Road Atlas, pp.56-57)

위의 지도 동북쪽 귀퉁이에 보면 단둥(丹東)시가 있다. 단둥은 한국과 중국의 경계를 이루는 압록강 하구에 있는 중국의 도시다. 이곳에서 서남쪽으로 벋어나간 해안선은 랴오둥반도(遼東半島)의 남안(南岸)이 되며, 동시에 황해(黃海)의 북안이기도 하다.

랴오둥반도 남안 중앙에 쫭허시(庄河市)가 있고, 그 남쪽 바다 가운데 석성도(Shicheng Dao)와 대왕가도(Dawangjia Dao)가 있다. 지금은 두 개의 섬으로 나눠 있지만, 지구과학 이론으로 추정하여 보면 2,000년 전에는 하나의 섬으로 연결되었다고 할 수 있다.

한왕(韓王)이 되어 자리 잡은 곳으로 보이는 대왕가도는 석성도에서 10여 킬로미터 떨어진 배후에 있다. 석성도에는 명칭 그대로 석성의 자취가 남아있다.

섬에 석성이 있는 까닭이 무엇일까? 아마도 대왕가도에 자리 잡은 한왕을 호위하는 군대가 전진 배치되었던 곳으로 보인다.

지금도 대왕가도에서 북쪽을 향하여 바라보면, 석성도 너머 요동반도 남단의 해안 도시 쫭허(庄河)시가 보이고, 그 뒤로 장백산맥을 이은 천산산맥 산악이 병풍처럼 보인다. 대왕가도에 가려면 쫭허시에서 배를 타서 건너가야 한다. 『진서』 장화전에서 말했듯이 유주(幽州)로부터 4천여 리(去州四千餘里)의 거리에 있다. 『진서』에 나오는 '산에 의지하고 바다에 싸여 있다(依山帶海)'는 풍경이 되는 그 자리라고 본다.

4. 준왕의 해중 왕국 관련 문헌들

그런데 현재는 그 섬의 규모가 매우 작다. 그 섬에서 과연 마한 왕국이 존립할 수 있었을까?

황해에 있는 섬들이 해마다 침강하여 왔다.

해수면의 변화에 대해, 지구과학 이론을 빌려서 한반도 주변의 지각운동으로 2,000여년 전 섬의 크기를 유추해 낼 수 있다.

맨틀대류설(convection current theory: mantle 對流說)에 의하면, 한반도와 황해는 유라시아판(Eurasian Plate) 위에 놓여 있는데, 황해 바닥은 1년에 대략 1cm씩 가라앉고, 반면 한반도의 동해안은 1cm씩 솟아오른다.

한반도 역시 1cm 정도씩 남동쪽으로 이동하고 있다. 이런 수치를 대입시켜 계산하면 황해의 수심은 100년이면 1m이고 1,000년이면

10m, 2천2백 년[102] 전이면 22m에 가까운 침강 수치가 나온다. 여기에 빙하가 녹아 해수면이 높아지는 수치를 더하면 22-30m 깊어졌다고 볼 수 있다.

20세기 해저지도[103]를 펼쳐놓고 보면, 석성도(Shicheng Dao) 주변 수심이 5m이고, 대왕가도(Dawangjia Dao) 주변 수심이 17m이다. 대왕가도에서 남쪽으로 40㎞ 떨어진 해양도(海洋島, Haiyang Dao: E123° 10′ N39°5′) 주변[104] 수심이 28m이다.

황해 바닥의 침강 속도를 감안 한다면 2,200년 전에는 이 섬들은 물론 와이장산수도(WAICHANGSHANSHUIDAO)의 다른 섬들까지 연이어진 드넓은 면적(200×60㎞)[105]이 E122°-124°, N39°-39°40′의 지역 안에 있었다고 본다.

준왕이 자리 잡았을 당시는 상당히 넓은 땅이라고 유추할 수 있다.

필자의 추론은 여기까지다.

이 지역에 대해 중국의 협력을 얻어 해저 유물을 탐색할 필요가 있다고 본다.

마지막 임금 준왕은 일연의 『삼국유사』처럼 바다를 건너가[越海]서 도착한 것[至韓地]이 아니라, 『위지』의 기록처럼 섬[入海]에 정착[居韓地]한 것이다.

---

102) 준왕이 위만에게 쫓긴 BC194년은 지금부터 2,215년 전 일이다.

103) 해저지도, 국립해양조사원 해도(K-2010), 한국해양(주)

104) 중국에 의해 '외국선박 항행 금지 구역'으로 접근이 금지된 지역이다.

105) 제주도의 면적은 1,845㎢이다. 제주의 약 5-6배 정도의 넓이라 볼 수 있다.

준왕은 한반도에 상륙하지 않았다고 본다.

이를 입증할만한 기록이 이승휴가 쓴 『제왕운기』(1287년)에도 있다. 대왕가도 부근에 있는 장도(長島, E120°45′ N37°55′) 관련 기록이 있다. 장도는 산동반도와 요동반도 사이에 있는 묘도군도(廟島群島)[106]에 속한 섬이다.

'요동에는 따로 별천지가 있으니 북두칠성(모양의 섬)과 더불어 중국과 (준왕의) 조선을 둘로 구분하고 있다. 넓은 파도 수만 이랑이 삼면을 둘렀고, 북쪽으로는 육지로 끈(선)처럼 연결되어있다. 그곳을 중심으로 사방 천리가 조선이다. 강산(풍경)은 절경이라 그 이름이 세상에 펼쳐진다.(遼東別有一乾坤 斗與中朝區以分 洪濤万頃圍三面 於北有陸連如線 中方千里 是朝鮮 江山形勝名敷天)'

이승휴가 말하는 중·조(中朝)의 경계선에 있는 두(斗)는 예부터 북두칠성(北斗七星)의 섬을 말하며, 북두칠성 별자리 모양으로 늘어선 묘도군도(廟島群島)를 일컬음이다. 그러니까 준왕이 거하는 조선의 중방(中方)은 장도를 경계로 하여 동쪽 바다에 떠 있는 섬, 대왕가도로 본다.

이와 비슷한 기록이 중국의 사서 『산해경』에도 있다.
『산해경』 제18권 〈해내경〉에, (중국) '동해(황해)의 안쪽, 북해(발해)의 모퉁이에 하늘이 다스리는 조선이라는 나라가 있다. 그 사람들은 물

---

106) 묘도군도는 지도상으로 E120°30′-121°, N37°50′-38°30′ 사이에 있다. 2,000년 전에는 묘도군도는 장도(長島, 북장도 포함), 묘도(廟島), 대흑산도(大黑山島), 대흠도(大欽島), 소흠도, 대죽산도(大竹山島), 소죽산도, 고산도(高山島), 북황성도(北隍城島, 남황성도 포함) 등 일곱 개의 섬으로 이루어졌다. (China Road Atlas p.124)

(섬)에서 살며 사람을 아끼고 사랑한다(東海之內北海之隅 有國名曰朝鮮, 天毒, 其人水居, 畏人愛人...).'

또 여기에 위나라 '곽박(郭璞)이 주석하기를 조선의 그곳은 지금(위나라 때)의 낙랑군에 속한다. 참고로 조선이 있는 그곳은 다른 곳과 달리 북두칠성 모양의 섬이 있다(郭璞云: 朝鮮 今樂浪郡也 珂案; 朝鮮已見海內北經).' 하였다.

이승윤이 『제왕운기』의 장도(長島, E120°45′ N37°55′) 관련 기록과 같은 내용이다.

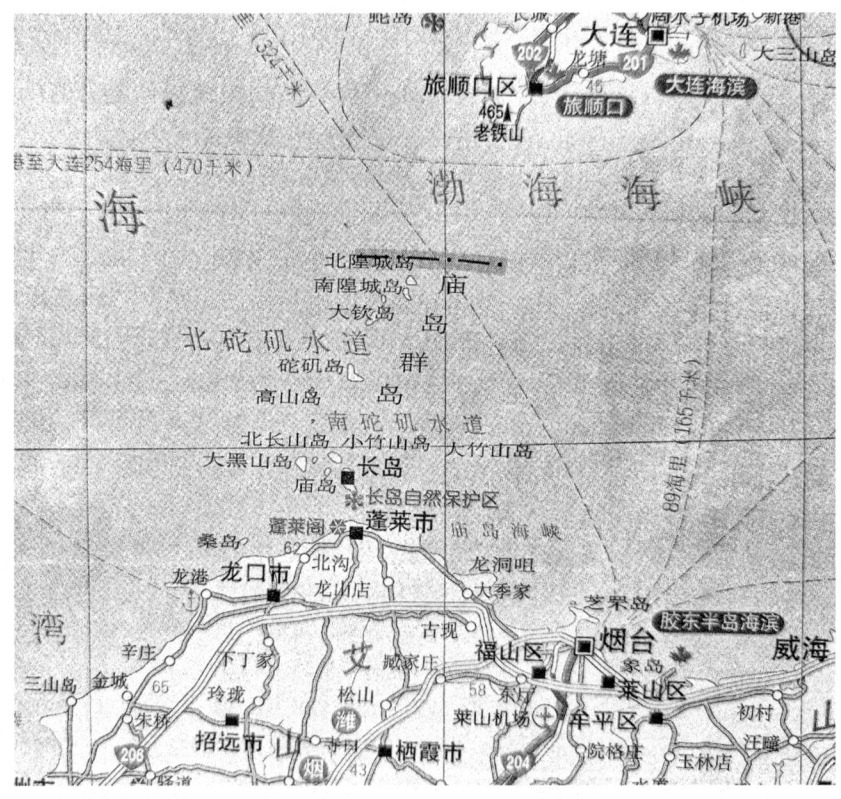

▲ 산동반도와 요동반도 사이에 있는 묘도군도(廟島群島) (출처; China Road Atlas, p.124)

이 지역이 2천 년 전에는 침강이 덜 된 상황에서 일부 섬들이 상당히 연이어 있었을 것이고, 그 주변에 독립적으로 소국들이 존재할 가능성이 높은 지역이다.

마한의 명칭과 관련하여 『진서』에 나오는 신미제국(新彌諸國) 즉 '새롭게 일어난 여러 나라'라는 기록에 주목할 필요가 있다. 한왕[준왕]이 있는 대왕가도를 포함해서 그 이웃에 장산군도(長山群島)를 이루고 있다. 또 랴오둥반도의 여순(旅順)에서 산둥반도 봉래시(蓬萊市)까지 연결되는 묘도군도(廟島群島)의 섬들이 많다. 이들 섬에 근거를 둔 20여 국이 신흥국인 셈이다. 이들 국가가 진나라에 조공을 바치고 외교 관계를 수립한 것으로 보인다.

『진서』에 나오는 '마한과 서진의 교류'는 276-291년 사이라고 한다. 진나라가 건국한 때가 265년이고, 국제 정세를 지켜보던 마한이 276년부터 교류를 시작했다는 점에서 이해할 수 있다. 이런 점을 미루어 볼 때 서진이 건국하기 전에도 낙양과의 교류가 있었다고 본다.

준왕이 대왕가도(大王家島)에서 한왕(韓王)이라 칭하고 자리 잡은 때가 BC194년이니, 『진서』의 기록은 무려 470여 년이 지난 후의 기록이다. 이 기간에 그곳에서 마한의 존립이 유지되고 있었다고 봐야 한다.

그런데 불행하게도 이에 대한 왕조 기록[107]을 찾을 수 없다.

필자가 보기에는 자국(마한)의 기록 즉 국사가 있었으나 갑작스런 범람으로 수몰되었을 것으로 본다.

최근에 공개된 〈고구려사략〉(남당필사본) 서천왕 편에 보면 신미제국이

---

107) 조선의 마지막 애왕(哀王, 준왕)이 망명한 후 마한 건국에서 멸망까지 9대 왕위 세계(世系)가 청주 한씨 집안에 있다.

고구려를 방문한 사실이 있다. '장화(張華)가 사신을 보내서 입조하였다. 마한(馬韓)이 장화와 함께 왔다(張華遣使来朝馬韓及附於華).' 이 해는 282년이다. 『진서』 장화전(張華傳)'에 나오는 신미제국의 활동 시기와 같다.

국사학계에서는 〈고구려사략〉을 근거로 해서 신미제국이 영산강 유역에 있었다고 주장한다.
필자는 이에 전혀 동의할 수 없으며 다음의 이유에서 거부한다.

첫째, 국사학계가 근거라고 내세우는 장화전(張華傳)을 보면, "동이(東夷) 마한에서 '새롭게 일어난 여러 나라(신미제국, 新彌諸國)'는 산에 의지(依山)하고 바다에 둘러싸여(帶海) 있다(東夷馬韓 新彌諸國 依山帶海)."고 하여 여러 섬을 암시하고 있는데, 영산강 유역의 마한 유적으로 미루어 볼 때 영산강 유역은 섬도 아니고, 절벽 같은 의산대해(依山帶海)도 아니다.

둘째, 『진서』 장화전(張華傳)은 〈위략(魏略)〉에서 '준왕이 바다 가운데 있을 때 조선과 서로 왕래하지 않았다(準王海中 不與朝鮮相往來).'는 기사와 연결되는 기록이다. 준왕과 이어진 마한이 분명한데, 앞에서 논의한 대로 기준(箕準)은 월해(越海)한 것이 아니고 입해(入海)하여 섬에서 마한을 이어간 것이고, '한왕(韓王)이라는 정권'을 창출한 것이다. 그러므로 영산강 유역의 나주(E126°40′ N35°5′) 등과 랴오둥반도 남단의 대왕가도(大王家島, E123°10′ N39°20′)와는 상당한 거리(약 500㎞)가 있다고 본다.

셋째, 중국의 랴오허(遼河)와 황허(黃河)와 산둥반도와 연결이 손쉬운 위치에 있는 '장산군도(長山群島)'와 한반도 남서쪽 끝에 있는 '영산강 유역'을 비교할 때, 그리고 동양 상고사를 해석할 때 기본으로 보는 문명과 문화의 등고선이 '서북고동남저(西北高東南低)'인 점을 적용할 때, '영산강 유역'은 통상 교역은 가능하다고 가정할 수 있지만 동북아의 국제 정치 무대를 주무르는 중심에 설 땅으로 보기엔 무리가 있다고 본다.

이와 같은 이유에서 국사학계가 〈고구려사략〉을 근거로 해서 신미제국이 영산강 유역에 있었다고 하는 주장을 거부한다.
하나 더 붙이면, 신미제국은 『삼국지』〈위지〉 오환 선비 동이전이나 『후한서』에 나오는 50여 개국의 마한국에 포함되는지, 우리가 알고 있는 마한제국(馬韓諸國)의 분포를 다시 생각하게 한다.

5. 마한 역사 왜곡의 주범과 공범을 찾다

마한에 대하여 고구려계승론과 백제계승론이 있다.
『삼국유사』〈기이편 상〉의 마한전에는 『위지』를 인용했다는 기록 외에도 최치원(崔致遠)의 글을 인용한 부분이 있다.
'최치원이 "마한은 고구려이고, 진한은 신라다." 『삼국사기』에 의하면 신라는 먼저 갑자년(BC57)에 일어났고, 고구려는 후에 갑신년(BC37)에 일어났다고 하였다. 여기에 이른 것은 조선왕인 준을 말함이다. 이것으로 알 수 있는 것은 (고구려) 동명왕이 일어날 때 벌써 마한까지 차지했음을 알 수 있다. 그래서 고구려를 마한이라고 부르는 것인데, 지금 사람들은 혹 금마산이 있어 마한을 백제라고 하지만 이것은 잘못된 말이다. 고구려 땅에는 원래 읍산이 있었기 때문에 이름을 마한이라 한 것이다(崔致遠云 馬韓 麗也 辰韓 羅也 據本紀 則羅先起甲子 麗後起甲申 而此云者 以王準言之耳 以此知東明之起 已竝馬韓而因之矣 故稱麗爲馬韓 今人或認金馬山 以馬韓爲百濟者 盖誤濫也 麗地自有邑山 故名馬韓也)'[108]

최치원은 '고구려가 마한을 계승했다'고 보았다. 국사학계에서 말하는 '고구려계승론'이다. 신라 말기 최치원이 생존(857-904?)했을 당시에도 '마한의 금마산론'이 있었기에 이렇게 언급하고 선을 그었던 것이 아닌가 한다.

현대 고대사 연구의 경향은 한반도 남쪽에 있는 마한을 북방의 고구려가 어떻게 흡수[계승]할 수 있나 하며 처음부터 논의에서 제외했다. 이는 역사 기록을 있는 그대로 인정하지 않고 함부로 다루는 태도라고 본다.

필자가 앞에서 소개한 '준왕의 해중(海中) 거한지'를 알았더라면 고구려계승론을 거부하지 않았을 것으로 본다.

고구려계승론과 다른 주장도 있다.

『동국통감』 외기(外記) 〈삼한기〉에서 권근(權近)[109]이 말하기를, '삼한(三韓)에 대한 설(說)은 서로 다른 점이 있다. 그러나 조선왕 기준(箕準)이

---

108) 일연, 이재호 옮김, 『삼국유사』, pp.78-81.
109) 권근, 조선 전기의 문신, 1352-1409.

위만(衛滿)의 난을 피하여 바다를 건너 남쪽으로 가서 개국(開國)하여 마한(馬韓)이라 불렀었는데, 백제(百濟) 온조(溫祚)가 즉위함에 이르러 드디어 그를 병합하였다. 지금 익주(益州)[110]에는 고성(古城)이 있는데, 지금까지 사람들이 기준성(箕準城)[111]이라고 부르고 있으므로 마한이 백제가 된 것은 의심할 것이 없다'하였다.

국사학계에서는 이를 '백제계승론'이라 한다.

잠깐 짚어보면, 권근의 주장 속에 '조선왕 기준(箕準)이 위만(衛滿)의 난을 피하여 바다를 건너[越海] 남쪽으로 가서 개국(開國)하여 마한(馬韓)'이라 불렀다고 했는데, 권근의 시각이 바다를 건넜다는 일연의 시각과 같다고 볼 수 있다.

권근이 말한 '백제(百濟) 온조(溫祚)가 즉위함에 이르러 드디어 마한을 병합하였다'는 근거는 『삼국사기』〈백제본기〉의 온조왕 26년(8)의 기사라고 본다. 여기서 백제의 위치를 다시 살펴보게 되는데, 권근이 활동하던 시기에 '백제는 한반도 중부 지역에 존재했다'는 개념이 이미 형성되어 있었다고 볼 수 있다.

이러한 개념이 어떻게 형성된 것일까?

필자가 보기에는 일연이 쓴 『삼국유사』의 영향이라고 본다. 그 책에 백제를 건국한 온조왕 '14년 병진(BC5)에는 도읍을 한산(漢山)-지금의 광주(廣州)-으로 옮겼다. 389년을 지나서 13대 근초고왕 때인 함

---

110) 지금의 전라북도 익산시 부근을 말한다.

111) 전라북도 익산시 금마면 용혁산(미륵산) 위에 있는 성을 이르던 명칭이다.

안(咸安)¹¹²⁾ 원년에 이르러 고구려의 남평양(南平壤)을 빼앗아 도읍을 북한성(北漢城)-지금의 양주(楊州)-으로 옮겼다. 또 1백 5년을 지나서 23대 문주왕이 즉위하던 원휘(元徽)¹¹³⁾ 3년 을묘(475)에는 도읍을 웅천-지금의 공주(公州)-으로 옮겼다. 다시 63년을 지나서 26대 성왕에 이르러서는 도읍을 소부리로 옮겨 국호를 남부여라 하고 31대 의자왕 때에 이르기까지 120년을 여기서 지냈다(十四年丙辰 移都漢山 -今廣州- 歷三百八十九年 至十三世近肖古王 咸安元年 取高句麗南平壤 移都北漢城 -今楊州 - 歷一百五年 至二十二世文周王即位 元徽三年乙卯 移都熊川 -今公州- 歷六十三年 至二十六世聖王 移都所夫里 國號南扶餘 至三十一世義慈王 歷一百二十年)¹¹⁴⁾.'는 기록이 있다.

이 기록에 의하면, 첫 번째 도읍 한산(漢山, 광주)¹¹⁵⁾에서 북한성(北漢城, 양주)과 웅천(熊川, 공주)을 거쳐, 소부리(所夫里, 부여)로 천도했다고 했는데, 4곳의 위치가 당시(고려) 행정구역인 한반도의 경기(京畿)와 양광(楊廣)에 해당한다. 당시『삼국유사』를 읽은 많은 학자들이 백제의 위치를 한반도 중서부의 이남으로 믿고 있었던 것으로 보인다.

그런데 이 4곳에서 왕궁이라면 반드시 있어야 하는 주춧돌¹¹⁶⁾이 오

---

112) 동진(東晉) 간문제(簡文帝)의 연호이다.

113) 유송(劉宋) 후폐제(後廢帝)의 연호이다.

114) 일연, 이재호 옮김,『삼국유사』, pp.298-302.

115) 한산(漢山)은 신라가 한산주를 설치했다는 경기도 하남시 춘궁동 일대로 보며, 이곳은 과거 경기도 광주군에 속해 있었다. 춘궁동과 이어진 이성산성에서 건축물 주춧돌이 발견되었으나 다듬지 못한 막초석의 주춧돌로서 철기시대 이전 건축물로 보인다.

116) 일연이 본 4곳의 도읍지 중 유일하게 광주(춘궁동) 이성산성에서만 주춧돌이 있다. 철

늘까지 단 한 개도 발견되지 않는다는 점이다. 필자가 보기에는 일연 스님이 근거도 없이 붓끝으로 대충 찍은 것이 아닌가 한다.

조선조에 와서 성립된 권근의 '백제계승론'은 '기준(箕準)의 월해(越海)'했다는 일연의 『삼국유사』 기록에 근거를 둔 것으로 본다.

권근은 기준성의 위치와 『삼국유사』에서 월해(越海)가 암시하는 마한의 위치가 같은 곳으로 보았고, 이 지역이 한반도 서남부에 있었다 했다. 또 한반도 경기지역에서 태동한 백제가 충청·전라지방으로 세력을 이동하면서 그곳에 있는 마한을 흡수했다고 보고 있다.

이렇게 잘못된 역사 해석이 또 다른 왜곡의 역사를 낳게 한다. 그 사례가 한백겸의 『동국지리지(東國地理志)』이다.

6. 한백겸의 왜곡된 주장이 낳은 문헌사를 살피다

문창로(국민대) 교수가 쓴 〈조선 후기 실학자들의 삼한연구〉[117]에 의하면, "조선 후기 실학이 대두하기 전까지 최치원의 삼한인식(三韓認識)은 정설로 받아들여졌다. 삼한-삼국의 계승 관계에 주목했던 전통적인 삼한인식은 한백겸의 역사·지리학적 접근을 통하여 새롭게 모색되었다. 곧 『동국지리지』에서 상고사(上古史)의 전개를 남·북의 이원적인 체계로 상정하고 삼한의 위치를 마한-호남·호서, 진·변한-영남지역에 비정하였다. 그 뒤 유형원(柳馨遠), 신경준(申景濬) 등은

기로 다듬지 않은 막초석의 주춧돌인데, 청동기시대의 건축물로 보이며 백제의 건축물이라 할 수 없다.

117) 문창로, '조선 후기 실학자들의 삼한 연구', 『한국고대사연구62』(2011.6), pp.61-109.

진국(辰國)-삼한(마한-진·변한)-백제·신라·가야로 이어지는 계승 관계와 '삼마한설(三馬韓說)'을 제시하여 한백겸의 삼한설을 보충하였고, 시·공간적으로 삼한의 역사적 실체를 복원하는 기초를 마련하였다. 역사지리학적 연구에 실증적인 접근이 더해지고, '삼한정통론(三韓正統論)'에 입각한 고대사 인식체계가 수립되면서 삼한에 대한 관심은 커갔다. 이익(李瀷)은 단군조선(檀君朝鮮)-기자조선(箕子朝鮮)-삼한(三韓)으로 연결되는 '삼한정통론'을 강조했으며, 특히 마한과 진·변한의 영속 관계 및 '삼한시종(三韓始終)'의 사적(史的) 전개 과정을 제시하였다. 안정복(安鼎福)은 이익(李瀷)의 사론(史論)을 계승하여 단군조선-기자조선-마한-무통(無統, 삼국)-통일신라-고려-조선으로 이어지는 역사체계를 세워 삼한정통론을 확립하였으며, 합리적 고증 태도를 견지하였다. 그 뒤 정약용(丁若鏞)은 기록 자체를 비판하는 엄밀한 고증(考證)으로 오늘날 학계의 통설에 근접한 삼한의 실상을 제시하였으며, 문헌고증의 수준을 한 단계 높였던 것으로 평가된다. 한치연(韓致奫)은 '박문전거(博文典據)'주의에 입각하여 방대한 국내외 사료를 발췌, 집성하고, 이를 활용하여 객관적이고 실증적인 삼한연구를 추구하였다. 철저한 문헌고증과 폭넓은 관련 사료의 집성에 바탕을 둔 정약용과 한치윤의 삼한연구는 접근방법과 자료활용 면에서 근대적 역사연구의 튼실한 토대가 되었다. 실학자들의 학문적 성과는 한말(韓末)까지 이어졌으며, 일제강점기에 전개된 일본인 학자들의 삼한 연구에도 영향을 끼쳤다. 신채호(申采浩, 1880-1936)는 종족 및 지명 이동설에 입각하여 삼한의 형성을 조선족(朝鮮族)의 남하라는 관점에서 파악하고 삼한의 활동 공간을 만주 일대의 고조선에까지 소급하였다. 이후 정인보(鄭寅普)·안재홍(安在鴻) 등의 민족주의 사학자들 역시 전·후삼한(前·後三韓)의 이동을 중심으로 했던 단재(丹齋)의 삼한설을 전폭적으로 수용하였다. 지리고증(地理考證)을 중심으로 삼한 문제에 접근했던 이병도(李丙燾)의 연구도 실학자들의 역사지리 연구에 힘입은 바 크다. 실제로 한백겸의 '남북분야설(南北分野說)'은 신경준과 한진서의 '진국삼한설(辰國三韓說)'로 계승되었고, 이병도는 이를 수정한 '진국진한설(辰國辰韓說)'을 제기하였을 뿐 아니라 삼한을 이른바 후방행렬(後方行列)사회와 구분되는 남방행렬(南方行列)사회로 파악하였다. 그리하여 실학자(實學者)들의 주요저술을 섭렵한 천관우의 삼한연구는 이병도의 실증적인 연구성과와 신채호의 '삼한이동설'에 바탕을 둔 것으로 이해된다. 1960년대 이후 고고학 발굴 성과를 삼한연구에 본격적으로 활용하고, 1970년 이후 국가형성론이 전개되면서, 오늘날 삼한 연구의 지평이 확대될 수 있었던 것은 조선 후기 실학자 이래 꾸준히 축적되었던 연구성과가 밑거름이 되었기 때문이다."〈출처; 문창로(국민대), 조선 후기 실학자들의 삼한 연구, 초록(抄錄)〉

문창로 교수의 연구는 한국사에 대한 문헌사의 근·현대 동향을 말하고 있다.
그의 연구에 의하면 최치원의 삼한인식(三韓認識)을 한백겸이 뒤바꾸어 놓았다고 했다. 잘못된 삼한 인식을 바로잡은 것처럼 말하고 있다.
한백겸 이후 실학자와 현대 역사학자들이 바른 방향을 잡아 연구하고 있다고 그는 보고 있다.

필자가 보기엔 본책 1장과 2장, 3(본장)을 통해 최치원의 삼한 인식이 옳다고 보며, 한백겸의 삼한인식은 우리 역사를 구렁텅이로 몰아넣어 역사의 운동장을 기울게 했다고 본다.

예를 들면 한백겸의 『동국지리지』에서 삼한을 한반도로 끌어들여 왜곡해 온 것도 잘못이고, 한백겸과 이익을 이은 안정복이 『동사강목』에서 을지문덕의 살수대첩 장소를 청천강으로 비정한 것도 잘못[118]이다. 안정복의 『동사강목』은 『동국지리지』라는 왜곡사 위에 지어진 또 하나의 사상누각이라 할 수 있다.

필자가 앞 (1)장에서 문제를 제기한 것처럼 살수(薩水)를 청천강(淸川江)으로 보면 역사 해석이 당장 꼬이고 헝클어진다. 『삼국사기』의 〈신라본기〉와 〈고구려본기〉, 〈백제본기〉에 동시에 나오는 살수(薩水)와 견아성(犬牙城) 전투를 해석해 보면, 살수를 청천강으로 볼 때 신라의 영토인 견아성이 고구려 심장부의 한복판에 있는 셈이 되고, 신라 견아성을 지원하기 위한 백제 군대가 고구려의 수도 평양을 짓밟고 넘어가는 우스꽝스러운 역사가 되고 만다.

왜 이렇게 잘못된 문헌사가 줄을 잇게 되는가?

최치원의 삼한인식을 뒤바꾸고 고조선의 활동 범위를 한반도 안으로 끌어들인 한백겸의 잘못된 인식에서부터 시작되었다고 본다.

『동국지리지』(1615)를 쓴 한백겸(韓百謙)[119]은 권근을 따라 마한이 경기·충청·전라지방에 있다고 믿었다. 그리고 진한과 변한은 경상 지방에 위치한다고 하면서 3한(韓)이 고조선과 한강을 경계로 하여 존재하

---

118) 본책 1장, 4 '역사 해석의 오류가 낳은 청천강 살수' 참조.

119) 한백겸, 조선 중기의 문신(1552-1615년).

였다는 역사체계를 세움으로써 결국 한강을 경계로 하는 고조선의 강역을 압록강 이남의 한반도에 국한 시키는 우(愚)를 범하고 말았다.

한백겸은 삼한(三韓)을 한반도 안으로 끌어들인 장본인으로서 중 일연에 이어 우리 역사 해석을 꼬이게 한 또 하나의 사람이다.

삼한이란 용어가 최초로 사용된 때는, 단군왕검 경자 93년(BC2241)에 '천하의 땅을 새로 갈라서 삼한(三韓)으로 나누어 다스렸으니, 삼한(三韓)은 모두 오가 64족을 포함하였다(於是 區劃天下之地分統三韓 三韓皆有五家六十四族).'는 기록처럼 이때부터 생겨난 개념이다. 삼한의 개념은 단군왕검이 늙고 권좌 말년에 만들어진 행정 구획이라고 본다.

번한세가에 '단군왕검이 치우(蚩尤)의 후손 가운데 지모가 뛰어나게 세상에 소문난 자[120]를 골라 번한(왕)이라 하고 부(府)를 험독(險瀆)에 세우게 하였다. 지금도 역시 왕검성(王儉城)이라 한다(於是 檀君王儉擇蚩尤後孫中 有智謀勇力者爲番韓立 府險瀆今亦稱王儉城也).'[121] 번한의 왕검성이 있는 험독현은 지금의 하북성 창려(昌黎, E119°10′ N39°40′)시 남쪽 난하(灤河)의 하구라고 본다.

그 이후, BC 1285년 22세 단군 색불루(索弗婁)가 '제도를 개정하여 삼한을 삼조선이라 하였다. 조선이란 관경(管境)[122]을 말한다(改制 三韓

---

120) 치두남(蚩頭男)은 치우천왕의 후손으로 지혜와 용기가 뛰어나게 세상에 알려졌다. 단군은 곧 보시더니 이를 기이하게 여기시고는 곧 그를 번한으로 임명하고 겸직하여 우(虞)의 정치를 감독케 하였다. 경자년(BC2241)에 요(遼) 중에 열두 개의 성을 쌓았다.(출처;『한단고기』〈태백일사〉, p.216.)

121) 임승국 번역, 『한단고기』〈태백일사〉, p.215.

122) 필자가 보는 관경(管境)의 관(管)은 물자를 서역으로 이동할 때 반드시 통과해야 하는 코스를 말하며, 경(境)은 코스 중에 주요 요새가 있는 그 곳을 말한다고 본다.

爲三朝鮮謂管境也).' 했다. 이때의 왕의 명칭은 진한(辰韓), 마한(馬韓), 번한(番韓)이고, 발해만 북안에서 대동(大同) 지역까지 펼쳐져 있었다.[123] 이들 삼한이 한반도가 아닌 중국 땅에 존재했음을 강조하고 싶다.

   삼한과 삼국과의 관계에 대해 말한 이가 또 있는데, 최치원(崔致遠, 857-904 ?)은 마한-고구려, 진한-신라, 변한-백제설을 주장했다. 이때 삼한의 시대적 상황은 삼국(三國)이 개국할 당시를 말한다. 여기서 고구려가 흡수한 마한은 황해(黃海) 북안이며, 랴오둥반도 남안 중앙에 있는 좡허시(庄河市)의 앞바다, 마한도에 있는 준왕의 마한(馬韓)을 말한다. 한반도 남부가 아닌 요동과 요서에 있는 삼한을 말하고 있는 것이다.

   권근(權近, 1352-1409)은 최치원의 주장과 달리 마한-백제, 변한-고구려, 진한-신라로 삼한의 개념을 정리했는데, 이는 한반도의 서남부에 마한이 있었고 백제가 이를 흡수했다고 굳게 믿었기 때문으로 본다. 권근도 최치원이 말한 삼국 초기에 대한 삼한과 비슷한 시기로 본 것이다.
   여기서 권근이 변한을 고구려와 연결 지은 것을 보면 변한은 중국 대륙에 있었다고 본 것 같다. 이로써 권근이 활동하던 시기까지는 한백겸(1552-1615)이 『동국지리지』에서 말한 것처럼 한반도 남부 지역에 삼한이 있었다는 개념은 없었던 것 같다.

---

123) 오운홍, 『한반도에 백제는 없었다』, pp.71-72.

7. 한백겸은 왜 옹졸한 반도 사관을 내놓았을까?

필자는 '한반도의 삼한(三韓)'이란 용어가 한백겸의 창출로 보았기에 한백겸 이전에도 한반도 남부에 적용되어 사용한 사례가 있는지 살펴보았다.

권근과 한백겸이 활동하던 시기는 대략 100년 이상의 차가 있다. 그 사이 한반도 삼남[124]지방을 근거로 한 삼한론이 사용된 것이 아닐까 하여, 임진왜란(1592) 전후에 활동했던 율곡 이이(1536-1584)[125]와 서애 유성룡(1542-1607)[126]과 이순신(1545-1598)[127]의 저서를 통해 삼한이란 용어가 있었는지 알아보았는데, 그 결과 전무한 것으로 보아

---

124) 도성이 있는 한양 남쪽에 위치한 충청도, 전라도, 경상도를 아울러 부르는 말.

125) 율곡의 저서 중 역사와 관련된 『격몽요결(擊蒙要訣)』에 삼한에 대한 언급이 없다. 율곡의 많은 저서를 모두 섭렵할 수 없어 율곡연구의 대가, 홍영기 (전) 율곡연수원 연구사의 자문을 구했다.

126) 유성룡의 『징비록(懲毖錄)』은 제목에서 보이듯 뚜렷한 목적의식과 저자(유성룡)가 왜란의 전 기간 동안 국가의 중요 직책에 있으면서 몸소 경험한 바를 기초로 하여, 당시 전란에 대책을 세우는 가운데 얻어진 풍부한 사료와 지식을 담은 것이기에 가치가 매우 크다고 본다. 삼한이란 말이 없다.

127) 『난중일기(亂中日記)』라는 제목은 '전란 중에 쓴 일기'라는 뜻으로 원래 이순신이 쓴 초본에는 난중일기가 아니라 해당 년도의 이름을 붙인 임진일기, 을미일기 등의 제목이 붙어있다. 난중일기란 이름이 붙은 계기는 이순신 사후 200년이 지난 조선 제22대 왕인 정조 때에 이충무공전서(李忠武公全書)를 편집할 때 거기에 수록하면서 붙여진 이름이다. 삼한이란 말이 없다.
20세기에 지어진 위인전 이순신에 보면, 율곡이 퇴청하면서 서애 유성룡에게 이순신을 천거할 때 '삼한'이란 용어를 곁들인 것이 보이는데, 당시 3자의 근무 위치가 소설적 허구이다. 위인전을 쓴 저자는 한백겸의 삼한론에 젖어 소설적 허구를 끌어들인 것으로 본다.

한백겸 이전에 사용되지 않았음을 짐작할 수 있었다. 삼남이란 용어는 있어도 삼한이란 용어는 없었다. 문창로의 분석에 의하면 한백겸의 『동국지리지』(1615) 이후 사서들은 변한=가야이고, 그전에 나온 이수광의 『지봉유설』(1614)까지는 변한=백제로 인식했다 한다.

20세기 초에 조선총독부는 식민지의 조센징(조선인을 비하하는 용어임)을 다스리기 위해 조선인의 자존심을 깎아내리느라 조상 대대로 한반도의 땅에 만족하여 살며 우물 안 개구리 같은 옹졸한 DNA가 흐르는 핏줄이라 했다. 이런 이론을 담아 넣은 것이 바로 반도 사관이고, 그 반도 사관에 한백겸의 주장을 인용한 것이다.

한백겸의 『동국지리지』가 반도 사관에 악용된 이유는 한마디로 말해 그의 지식과 정보가 한계를 넘지 못한 데서 비롯되었다고 본다.

그가 확실히 알고 있는 지식과 정보는, '한(韓)에는 마한(馬韓), 진한(辰韓), 변진(弁辰)의 3종(種)이 있다. 마한(馬韓)은 서쪽에 있는데 54개국이 있다. 북쪽으로 낙랑, 남쪽으로 왜(倭)와 접한다'는 『후한서』〈동이열전〉 등 중국 사서를 읽고 획득한 것이 분명하다. 그리고 국내 사서를 통해서도 신라는 진한을 이어받았고 한반도의 경주[128]가 신라의 첫 도읍지였다고 알고 있었다고 본다.

또한, 신라와 가야는 정치체가 다르며(삼국사기, 삼국유사), 백제가 마한의 국읍을 병탄하였음을 『삼국사기』〈백제본기〉에서 읽었을 것이다.

---

128) 상대 신라의 경주는 중국 안후이성에 있었다.

그러나 그(한백겸)가 잘 못 알고 있었거나 모르는 부분이 있었기에 잘못된 이론이 나온 것으로 본다.

『후한서』의 〈동이열전〉 기록 중에, '동쪽과 서쪽은 바다를 경계로 하니 모두 옛 진국의 땅이다.'라는 기록이 있다. 이를 보고 한백겸은 중국에는 서쪽에 바다가 있는 땅이 없으니 한반도가 맞다고 생각한 것이다. 이는 중국의 발해가 동해이고 해하(海河)가 서해인 줄을 모르는 한백겸의 지리적 지식의 한계라고 본다.

한백겸이 활동하던 시대에는 중국에서 이미 베이윈강(북운하)과 난원강(남운하)을 건설하여 물길을 돌렸기 때문에 해하(海河)의 자취를 찾기 어려웠을 것이다.

또 요수(遼水, 潮河=朝鮮河)[129]의 동쪽 요동(遼東)이라는 지명 인식 기준의 요(遼)를 뜻하는 강(江)을 요하(遼河, 랴오허)로 보고, '요하'의 동쪽으로 잘못 인식함으로 인해, 중국 사서의 기록 중 '요동에 있다는 진한(진국)'을 만주와 압록강 이남의 땅으로 본 것이다. 중국 사서에는 요동이나 요서 관련 지명이 여러 곳에 나오는데, 이는 한백겸의 통찰력의 한계라고 본다.

또 준왕이 월해(越海)하여 기준성(箕準城)에서 마한을 건국했다는 권근의 주장을 굳게 믿고 있었다고 본다. 이는 어려서 배운 인식의 타성이라고 본다.

한백겸의 이러한 삼한론은 크게 잘못된 시각이다.

필자가 앞 1장에서 밝혔듯이 중국 대릉하에서 서쪽으로 난하 사이에

---

129) 본책 1장, '요동과 요서의 경계를 알아야 역사가 보인다' 참조

있었던 진국의 땅에서 신라가 태동했음을 한백겸은 모르고 있었다고 봐야 한다.

그래서 한백겸은 경주 부근에 진한을 배치하고, 권근이 말한 마한을 호남과 호서에 배치하고 나서 보니, 남아있는 변진 중에서 변한을 구분하여 신라와 정치체제가 다르고 철(鐵) 장사를 했던 가야 땅에 '장사꾼의 나라 변한'[130]을 배치한 것이 아닌가 한다. 가야와 변한은 전혀 관련이 없는 조합인데도 말이다. 변한은 백제가 이어갔다는 최치원의 삼한론이 맞다고 본다. 신라로 이어진 진한이 한반도에 없었으므로 한백겸의 삼한은 성립되지 않는다.

8. 단재의 삼한설은 한백겸의 삼한설을 보충했다

필자가 한백겸의 삼한론을 비판한 것에 대해 혹자는 단재(丹齋)의 삼한설을 인용하며 한백겸의 주장을 옹호하려 할 수도 있다. 신채호(申采浩, 1880-1936)의 삼한설은 '종족 및 지명 이동설'을 내세워 삼한의 형성을 조선족(朝鮮族)의 남하라는 관점에서, 고조선에까지 소급하여 한반도 남부로 조선족이 이동하면서 그들이 살던 지명도 따라서 이동했다는 이론이다.

---

[130] 변한(弁韓)의 변(弁)은 독특한 모습을 나타내는 상형문자이고, 변한의 한(韓)은 직책인 왕이며, 조선 또는 동이를 뜻한다. 변(弁)을 해자 하면, 厶(사: 고깔)를 머리에 얹고, 바람에 날리지 않게 끈으로 양 볼을 지나 턱 밑에서 끈을 묶어 고정한(卄공) 모습이다. 종합하면 변한은 동이족 중 장사(행상)를 주로 하는 상(商, 은殷)나라 사람, 특히 기자(箕子)의 초상화처럼, 장사길에서 '고깔을 써서 상투를 보호하는 문화'의 상나라 사람을 일컫는 말이다. 변한의 어원을 여기서 찾을 수 있다.

그는 단군조 이후의 불분명했던 상고사를 전·후삼한설(前·後三韓說)로 체계화하려 했다. 단재의 주장은, 대(大) 단군왕검 중심의 단군조는 삼경(三京)을 중심으로 하여 삼한(三韓, 三汗)으로 자체 분열되었다는 것이다. 그 분립 시기는 중국의 전국시대(戰國時代)에 해당하는 기원전 4세기경이며, 이때 대 단군조는 신조선, 불조선, 말조선으로 삼분(三分)되었다[131]는 것이다. 단재는 한반도(남부) 안에 뒷날 형성된 삼한을 후삼한(後三韓) 또는 남삼한(南三韓)이라 불렀다. 이것이 단재의 독특한 삼조선, 즉 삼한설 혹은 전삼한 후삼한(전·후삼한)설이다.

단재는 자신이 역사연구방법론으로 취했던 민족이나 부족 및 지명의 이동설을 이용하여 전·후삼한설을 구체적으로 설명했다. 한 예를 들면, '신조선'이 북부여와 동부여로 분열되고 '신조선'의 일부 유민이 낙동강 연안의 오른쪽으로 이동하여 진한부 즉 진한을 성립시켰다고 주장했다.

단재의 이론을 요약하면, 삼조선 분립시대의 삼한 즉 전(前) 삼한의 유민들이 남하하여 이룩한 것이 진한, 변한, 마한인 후(後)삼한을 성립시켰다는 것이다.

이와 같은 단재의 삼한설은 한백겸의 삼한설과 성립 배경은 다르지만 결국 한백겸이 주장한 삼한의 이론을 보충해주는 결과를 가져왔다

---

131) 신채호의 『조선상고사』에 의하면, '삼한'이란 본래 단군조선의 통치자 3인의 호칭이었고, 삼한 중에 으뜸인 최고 지배자는 '신한'이며, '불한'과 '말한'은 신한을 보좌하는 2인자 들이었다고 한다. 이는 흉노의 '선우'와 '좌현왕'과 '우현왕'과 닮은 체제이다. 이들 삼한을 이두(吏讀)식 한자로 표기하면, '신한'(辰韓)은 진한(辰韓), '불한'은 변한(卞韓) 또는 번한(番韓), '말한'은 마한(馬韓)이 된다 하였다.

고 본다.

 필자는 앞에서 한백겸의 삼한 이론을 부정하는 것처럼 단재의 삼한론도 인정할 수 없다는 논리를 전개하려 한다.
 단재가 말한 '종족 이동의 삼한설'이 타당성을 인정받으려면 연역적으로 일반화 사례를 들어 입증돼야 한다.

 첫째로, (고)조선이나 삼조선 등 어느 국가가 멸망하면, 백성들이 모두 (지정된) 어느 한 곳을 목표로 이동하였는지 증명할 수 있어야 한다. 구체적으로 말하면, 중국과 만주에 있던 삼한이 족속별로 식솔들을 데리고 보따리를 싸서 한반도 남쪽으로 이동하여 뒤섞이지 않고 마한지역, 변한지역, 진한지역으로 자리를 찾아가 형성됐다는 이론이 증명돼야 한다.
 여기서 당장 묻고 싶은 것은, 유럽의 게르만족 이동이나 성경의 출애굽기처럼 우리 상고사에도 민족 대이동 흔적이나 기록이 있는지 밝혀져야 한다. 게르만족의 이동이나 출애굽기의 이동은 정확한 방향과 목표가 있었고 리더가 있었다. 신채호가 주장하는 종족(족속) 이동에 리더가 있었는지 다시 한번 묻고 싶다.
 덧붙여 묻고 싶은 것은 위만(衛滿)에게 나라를 빼앗긴 '준(準)왕의 이동'을 민족 혹은 종족 이동으로 볼 수 있었는가 하는 문제도 묻고 싶다. 『위지』의 기록을 보면 '준왕이 위만과 싸웠으나 감당하지 못했다. 좌우 측근과 궁인들을 거느리고 바다로 들어가 한(韓)의 땅에 거처하게 되었고 스스로 한왕(韓王)이라 불렀다.'는 것은 종족의 대이동이 아니라 소수의 지배 세력이 생명의 안전을 위해 피신한 것이다. 그것도 준왕의 피신처가 한반도 남쪽이 아니라 요동반도 남단과 황해 북안이 만나는 마한도(馬韓島)에서 기존의 마한을 공격[132]하여 정권을 창출한 것으로 본다. 소수의 지배 세력 이동을 다수의 종족 이동으로 볼 수 없는 일이다.

그리고 한반도 남부의 마한, 변한, 진한으로 종족이 이동하거나 그 종족을 이끈 리더의 흔적도 없다. 혹자는 백제 온조의 이동, 신라의 박혁거세의 출생, 가야의 김수로의 난생이라고 대답할지 모른다. 백제의 온조와 신라의 박혁거세는 앞의 1장과 2장에서 보았듯이 한반도가 아닌 중국 땅에서 건국한 것이다. 가야의 김수로는 다음의 '한국사 미스터리 5'권에서 밝히겠는데 무리를 이끈 것이 아니라 후한의 광무제에 쫓기어 피신한 것이며, 이미 기원전부터 있었던 가야 땅으로 소수가 이동한 것으로 본다.

단재는 근거도 없이 '삼한의 종족이 남쪽으로 이동했을 거라는 상상의 주장'을 내세웠다고 본다.

둘째로, '단재의 삼한설'이 연역적 일반화의 실증을 얻으려면 중세 이후 한국사에서 고려(高麗)나 (이씨) 조선(朝鮮)이 멸망했을 때도 백성들이 조국인 한반도를 떠났는지, 그리고 어느 한 곳을 정해서 그곳으로 이동했는지를 증명해야 한다.

가까운 역사이므로 민족의 대이동이 없었음을 우리는 잘 안다. 실제로 (이씨) 조선이 일본에 패망했을 때 대다수의 조선 유민이 한반도를

---

[132] 『후한서』〈동이열전〉에, '당초 조선 왕 준(準)이 위만에 패했을 때 남은 무리 수천 명을 이끌고 바다로 달아나 마한을 공격하여 깨트리고 한왕이 되었다(初 朝鮮王準爲衛滿所破 乃將其餘衆數千人走入海 攻馬韓 破之 自立爲韓王).'

버리거나 떠나지 않았다.

하와이나 멕시코로 이주해 간 소수의 노동자는 취업으로 간 것이고, 당시 선진 일본으로 취업하러 간 사람도 불과 몇 퍼센트에 불과하다. 만주와 간도 지방으로 떠난 우국지사들도 1%를 넘지 않는다.

혹자는 중앙아시아로 강제로 이주당한 고려인이 그 사람들 아니냐고 하겠지만 그것은 역사를 잘못 알고 있다는 증거이다. 로마교황청이 인정한 (이씨) 조선말 지도[133]를 보면 E128°-134°, N40°-48°에 걸쳐있는 아무르강 유역의 간도와 연해주 지역에 이미 오래전, 조선이 멸망하기 전부터 무수한 조선인들이 살고 있었다. (이씨) 조선이 패망 후 한반도를 떠난 이주민은 전체 주민에 비해 극소수에 불과하며 지정된 어느 한 방향으로 이동한 것도 아니다.

실제로 패망의 역사를 파악한다면, 국가가 멸망했을 때 백성이 이동하는 것이 아니다. 기존의 지배 세력 중에 지명수배에 해당된 자가 자기 목숨을 보존하기 위해 황급히 피신하는 것으로, 극소수 인원이 이동하는 것이다. 그리고 피신자들은 전략상 한곳으로 몰려가는 것이 아니라 사방으로 뿔뿔이 흩어져 피신하는 것이 상례다.

실제로 전한을 멸망(AD8)시키는 데 성공한 신(新)나라 세력의 중심에 있던 한나라 투후 김일제의 자손들이 후한의 광무제에 의해 신나

---

[133] 임승국 번역, 『한단고기』, p.8. 로마교황 그레고리오 16세 때 제작(1824.9.9.)한 조선 지도에 의하면 원산 교구에 해당하는 조선의 영토가 그려져 있는데, 한반도의 함경 남북도와 두만강 넘어 북쪽으로 간도 지역과 더 북쪽의 하바롭스크(E134° N48°) 지역을 잇는 지역, 즉 우수리(흑룡)강과 쑹화(송화)강 사이의 드넓은 평원(지금의 헤이룽장성의 일부)과 우수리강 동쪽의 연해주 지역에 해당한다.

라가 멸망하고 추적을 당할 때, 양쯔강 이남, 한반도, 몽골, 연나라 땅, 부여 등으로 사분오열되어 흩어진 사례가 있다.

그러니 위만 세력이 멸망하자 삼한이 남쪽으로 이동하여 후기 삼한을 이뤘다는 이론은 일반상식에 맞지 않는 발상이라고 본다.

단재는 나라가 망하면 백성이 이동한다는 말도 안되는 상상을 한 것이다.

이같이 필자가 전개한 단재의 삼한론에 대한 비판에 답할 수 없다면 단재의 후삼한론이란 가설은 성립할 수 없는 이론이라 할 수 있다.

셋째 '사가(史家)로서의 시각'에 문제가 있다고 본다.

사가의 자세는 『사기』를 쓴 사마천에서 볼 수 있다. 그는 궁형을 택하면서도 소신을 굽히지 않고 바르게 정황을 분석하고 정직하게 역사를 썼다.

자신의 주관이나 이념(理念)이나 주의(主義)에 편향된 역사관은 사가로서의 시각에 문제가 있다고 볼 수 있다.

단재는 민족주의 개념이 강했고 자기중심의 역사를 쓴 것 같다. 다시 말해 자기가 살고 있는 한반도에 맞게, 『삼국사기』의 기록마저 자신의 시각에서 해석하면서 후삼한 이동설 등을 주장하는 등 역사를 왜곡했으니 진정한 사가는 아니라고 판단한다.

단재는 왜 이런 사관(史觀)을 가지고 우리 역사를 보았을까?

단재가 읽은 한백겸의 『동국지리지』 등 조선 후기의 실학주의가 수립한 사관이 그의 사관을 형성하였다.

단재가 섭렵한 중국의 사서는 방대하다. 그런데 그는 사서의 기록을 읽으면서 역사가 한반도 중심으로 이루어진 것처럼 상상의 그림을 그렸고, 그게 한반도 역사라고 착각하면서 탐독했던 것 같다. 그래서 그런지 『삼국사기』의 책임 감수자 김부식을 사대주의자로 비판했다. 너무 중국 지향적이라는 거다.

사대주의에 대한 논쟁은 본 논의에서 제외하더라도, 지금에 와서 보면 『삼국사기』의 주인공인 신라, 고구려, 백제가 서로 경쟁하던 대부분의 역사가 중국에서 일어난 사건의 기록이다. 단재처럼 삼국을 한반도의 역사로 본다면 김부식을 중국 지향적으로 볼 수도 있다. 그런데 실제로 삼국이 겨루던 장소는 한반도가 아니라 중국 땅이므로 단재의 비판은 매우 잘못된 것이다.

또 하나 단재는 삼국 중 백제가 가장 호전적이라고 했는데, 왜와 가장 친밀한 관계를 가진 나라가 백제였다. 단재가 역사를 논할 당시 일본의 침략으로 조선이 멸망하는 과정을 지켜보았으므로 미운 일본과 친밀 관계였던 백제 역사를 이성적인 시각으로 보았는지 의심스럽다.

지금까지의 삼한에 대한 논의를 종합하면, 우리 한국사 이론의 근간은 한백겸의 삼한론과 신채호의 후삼한론이 결합하여 깰 수 없는 콘크리트 구조물을 이루었고, 현대 국사학계까지 동조하여 우리들의 역사 인식을 '역사 왜곡이라는 철창' 속에 가두어 놓고 있다.

그렇지만 당분간 쉽게 무너질 수 없는 역사 왜곡이라는 난공불락의 성(城)도 정의와 진실을 따르는 내부자에 의해 어느 날 갑자기 무너질 것이고, 한백겸과 신채호의 삼한론도 무너질 것이라는 믿음을 필자는 가지고 있다.

9. 안정복의 단군론, 일본의 정한론(征韓論)자를 돕다

일연과 권근의 영향을 받은 한백겸(1552-1615년)의 주장이 후일 『동사강목(東史綱目)』을 쓴 안정복(安鼎福, 1712-1791)에게 영향을 미친 것으로 본다. 그리고 조선 후기의 정약용(1762-1836) 등 실학자들[134]에게도 영향을 준 것으로 볼 수 있다.

1910년 이후 조선을 통치하던 조선총독부는 조선의 역사적, 정신적 지배구조를 마련하기 위해 '조선사(朝鮮史)'를 편찬(1938)할 때, 일제의 입맛에 맞게 한사군과 왕검성의 위치와 백제와 마한의 위치를 배치하며 역사 조작의 근거를 제공한 셈이 되었다.

이렇게 되었는데도 국사학계에서는 마한사를 수정할 생각은 하지 않고 〈조선사〉를 그대로 받아들여 '한국사'라는 잘못된 역사를 고집하고 있다.

권근의 백제계승론에 대해 필자는 전혀 동의할 수 없으며 그의 견해는 분명히 틀린 것으로 본다.

왜냐면 앞에서 밝혔듯이 권근이 인용한 『삼국유사』의 '준왕의 월해'가 왜곡된 기록임이 밝혀졌기 때문이다. 더 이상 무슨 답이 필요할까?

이에 따라 준왕이 바다를 건너지 않았다('위지')는 것과 『진서』와 이승휴의 『제왕운기』 기록을 근거로 해서 준왕이 거처했던 위치가 대왕가도(大王家島, E123°10′ N39°20′)임이 더욱 선명해졌다.

---

134) 경기도 하남시 춘궁동은 광주(廣州)의 고읍이며 예부터 한성백제의 왕도로 추정됐다. 조선 후기 실학자 정약용을 포함해 여러 학자 그 누구도 '춘궁동(春宮洞)설'에 이의를 달지 않았다.

권근의 주장은 일연스님의 왜곡한 역사를 그대로 믿었기 때문으로 본다.

또 하나는 필자가 앞의 책(한국사 미스터리 2권, 3권)에서 밝힌 대로 한반도에는 백제가 존재하지 않았기 때문이다. 존재하지도 않은 두 정치체, 즉 '준왕의 마한'과 '온조의 백제'를 가지고 한반도의 역사를 꾸민다는 것이 정말 소설이지 진정한 역사라고는 볼 수 없다.

현대에 와서 보니 너무나 어이없는 일이다. 당시 권근은 필자에 의해 밝혀진 '한반도의 백제 부재론'을 몰랐을 것이 분명하다. 이에 따라 권근의 주장은 무색해진다.

권근의 주장에는 『삼국유사』가 암시하는 준왕의 행적이 들어있다. 한백겸도 그의 생존 연대로 볼 때 일연스님과 권근의 영향을 받은 것을 부인할 수 없을 것이다. 모두가 일연 스님과 연결되기 때문이라고 본다.

일연(一然)과 권근(權近), 한백겸(韓百謙)과 신채호(申采浩)는 동북공정을 추진하는 중국 역사계에서 볼 때 참으로 고마운 분이라고 여길 것이다. 그러나 동이의 역사로 볼 때 이들은 고조선과 삼한과 백제까지 한반도로 끌어들여 반도 사관을 만들어낸 역사 왜곡의 주범(主犯)들이라 해야 한다.

이들 주범들에 동조한 사람 중에 『동사강목(東史綱目)』(1778)을 쓴 안정복이 눈에 띈다. 본책 (1)장에서 거론한 대로 『삼국사기』〈고구려본기〉 영양왕 조에 수나라 200만 대군을 물리친 을지문덕 장군의 살수대첩 장소, 즉 살수를 한반도 청천강으로 비정하여 고구려의 활동 영역을 역사적으로 한반도 안으로 끌어들인 장본인이다. 후일 일본의 식민지 사관 중 반도 사관을 유도한 셈이 된다.

특히 안정복은 조선시대 유학자의 시선에서 단군신화를 '승려들(일연스님 등)이 만들어낸 허황된 이야기'라 했다.

일본이 조선 침략을 시작할 때, 정한론(征韓論)자의 한 사람인 도쿄제국대학의 시라토리 구라키치(白鳥庫吉) 교수가 안정복의 주장을 인용하여 〈단군고(檀君考)〉(1894)를 썼는데, '『삼국유사』에 나온 단군사적(檀君史籍)은 한국 불교의 설화(說話)에 근거한 가공(架空)의 선담(仙譚)'이라는 결론을 도출한 것도 안정복의 시선과 똑같다고 본다.

결국은 단군을 부정하는 안정복의 그릇된 역사 인식이 정한론자를 도와준 꼴이 되었다. 일본이 1938년에 써준 『조선사』에 단군 역사가 빠지면서 조선의 역사가 일본의 역사보다 짧으며, 조상 대대로 한반도를 벗어나지 못했다는 반도 사관을 우리에게 심어주었다.

현대에 와서 우리들이, 『한국사』로 이어진 『조선사』를 탓하고 있는데, 그전에 안정복과 한백겸을 원망해야 하지 않을까 한다.

이렇게 큰 파장으로 이어지는 길목에 선, 일연의 역사 왜곡을 비판하면서 덧붙이고 싶은 것은 그가 역사를 왜곡하면서도 『위지』를 인용했다고 밝혀주어 참으로 불행 중 다행이라 생각한다. 왜냐면 병든 우리 역사가 어디서부터 병이 들었는지 분명히 진단할 수 있기 때문이다.

일연은 역사를 분명히 왜곡한 것이 사실이고 결과적으로 후대 사가들에게 엄청난 잘못을 저지르도록 유도한 셈이 된다. 일제가 『조선사』를 쓸 때, 삼한과 백제를 한반도로 끌어들이게 한 장본인들을 살펴보았다.

10. '고구려계승론'을 주장한 최치원이 맞다

현대 강단사학자들이 한백겸의 삼한론을 받들고 옹호하는 한편, 무시하고 비판한 '최치원의 삼한론과 고구려계승론'을 다시 보자.

최치원은 고구려 멸망(668) 후 200년 후의 인물이다. 일연이 『삼국유사』를 쓸 무렵(1285)은 백제와 고구려 멸망 후 610년이 지난 아득한 때의 일이다. 또 권근(權近)이 『동국통감』 외기(外記) 〈삼한기〉에서 '백제계승론'을 펼칠 때는 800년이 지난 까마득한 때이고, 『동국지리지』(1615)를 쓴 한백겸(韓百謙)은 900년이 지난 너무 먼 후의 일이다.

다시 말해 권근과 한백겸은 일연이 쓴 『삼국유사』를 통해 왜곡된 마한 역사를 읽고 이어받은 인물이다. 그런데, 최치원은 역사를 왜곡한 일연보다 먼저 생존하여 역사 왜곡의 가능성이 낮은 사람이다.

네 사람 중 누가 시기적으로 보아 고구려와 마한의 관계를 정확하게 파악할 수 있었겠는가?

최치원은 백제 멸망(660)과 관련하여 시기적으로 가까워서 백제나 고구려의 역사를 소상히 파악할 수 있었던 장점이 있었다. 그 외에 그는 당나라에서 현위 직책으로서 남조 및 중국의 역사서를 읽고 파악하는 것이 가능했을 것이다. 또 '황소의 난' 평정군 절도사 고병(高騈)의 막하에서 종사하는 등 당나라에서 국제 정치의 안목을 길렀을 것이다.

최치원이 '고구려계승론'을 주장하는 데는 또 하나 이유가 있었다고 본다.

최치원은 중국의 사서인 『삼국지』의 〈위지〉 '오환 선비 동이전'과

『후한서』의 〈동이전〉이나 『진서(晉書)』의 〈동이열전〉 마한조에 나오는 '마한'이라는 국가가 '현 중국 땅, 그리고 마안도에 있는 마한'으로 확실히 알고 있었기 때문이라 생각한다.

최치원은 말년에 바다를 건너와 당시 한반도 서남부의 무주(武州, 武珍州)[135] 일대의 주민들이 3세기 이후로 중국의 전란을 피해 이주한 사람들이라는 것을 알고 있었고, 당시 국호를 정하거나 내세울 것이 없는 전남 지역 상황을 파악하고 있었을 것이다.

최치원이 전남·북 지역의 고분[136]과 가까운 경남의 가야산 해인사에서 말년을 보낸 기록이 남아있다.

최치원이 생존(857-904?) 당시 영산강 유역의 땅에 대해 비교적 상세히 알고 있고, 그곳에 분묘(3세기 말에서 6세기)가 존재했음을 인지했을 것으로 본다. 그가 '마한 금마산'론을 언급한 것으로 보아 그 일대를 어느 정도 파악했을 것으로 추론할 수 있다. 당시 그 땅을 누가 보아도 마한국(馬韓國)이라 내세울 만한 조건이 보이지 않았으니, 그가 그 땅을 보며 당나라 동해안에 있었던 백제가 한반도 영산강 유역(마한[137])을 계승의 대상으로 생각하지 않았을 것이다.

『삼국사기』 제46권, 열전 제6 최치원 전(傳)에 보면, '고구려와 백제는 전성기에 강한 군사가 백만이어서 남으로는 오(吳)·월(越)의 나라를

---

135) 신라 9주의 하나, 무주(武州)는 지금의 광주(光州)를 말한다.(이기백, 『한국사신론』, pp.94-95.)
136) 최치원이 생존했을 당시 '마한'이란 명칭이 이 지역에서 사용되지 않았다.
137) 영산강 유역의 마한은 최치원의 사후에 붙여진 이름이다.

침공하였고, 북으로는 유주(幽州)와 연(燕)·제(齊)·노(魯)나라를 휘어잡아 중국의 커다란 좀(위협)이 되었다.(高麗百濟全盛之時 强兵百萬 南侵吳越 北撓幽燕齊魯 爲中國巨蠹)'라는 글이 있다.

이는 김부식이 삼국사기를 편찬할 때, 최치원이 썼다는 문집에서 '당나라 태사 시중에게 올렸다는 장계(狀啓)'를 찾아 소개한 부분이다.

최치원은 자신이 장계에서 말하는 백제는 한반도에 있지 않고 중국 동해안에 있었다는 역사적 사실을 너무나 잘 알고 있었기에 '백제계승론'은 절대로 있을 수 없는 일이다.

따라서 최치원의 삼한인식(三韓認識)이 맞는 것이고, 한백겸의 삼한인식은 틀린 것이다. 이는 흑백의 선택이 아니라 정오(正誤)의 문제이다.

권근의 백제계승론은 '『한반도에 백제는 없었다』는 필자의 주장'에 비추어 보면, 성립될 수 없는 이론이다.

마한사(馬韓史)에 대해, 국내 문헌사(文獻史) 연구자들이 정리한 것을 보면, '마한이 기원전 2세기경부터 한반도 중서부 지역에 자리 잡았고, 백제가 고대국가를 형성하는 과정에서 점진적으로 흡수되었으며, 4세기 후반에는 영산강 유역에 남아있던 잔여 세력까지도 백제에 통합되었다.'고 한다.

국내 문헌사 연구자들은 '백제계승론'에 줄을 서있기 때문에 이렇게 역사 인식이 잘못된 것이다.

그리고 백제가 한반도에 없었으니 '백제계승론'은 곧바로 폐기돼야 한다.

11. 문헌 사학계는 고고학계와 발을 맞춰야 한다

　문헌사 중심 사학자들(국사학계)은 '마한에 대한 고고학계의 연구'가 다소 혼란스럽다고 보고 있다.

　종래 원삼국시대로 지칭되던 시기를 고고학 일부에서는 삼한시대로 부르고 있다는 것이다. 또 삼한의 상한을 기원전 300년까지 소급시키는가 하면, 마한이 기원후 5세기 말 내지는 6세기 중반까지 약 800년간에 존속하였던 정치체라는 주장을 제기한다고 불만이다.

　문헌사 중심 학자들의 기대와는 달리 한반도에서는 기원전 1-2세기에 해당하는 유적과 유물 발굴 사례는 별로 없고, 고고학계에서 4세기 후반(근초고왕)에 백제에 의해 정리되었다던 마한이 5-6세기에도 활동했음을 보여주는 발굴 사례가 계속 등장해 불만을 드러내고 있는 것이다.

　문헌사 중심 학자들에게 물어보고 싶은 말이 있다.

　마한이 기원전 2세기경부터 한반도 남서부지역에 자리 잡았다고 했는데, 그 근거가 되는 문헌이 무엇인가?

　『삼국유사』인가, 아니면 『동국통감』인가, 아니면 또 다른 어떤 문헌이 있는가?

　한백겸의 『동국지리지』이거나 그 이후 조선 후기 실학자들이 쓴 서적들은 왜곡된 문헌사 위에 지어진 사상누각에 불과하다. 이들 문헌이라면 필자의 질문에 답할 수 없게 된다.

　문헌사측은 기원전 2세기라 했는데, 준왕이 위만에게 쫓겨난 기원전 194년을 의식한 것은 아닌가 한다.

필자는 앞글에서, 위만에게 패한 준왕이 바다를 건너가지 않았다는 사실과 준왕이 한반도에 정착하지 않았다는 사실, 그리고 『삼국유사』나 『동국통감』이 '마한의 기원'에 한해서는 왜곡되었다는 점을 분명히 밝혔다.

현대 사학계가 잘못된 문헌에 근거함으로써, 잘못 꿰맨 문헌사가 다시 나오고, 또다시 재탕 삼탕의 재인용을 거치면서 얼기설기 얽혀져 전혀 다른 역사가 되었다고 본다. 그 한 예가 백제사(百濟史)인데 중국 땅에서 출생(건국)하여 사망(멸망)했는데 한반도의 호적등본에 유령 명부로 존재하는 것이다.

그런데 우리 국사학계는 '중국 대륙의 마한'과 '준왕(한왕)의 마한'과 '한반도 서남부의 마한'을 한 솥에 담아 넣어 범벅[138]을 만든 것처럼 '마한범벅사'를 만들어 놓았다.

이처럼 세 가지 마한은 시기적으로나 장소(위치) 면에서 볼 때 분명히 다른 것이다. 비빔밥이라면 내용물을 어렵게 분리해 낼 수 있으나 범벅이 되어 있으니 분류하기란 쉬운 일이 아니다.

필자는 다음 4장에서 한반도의 마한을 별도로 구분하여 전개하려 한다.

20세기 후반에서 21세기 전반에 걸쳐 한반도에서 발굴된 유적을 사례별로 탐색하여 '한반도 마한'을 정리할 계획이다.

---

138) 여러 가지 사물이 뒤섞여 갈피를 잡을 수 없게 된 상태를 비유적으로 이르는 말. 음식 범벅은 밥과 죽의 중간쯤 물기(질기)를 갖는다. 고구마 범벅·옥수수 범벅·호박범벅·밀떡 등이 있다. 호박범벅은 팥이나 콩을 푹 삶고, 청둥호박은 껍질을 벗겨 큼직하게 썰어서 푹 삶아 으깨어 한데 섞어 끓이면서 밀가루를 물에 풀어 넣고 다시 끓인다.

본(3) 장에서 분명히 짚고 넘어가야 할 매듭이 있다.

그것은 앞에서 언급했듯이 『삼국유사』의 월해(越海)와는 분명히 선을 긋고 『위지(魏志)』의 입해(入海)로 알 수 있는 준왕의 피신처에 대한 시각을 확고히 해야만 마한 역사를 제대로 파악할 수 있다고 본다.
이를 구분하지 못하면 마한에 대한 역사의 논쟁은 다람쥐 쳇바퀴를 돌 듯 후세에서도 다시 거듭될 것이 뻔하다.

필자의 지인 중에 한왕(기준왕)에 관심이 많은 분이 있어, 『삼국유사』의 월해(越海)와 『위지(魏志)』의 입해(入海)에 대해 설명하고 의견을 물었더니, 놀랍게도 두 문헌을 모두 합리화하는 대답을 주어 필자가 놀랐다.
"위만에게 쫓겨 황급하게 배를 타고 바다로 갔으니 입해(入海)요, 바다를 건너지 않을 수 없었으니 월해(越海)한 것이 당연하지요."
놀라운 발상이고 새로운 스토리가 전개될 수 있는 가능성을 본다. 이러한 발상으로 역사를 논한다면 진정한 사가(史家)라고 할 수 없다.
필자가 보기에는 냉정한 사가의 기록을 뛰어넘는 일반인의 소설적 발상은 역사 해석에서 배제해야 한다.
이를 보며, 『삼국유사』를 쓰기 전 일연 스님도 그와 같은 생각을 하지 않았나 생각해 보았다.

사가(史家)의 기록은 참으로 냉정하고 정확함을 목표로 삼아야 한다. 우리가 역사를 보는 시각과 해석도 냉정해야 한다고 생각한다.
『위지(魏志)』를 쓴 사가가 왜 월해가 아니고 입해라고 기록했을까?

그가 보는 준왕이 '월해하지 않고 입해했다'고 기록한 것은 마한도에 거했다는 『위략(魏略)』의 기록뿐만 아니라 뤄양에 오는 외교 사신과 장사꾼에 근거하여 사실적 상황을 파악했을 것이다.

그런데 위나라로부터 1,000년이 지나간 후일, 일연 스님이 바라본 황해나 현대에 와서 국내 사학자가 바라보는 황해(바다)에는 준왕이 거처할 만한 섬이 보이지 않았기 때문에 준왕이 월해했다고 본 것 같다.

'바다를 건넜다'가 맞는가, '바다 가운데로 들어갔다'가 맞는가의 논란은 앞에서 강조한 대로 사학자들이 자신의 상식으로 판단할 일이 아니다. 일연 스스로 인용했다고 밝힌 원사료, '『위지(魏志)』'가 문헌상으로 맞는 것이다. 따라서 준왕의 마한은 한반도가 아닌 것이 분명하다.

그런데 앞서 필자의 지인이 말한 것처럼 수많은 사람들이 못 믿기에 필자가 준왕(한왕)의 거한지를 밝힌 것이다.

강단 사학을 옹호하는 사람 중에는 '『위지』의 기록 자체가 맞는 것이냐?'고 괴상한 변명의 질문을 할 수도 있다.

준왕의 거한지가 바다의 섬이라고 밝히는 사서를 필자가 앞에서 인용했는데, 이를 다시 한자리에 모아보면 다음과 같다.

입해라고 기록된 중국의 사서로, 『위지(魏志)』와 『위략(魏略)』, 『후한서』의 〈동이열전〉과 『진서(晉書)』의 〈장화전〉 그리고 『산해경』 제18권 〈해내경〉에서 '곽박(郭璞)의 주석' 등이 있는데, 이들 사서는 일연이 『삼국유사』(1285년)를 쓰기 전에 있었던 서책들이다.

국내 사서로는 일연과 동시대의 이승휴가 쓴 『제왕운기』(1287년)와 범장이 쓴 『북부여기』[139]가 있는데, 이들 모두 준왕이 입해(入海) 했음을 말하고 있다.

그리고 현대에 와서 중국에서 발간된 지도, China Road Atlas(2005 발간)에서 석성의 유적이 남아있는 석성도(石城島, E123° N39°30′)와 대왕가도(大王家島, E123°10′ N39°20′)를 확인할 수 있고, 해저지도, 국립해양조사원 해도(K-2010)를 통하여 이 두 섬의 주변 수심이 5-17m임을 확인할 수 있다.

2,200년 전, 준왕이 피신하여 섬에 거할 당시 상당히 높고 넓은 지대를 유지하고 있었을 것으로 보인다.

이처럼 9개의 도서(圖書)를 근거로 준왕의 입해(入海)를 확인하였으니 다시는 월해(越海)를 고집하거나 거론하는 일이 없어야 하겠다.

그다음으로 살필 것은 '월해'가 아니라 '입해'로 분명히 확인하면서 3세기 이후에 등장한 전남 지역의 마한은 준왕과 연관이 없다는 점이다. 그리고 시기적으로 볼 때 한반도 마한은 중국 사서의 마한이나 준왕의 마한과는 정치적 교류가 없었다고 볼 수 있다

그렇다면 한반도 서남부의 마한은 무엇이며 어디서 유래한 것인가?
앞에서 밝혔듯이 한백겸이 『동국지리지(東國地理志)』에서 한반도 서남부에 마한과 백제를 배치한 것은 일연이 쓴 『삼국유사』와 권근이 주장한 '마한의 백제계승론'에 따른 것이라고 본다.

---

139) 범장은 고려말, 『단군세기』(1363년)를 쓴 이암과 협의한 것으로 보아 같은 시기로 볼 수 있다.

전남 지역의 마한은 '중국의 마한사'나 '준왕의 마한'과는 직접 관련이 없고 '권근과 한백겸에 의해 명명된 마한'으로 파악하고 분석해야 할 것이다.

이는 마한사 연구의 새로운 지평이 될 것으로 본다.

준왕에 대한 역사 기록이 국내『삼국사기』에는 없지만,『삼국유사』나『환단고기』에는 있다.

두 사서의 기록 내용이 조금은 다르지만 앞으로 관심을 가지고 연구해 볼 과제라고 본다. 이를 후학에게 권하고 싶다.

한반도의 유적과 마한 분묘

제4장

한반도의 유적과 마한 분묘

한반도 서남부의 유적을 일방적으로 마한 유적으로 보는 것을 경계한다.
하남 이성산성 발굴과 공주 수촌리 발굴에 대해,
그리고 학계의 해석에 대해
이의(異議)를 제기한다.
한편 영산강 유역의 마한 분묘 양식이 다양한데
학계는 그 원인을 찾지 못하고 있다.

1. 한반도에 산재한 유력 개인묘와 마한 유적

전남 지역에 우리가 알고 있는 마한 분묘[140]보다 더 이른 시기에 조성된 분묘가 있다.

이청규(영남대) 교수의 〈유력 개인묘의 변천과 삼한 초기 사회의 형성〉[141]에 의하면, 고고학적으로는 남한지역에서 일정 집단을 아우르는 실력자의 존재를 입증하는 '유력 개인묘'[142]가 서기전·후의 사례로

---

140) 대체로 3세기 중엽 이후로 본다.

141) 2018 영산강 유역 마한 문화 재조명을 위한 국제학술대회 '영산강유역 마한문화의 재조명'의 기조 발표.

142) 유력 개인묘라는 말은 최종규(崔鍾圭)가 다음의 글에서 처음 개념화하였다. 崔鍾圭 1991, '무덤에서 본 삼한사회(三韓社會)의 구조(構造) 및 특징(特徵)", "한국고대사논총

영남지역에서 다량의 청동기와 함께 철기가 부장된 무덤, 서기전 3-2세기까지 소급되는 사례로 각종 청동기가 부장된 호서, 호남지역의 무덤이 있다고 한다.(이하 이청규의 동 발표 내용 중에서 발췌한 것임)

일본에서도 구주지역의 서기전 2세기-서기 1세기 같은 시기에 거울, 무기 등의 한국식 청동기를 부장한 유력 개인묘와 뒤이어 서기 1세기 전후한 시기에 중국제 거울과 한국식의 청동무기가 부장된 유력 개인묘를 소국의 왕묘라고 추정한 사례가 있다.[143)]

그 당시 국(國)이라는 정치체의 개념이 애매하고, 그 사회 구조를 입증할 수 있는 마을 자료가 전무함에도 불구하고 기본적으로 이러한 주장이 의미가 있다고 생각하는 것은 이들 무덤에 부장된 유물 갖춤새를 통해서 어느 정도 지도자의 대내외적인 권위기반을 설명할 수 있다고 판단하기 때문이다. 구체적으로 각각의 청동기 철기의 기종과 수량에 반영된 용도와 상징, 제작기술 등을 살피고 이를 갖춘 유력 개인묘가 존재한다는 것이다.

유력 개인묘(부여 능산리 고분보다 더 화려한)에 부장된 청동기를 살피면 1)거울(鏡) 2)무기(武器) 3)공구(工具) 4)이형동기(異形銅器) 5)탁(鐸, 방울) 등이 있다. 이전 단계에 남한에 조성된 지석묘와 석관묘에 부장된 유

(韓國古代史論叢)" 2, 한국고대사회연구소.

143) 이청규가 인용한 酒井龍一 1989, '王墓の出現', "彌生農村の誕生", 講談社 福岡縣敎育委員會 1993, '王墓', "邪馬台國への道のり" 福岡市立歷史資料館 1986, "早良王墓どその時代" 高倉洋彰 1990, '金屬器と彌生時代社會', "日本金屬器出現期の硏究"를 재인용함

물이 그 대부분 석검(石劍) 혹은 동검(銅劍) 등의 무기 1점에 한정된 것과 큰 차이가 있다. 무기로서 검(劍)과 모(矛), 공구로서 부(斧, 도끼), 착(鑿, 끌), 사(鉈, 짧은 창검)가 있는데, 전자(검)가 군사적 권위를 반영한 것이라면, 후자(공구)는 기술적 혹은 경제적 상징물로서 이해가 된다. 탁(鐸)은 중원지역에서 악기의 일종이었지만, 요령 지역과 한반도에 이르면서 용도가 다른 제의(祭儀) 도구 혹은 위세품으로 변화하였다.[144]

요서 지역에서 제작 보급되기 시작한 다뉴경(多紐鏡, 잔무늬거울)은 종교적 혹은 정치적 권위의 상징물로서[145] 한반도에서 석제 거푸집으로 제작되었음이 평양 성천과 맹산 등의 사례를 통해 짐작된다. 그 난이도는 다음 단계의 세문경과 비교할 때 그렇게 높지 않아 최첨단 기술을 보유한 전문 장인에 의해 제작되었다고 보기 어렵다.

이형동기(異形銅器)는 의상에 부착하거나 매달아 착용한 검파형동기(劍把形銅器), 방패형동기(防牌形銅器), 원개형동기(圓蓋形銅器)가 있고, 승마용 말의 머리에 장식한 나팔형동기(喇叭形銅器)가 있는데, 모두 피장자의 위엄을 과시하기 위한 장엄구로 이해된다. 나팔형 동기는 그와 유사한 것이 요령성 호로도 주가촌, 심양 정가와자 유적에서 출토되는 것으로 보아 동 지역에서 유래하였지만 남한에 와서 그 형식이 크게 변한다. 이러한 이형동기는 앞서 무기, 공구, 거울처럼 석제 거푸

---

144) 이청규가 인용한 春成秀爾 2008, '銅鐸の系譜', "東アジア靑銅器の系譜", 雄山閣을 재인용함.

145) 甲元眞之 1987, '鏡', "彌生文化の硏究(8)-祭と墓と裝い", 雄山閣. 이청규 2015, "다뉴경과 고조선", 단국대출판부. 이양수 2005, '다뉴세문경의 제작기술', "호남고고학보" 22, 호남고고학회

집으로 주조된 것이 아니라, 밀랍법을 활용한 고급 기술이 동원되어야 제작될 수 있는 것이어서 무기와 공구와 제작기술에서도 차별화된 고급 기종이라고 할 수 있다.[146]

다음 서기전 2세기대에 보급된 각종 청동방울과 같은 제사의례에 직접 쓰이는 무구(巫具)와 달라서 양자를 각기 부장한 무덤의 주인공을 같은 사제왕이라고 하더라도 그 권위기반에 큰 차이가 있다고 보아야 한다. 나팔형동기 등의 이형동기와 팔주령 등의 청동방울을 한 무덤에 공반하고 있는 사례가 지금까지 단 한 건도 없으므로 더욱 양자는 차별화된 주인공의 성격을 말해 준다고 하겠다.

동 단계의 최상급 무덤은 아산만 지역의 아산 남성리, 예산 동서리와 금강 상류인 대전 괴정동에서 확인된 바 있다. 조세문경[147]은 2점 이상, 동검은 8점 이상, 검파형동기는 3점이 거의 공통된다. 다만 괴정동의 경우 동 검은 1점에 그치고 있는 것은 원래 부장된 유물 전부 수습되지 않았기 때문일 수 있다. 중위급 무덤에는 이형동기 없이 다뉴경과 무기 공구 등이 부장되는데 금강 하류의 익산 오룡리, 만경강 유역의 전주 여의동 등의 사례가 바로 그러하다. 최근에 발굴 조사되어 원래 부장된 상황을 그대로 보여주는 만경강 하구의 군산 선제리의 사례를 보면 조세문경 없이 검파형 동기가 부장되는 예외도 있다.

이청규 교수는 이같이 서기전 3세기경 조세문경(粗細文鏡)을 표지로

---

146) 遠藤喜代志 2005, "彌生時代靑銅器鑄造に關する日韓比較 の實驗考古學硏究", 北九州鑄金硏究會를 재인용함.

147) 조세문경은 거친무늬거울〔粗文鏡〕과 정교한 잔무늬거울〔細文鏡〕을 통틀어 말한다.

한 최상급 청동기 부장묘가 호서지역에 등장하는 과정을 어떻게 설명할 것인가라는 연구 과제를 던졌다.

이에 대해 필자가 보기에는 영남에 산재한 '유력 개인묘'가 어떤 면에서 가야사를 푸는 key가 될 수 있다고 본다. 다음 책 가야사를 소개할 때 이 문제를 거론하고자 한다. 그러나 호남, 호서지방에 두루 산재한 '유력 개인묘'로 마한의 분묘를 풀어나가는 데는 한계가 있다고 본다. 왜냐면 영산강 유역의 마한 분묘의 부장품과 유력 개인묘의 부장품은 갖춤새로 볼 때 다르기 때문이다.

한반도 특히 남한 지역에 조성된 지석묘와 석관묘 이후의 묘제를 살펴보면 전남 지역에 기존의 석실분 묘제와 다른 형태의 묘제가 뒤섞여 있음을 발견하게 된다. 그리고 기존 석실분 묘제는 전남 지역의 전방후원분이나 방대형 분묘가 조성되기 이전에 있었던 분묘 형태라 할 수 있다.

다른 형태의 묘제가 뒤섞여 있다는 것은 외래 유입을 의미하며, 이에 따라 기존의 토착 세력과 공존한 것으로 본다.

2. 청동기시대의 검단(黔丹)과 이성산성 왕국 연구

청동기시대에 이미 자리 잡은 토착 세력이란 개념에서 이성산성 발굴 보고서(한양대박물관)가 있는데, 한양대박물관의 보고서와 달리 검토하고 해석해야 할 필요성이 있어, 별도로 소개하려 한다.

한양대박물관이 1986년부터 2020년까지 14차에 걸쳐 발굴한 이성산성(二聖山城) 유적이 있다. 발굴 보고서를 보면, 신라가 한강 유역으로 진출할 때 쌓은 성이라 한다. 그런데 동 유적지에서 상당부분 발견된 할석(割石, 자연석 깬돌)으로 쌓은 초축 성벽과 막초석으로 된 주춧돌 등 철기시대 이전으로 보이는 건축물에 대해서는 언급이 없어 추가 발굴을 촉구한다.

필자가 하남시 검단산(黔丹山)과 이성산성을 중심으로 한 연구, 〈검단(黔丹)은 선사시대 한자 용어의 군사방위 개념이다〉라는 글을 발표[148]한 일이 있다.

먼저, 독자들은 제목에서 '선사시대'와 '한자 용어'라는 모순된 용어 사용, 즉 선사(先史)와 글자 사용이라는 모순을 발견할 것이다. 하지만, 이는 모순이 아니다. 국사학계의 주장과 달리 한반도의 선사시대에 이미 한자 용어를 사용한 흔적이 있음을 밝히려고 하는 연구였다.

사라진 언어 유산에 관한 연구물이므로 이에 관련된 문학지에 발표했는데, 요지는 다음과 같다.

1) '검단(黔丹)'은 군사방위 개념의 용어로 봉수(烽燧)를 의미한다.

'검단(黔丹)을 해자(解字)하면, 낮에는 검은 연기로, 밤에는 불빛으로 교신했다는 의미가 들어있다.

검다 혹은 검은 연기에 그을렸다는 검(黔)이란 글자는 검을 흑(黑)[149]과

---

148) 오운홍, '검단(黔丹)은 선사시대 한자 용어의 군사방위 개념이다', 『해동문학』, 2014 여름, 통권86호
149) 흑黑의 약자略字는 흑(里+火→黑)이고, 본자本字는 2개의 굴뚝 밑에 염炎이 있는 글자 흑이다.

이제금(今)자의 합성어이다. 마을이 불타고 있는(里+灬 =흑黑은 흑黑의 약자) 지금의 상황이다. 이제금(今) 변이 우방변인 것은 '마을이 불타고 있다는 사실 다음에 오는 현상, 즉 검(黔)은 연기'라는 의미의 글자[150]이다.

낮에는 멀리서 잘 보이지 않는 불꽃보다 시꺼먼 연기가 전달 기능이 높다. 불빛은 밝은 햇빛에 가려서 잘 보이지 않으나 연기는 잘 보인다. 검을 흑(黑)을 굴뚝으로 보는 설문 해자가 있고, 검(黔)자를 '검(黔)은 연기로 보는 고사성어'도 있다. 『한서(漢書)』를 편찬한 반고(班固)의 '답빈희(答賓戲)'에 공석불난(孔席不暖)이란 말이 '묵돌불검(墨突不黔)'과 함께 쓰인다. '공자의 자리는 따뜻할 틈이 없다'는 뜻이고, '묵자의 집 굴뚝은 (연기로) 그을릴 틈이 없다'는 뜻으로 난세를 바로잡기 위해

---

150) 필자의 한자 해석에 대해 어느 한학자는 설문해자說文解字(후한後漢 때 허신許愼: AD58경-147경에 편찬) 방식에 어긋난다 했다. 설문해자는 허신許愼이 서기 98년에 초안을 잡아 100년에 완성하였는데, 모두 14편으로 9,353자가 수록되어 있다. 이 책을 만든 목적은 학자들의 그릇된 견해를 풀어주고 성인들이 문자를 만든 신성한 목적을 알리기 위해서다. 설문해자에는 완전하게 그리고 계통적으로 소전小篆을 보전하고 있고 당시 통용하던 고문, 주문 속체俗體가 포함되어 있다. 설문해자는 설문내의 소전과 일부 주문의 형체로 더 오래된 문자를 해독할 수가 있으며, 오늘날 현존하는 고서를 정리, 주석하는데 있어서도 반드시 갖추어야 할 책이라고 본다. 또, 서예 자료에 있어서는 갑골복사甲骨卜辭와 종정관지鐘鼎款識를 연구할 때, 설문해자의 도움을 받아야 할 뿐 아니라 진한이래 간책백서簡冊帛書의 정리, 해독에도 설문해자는 사용된다. 갑골학을 공부하는 학도는 갑골학에 대한 좀 더 세심한 연구를 위해서 설문해자는 꼭 필요하다. 아마도 어순이 다른 동이족과 화산족이 다르게 해석할 여지를 없애고, 고전에 대한 해석의 통일성이 필요했을 것이다. 하지만 설문해자는 AD 이후의 일이고, '검단'이라는 명칭은 BC 이전의 일로서 검단이라는 용어를 사용할 당시 그들은 심오한 한학 수준이 아니었다고 본다.

바쁘게 다니는 군자란 뜻[151]이다. 검(黔)을 연기로 볼 수 있다는 근거를 찾아본 것이다.

검(黔)은 색의 연기는 밝은 낮에 보내는 신호로 사용하면 효과가 크다.

검단의 '단丹'은 불똥(불씨) 주(ヽ)변에 3획을 더하여 붉다는 뜻을 가지고 있는 글자다. 나뭇가지를 얹어놓고 불씨로 불을 지피는 모습이다. 빨갛게 피어나는 불꽃을 뜻한다. 어둠 속에서 붉게 타오르는 밝은 빛은 밤에 효과적으로 전달 할 수 있는 방법이다. 검단은 봉수와 같은 개념으로 볼 수 있다는 추론이다.

2)검단(黔丹)이라는 똑같은 이름의 지명(똑같은 한자를 쓴다)이 이성산성을 중심으로 서울, 인천, 경기, 충북 지역에 10여 곳에 산재 되어있다.
예를 들면 하남시 검단산(黔丹山), 성남시 검단산(黔丹山), 양주 검단산(黔丹山, 현 남양주시 철마산), 교화읍 검단산(黔丹山), 인천 검단면(김포 黔丹面), 남한강 검단(黔丹)마을(검천리), 충주 이유면 검단마을, 남양주시 진접읍 검단(黔丹)마을과 웃검단, 검단천(黔丹川), 금단이들(검단의 들판), 검단이고개, 검단골 등이 있다. 검단이라는 방어 체제를 갖춘 왕국이 한강을 중심으로 넓은 영토를 갖추고 있었다고 본다.

3)하남시 소재 이성산성(왕국 또는 군장국가)에서 볼 때, 하남 검단산은 봉수로의 관점에서 보면 조선시대 한양의 목멱산(남산)에 해당한다.
10여곳 이상 산재된 검단(黔丹) 관련 지명들을 지도상에서 연결하면

---

151) 이덕일, 중앙일보, 이덕일의 고금통의古今通義 난세(1) 2012. 2. 13)

Y자 형의 연결축을 이루고 있다. 서쪽 방향으로 교하(交下) 검단산, 인천 김포의 검단면, 황해도 해주 검단이 있다.

동북 방향으로 양주 검단산(현 철마산)과 진접과 수동 쪽에 검단마을과 웃검단, 검단천, 금단이들(검단의 들판), 검단이고개, 검단골 등이 있다.

동남 방향으로 남한강 검단마을(검천리), 충주 이유면 검단마을이 있어 봉수로를 연상시킨다. Y자 형의 연결축을 이루는 봉수의 군사방위 체제는 이성산성(검단산성) '왕국'을 보위하는 제도라 할 수 있다.

낮에는 검은 연기로, 밤에는 불빛으로 교신(交信)했던 흔적을 찾아낸다면 검단의 군사방위 체제는 더욱 선명해질 것이다.

4) 검단이라는 동음(同音)으로 검단산성(檢丹山城)이 전라남도 순천 해룡면 피봉산에 있고, 검단리(檢丹里)가 울산광역시 울주군에 있다. 두 곳 모두 적의 동태를 파악하고 봉수로 신호를 보내기 적합한 장소이다. 이는 검단이란 용어가 군사방어 체제라는 강한 신념을 심어 준다.

5) 순천 검단산성과 울주(蔚州) 검단리의 검단(檢丹)은 동양의 상고시대 문화의 등고선인 서북고동남저(西北高東南低)로 볼 때 서울 근처의 검단(黔丹)이 먼저이고 이들(순천, 울주) 검단(檢丹)도 같은 개념에서 사용된 것으로 본다. 한자 표기가 다른 것은 문자 문화의 수준 차이로 본다.

순천이나 울주가 경기도 하남시의 검단산이나 이성산성과는 정치적, 군사적으로 관련됐다는 연결 끈은 찾지 못했지만, 당시 안보라는 개념의 용어를 문화적으로 공유한 것이 아닌가 한다.

6) 울주군 검단리 유적이 방사성탄소연대 측정결과 22호 유적

2830±100 B.P.(보정연대 BC880), 59호 유적 2880±70 B.P.(보정연대 BC930), 101호 유적 2660±100 B.P.(보정연대 BC710)이다.[152]

7) 울주 검단리 유적의 보정연대(BC930)로 보아 하남시 이성산성의 축성연대도 BC930년 이전이라고 본다. 문화의 등고선인 서북고동남저(西北高東南低)로 볼 때 서울 근처의 검단(黔丹)이 먼저라고 추론할 수 있다.

8) 이성산성 발굴 보고서(한양대박물관)는 성벽을 초축한 시기를 진흥왕 14년(553) 전후로 보고 있다. 진흥왕 때 한산주 설치와 관련지어 본 것 같다.

필자는 보고서와 다른 의견을 갖고 있다.

북한산에 설치했다는 '진흥왕 순수비'를 보면, 비석을 각이 지게 다듬었고 글자를 새겨 넣을 정도로 '철 연장'을 사용하던 시기이다. 이성산성의 동문(東門) 부근에는 쇠붙이로 다듬은 '옥수수알 모양의 성돌'로 성벽을 보축한 흔적이 보인다. 성벽을 보축한 때가 한산주 설치 시기로 본다.

산성에서 발굴된 초축(初築) 성벽(城壁)과 구각정(九角亭), 팔각정(八角亭), 전각(殿閣)의 주춧돌들이 모두 다듬어지지 않은 할석(割石, 자연석 깬 돌)이다. 연장을 사용하지 않은 점으로 보아 철기시대 이전인, 청동기시대에 조성된 것으로 보인다.

---

152) 한국민족문화대백과, 울산 검단리 마을유적(부산대학교박물관, 1995)

3. '이성산성'보다 '검단산성' 명칭이 더 타당하다

9)이성산성의 유래인 이성(二聖)을 백제의 시조 온조(溫祚)와 그의 형 비류(沸流)라 했는데, 이곳이 백제의 땅이라고 생각한 사람들에 의해 후일 조선시대 특히 한백겸 이후에 붙여진 이름인 것 같다. 이성산성 축성과 이성(二聖)은 연대상으로 맞지 않으며, 한반도에 백제가 존재하지 않았으므로 더욱 맞지 않다고 본다. 따라서 이성산성은 잘못 붙여진 이름이다.

'이성산성(二聖山城)'보다 '검단산성(黔丹山城)'이 더 적합한 명칭이라 할 수 있다.

10)최근 춘궁동을 중심으로 하여 이성산성과 남한산성 북편을 아우르는 토성이 발견되었는데, 이성산성 왕궁과 춘궁동 일대를 아우르는 군장국가 수준의 도읍지(왕궁)로 상정할 수 있다.

11)이성산성을 중심으로 반경 10㎞ 범위 안에 있는 지금의 하남시, 서울의 강동구, 송파구, 강남구의 강변 일대는 옛날 홍수 피해지역이다. 이 지역 안에 송파구 풍납토성과 강동구 암사동 선사유적지가 있다. 암사동 유적지 발굴 결과 신석기 문화층 유물이 발굴된 바 있다. 이성산성은 지형적으로 볼 때, 이들 홍수 지역을 다스렸을 것으로 보며, 홍수 피해가 없는 춘궁동과 산성지역을 선정하여 도읍지로 삼았을 것이라 여겨진다.

12)이성산성 중심 10㎞ 범위 안에 있는 한강 남쪽 연안은 청동기시대

이전(암사동 선사 유적)부터 현대(1929 을미 대홍수)까지 홍수 지역이었다. 이와 관련하여 이성산성에는 하늘에 제사를 지낸 구각정 터가 있다.

　구각정(九角亭)의 9라는 숫자는 가장 안정된 세발(三足)의 삼정(三鼎)이니, 구천(九天)을 떠받든다는 의미로 천단(天壇)을 가리킨다.

　구각정 터 중심부에 4개의 주춧돌이 모여있는 것으로 보아 2층 구조의 건물임을 알 수 있다. 또 구각정 터 옆에 장방형 전각터가 잇대어 있다.

　전각터의 규모로 보아, 제사 음식을 만드는 '공방', 왕을 중심으로 제사에 참여한 신료들이 음복했을 '대청마루'가 있었을 것으로 짐작할 수 있다.

13)성(城)과 청동기시대의 왕궁(王宮)터, 제단(祭壇)을 갖추었다는 것은 국가 단계를 형성했다고 볼 수 있다.

　이성산성을 한산주의 치소나 군대 주둔 시설로 축성된 성이라면 성 안에 갖추어진 구각정과 팔각정이란 제단을 설명할 수 없다. 다시 말해 왕이 국가적 차원에서 제사를 지내는 것이지, 성주나 장군이 할 일이 아니다.

　이성산성은 국가 수준의 도읍으로 본다.

14)이성산성 안에는 저수지 유적이 3곳 있다. 큰 저수지 2곳이 모두 인공으로 쌓은 천수조[153]이다. 위쪽의 작은 저수지에는 건수(乾水)가 조금씩 흘러 겨우 모아둘 형편이다. 천수조를 성안에 마련할 정도

---

153) 이성산의 지층구조가 북동쪽으로 기울어져 있는데 산성은 남쪽 비탈에 있으므로 산성 안에는 수맥이나 샘물을 기대할 수 없다.

라면 만약의 사태, 즉 옥쇄 전까지 버틸 수 있게 마련한 것이라면, 군사기지가 아니라 왕국의 도읍으로 봐야 한다.

15)이성산성 북문 밖에 '상화울(桑花鬱)'이라는 마을이 있다. 지금은 마을 이름으로 남아있지만, 당시는 지명이었을 것이다. 우리나라 지명 대부분이 2음절로서 우리 귀에 익숙한데, '상화울'은 3음절로 옛 지명의 느낌이 든다.

그리고 이성산성을 '왕국'과 관련이 있다고 보는 이유 중의 또 하나는 '상화울' 이름 그대로 궁중 여인들이 뽕을 따고 꽃구경했을 것으로 짐작이 간다. 궁중 여인이 뽕을 따고 누에를 친다는 것은 왕과 귀족에게 필요한 호화로운 옷을 만들 때 필요한 명주나 비단을 볼 때 이성산성을 왕성으로 볼 이유가 하나 더 늘어나는 것이다.

뽕나무는 습한 땅이라야 잘 자란다. 이성산성 북문(北門) 밖에 뽕나무 밭이 있다는 것은 이성산의 지하수가 북쪽으로 흐른다는 것이고, 앞서 이성산성 안의 저수지가 천수조라는 주장을 더욱 선명하게 해준다.

16)이성산성의 초축 성벽이 할석으로 축성된 것을 보면 청동기시대에 쌓은 성으로 보인다. 한양대 박물관에서 14차(2020년)에 걸쳐 발굴한 결과 백제와 고구려 유물은 없고 신라 유물만 나왔는데, 학자(S대 교수 등)에 따라서는 수용하지 못해 반발한 사례[154]도 있었다.

필자가 보기에는 신라유물이 나온 것은 진흥왕 때 영토를 개척하고

---

154) 오운홍, 『한반도에 백제는 없었다』, p.35.

확장하는 과정에서 한산주(漢山州)의 관청을 이성산성과 춘궁동 일원에 둔 것과 연관이 있는 것으로 보이고, 백제의 중심부라고 보는 이성산성에서 백제유물이 발견되지 않는다는 것은 '백제가 한반도에 존재하지 않았다'는 증거이며, 고구려 유물이 나오지 않는 것은 백제가 없었으니 장수왕이 백제 개로왕을 제거하려 그곳에 갈 일이 없었던 것이기 때문이다.

그런데 일부 학자나 향토사학자와 그에 편승한 TV 방송국에서 백제 유물이 있지 않나 하는 호기심으로 기웃거리는 모습을 가끔 방송으로 보게 되는데, 그들만의 역사 인식에 따라 해석하려는 경향이 엿보인다. 예를 들면 백제 땅이란 가정 아래 기와 조각, 도자기 조각은 물론 돌멩이 하나라도 (존재하지도 않은) 백제 것으로 보는 경향성이 있다.

17) 이성산성에서 내려다보이는 반경 10㎞ 범위 안에 한강 유역의 암사동 유적과 미사리 유적이 보인다.

이 두 지역에서 '뾰족(한) 밑 팽이형 빗살무늬토기'가 발굴되었는데, 이를 줄여 '뾰족 밑 빗살무늬토기'라 부르고 있다. '한강에서 발굴된 뾰족 밑 빗살무늬토기의 편년은 늦게 잡아도 BC6500-BC5000년 경에 사용되기 시작한 것으로 볼 수 있다.[155]

이는 이성산성과 그 주변의 유물이 청동기시대임을 확증하고도 남음이 있다.

필자는 국사학계와 향토사학자들에게 '청동기시대 이성산성의 거

---

155) 신용하, 고조선 국가형성의 사회사, 지식산업사, 2010. pp.56-59.

대한 왕국에 대한 연구'를 권하고 싶다. '춘궁동(春宮洞)과 이성산성을 포함한 왕국의 도읍지' 중에 당시 이성산성은 왕궁(王宮)에 해당된다고 보고 있다.

이를 종합하면 이성산성(검단산성)을 중심으로 한, 가칭 검단국(黔丹國) 혹은 검단 세력이 한자 용어인 검단(黔丹)이라는 지명을 사용하며, BC9세기 이전부터 존재하고 있었다고 할 수 있다.

이성산성 유적을 살펴본 까닭은 영산강 유역에 마한 유적이 성립되기 전에 이미 한반도 서남부에 군장국가가 존재하고 있었다는 실증 자료 제시와 함께 청동기시대 한반도에도 밝혀지지 않은 왕국이 존재했음을 말하고자 함에 있다.

이청규 교수가 앞에서 서기전 3세기 경에 조세문경(粗細文鏡)을 표지로 한 최상급 청동기 부장묘가 호서지역에 등장하는 과정을 어떻게 설명할 것인가라는 연구 과제를 던졌는데, 여기(검단)의 경우처럼 호서지역에도 이름이 알려지지 않은 군장국가와 연결된 분묘가 있지 않나 연구할 필요가 있고 본다.

4. 공주 수촌리 유물과 학계의 해석을 보며

다음에 소개하는 수촌리 유물 발굴과 해석은 충남지역의 역사를 다시 보게 한다.

충남 공주 수촌리 발굴(2003.12)이 있었는데, 학계에서는 백제 무령왕릉 이후 최대의 발굴조사라는 평가를 하고 있다.

다음은 관련 신문 기사이다. '불과 300평 남짓한 구릉(발굴 2지역)에서 백제 무덤 6기가 확인됐는데 그 속에서 금동관모 2점과, 금동신발 3켤레, 중국제 흑갈유도자기 3점, 중국제 청자 2점, 금동허리띠 2점, 환두대도 및 대도 2점 등 백제사(?)를 구명할 수 있는 찬란한 유물들이 쏟아졌다. 이렇게 많은 백제의 금동제 유물이 쏟아진 것은 무령왕릉 이후 처음 있는 일이었다.

농공단지 조성을 위한 사전 작업으로 시작된 발굴은 〈충남역사문화연구원〉이 맡았고, 책임자는 이훈 연구실장(현 공주대 공주학연구원)이었다. 이훈은 발굴대상을 1지역(1,000평), 2지역(300평)으로 나누었고, 먼저 1지역부터 조사하기 시작했다.'(출처: 〈경향신문〉 '뼈대 있는 가문 5대가 묻힌 백제시대 선산'에서 발췌, 2017.12.21.)

다음에 전개하는 글은 수촌리 발굴 관련 방송의 보도 내용, 'KBS HD 역사스페셜-금동신발 속의 뼈, 그는 누구인가(2005.7.8. 방송)'를 중심으로 발췌하여 소개하면서 필자가 느끼는 역사 인식과 의문을 끼워 넣어 정리한 것이다.

"지금까지 금동관모나 금동신발이 나온 예는 있습니다. 하지만 이렇게 한 지역에서, 세 개의 무덤에서, 세 켤레의 금동신발이 나온 예는 없습니다. 처음이죠."(이훈, 충남 역사문화원 연구부장)

발굴자는 한 지역에서 2개의 금동관과 세 켤레의 금동신발이 나온 것은 일반화할 수 없는 특이한 발굴 사례임을 강조하고 있다.

"현재까지 나온 것으로 봐서도 수촌리 금동관은 아마 그 무령왕릉의 금관 장식에 걸맞은 그러한 화려한 금동관으로 보여지고, 나주 반남면 신촌리 금동관보다 더 화려한 맛이 있고, 따라서 미학적으로 더 수작으로 보입니다."(이종선 관장, 경기도박물관)

나주에서 발굴된 금동관보다 기술 수준이 높은 것으로 평가하고 있다. 무령왕릉 유물 이상의 가치를 강조하고 있다.

필자가 보기에도 무령왕릉의 금제관식을 빼놓고 비교하면, 이곳 유물이 그에 못지않다고 본다.

KBS HD 역사스페셜이 방영한 이 지역은 공주 수촌리 2지역이고, 그 옆에 수촌리 1지역은 이보다 먼저 10월 20일에 발굴하였다고 한다.

1지역에서는 청동검(한국형 세형동검)과 청동꺾창(靑銅戈), 청동창(靑銅矛·끝을 뾰족하게 하여 찌르는 창의 일종), 청동도끼, 청동조각도 등 청동기 세트가 한꺼번에 쏟아져서 환호(歡呼)하고 있는데, 2지역 1호분에서부터는 몇 세기를 뛰어넘는 놀라운 유물이 발굴된 것이다.

2지역 발굴 도중 4호분에서 부러진 관옥이 출토되었다. 곧이어 5호분에서도 부러진 관옥이 출토되었는데, 두 무덤에서 나온 관옥의 부러진 부분을 맞추었더니 서로 일치했다. 하나의 관옥을 둘로 쪼갠 것임을 알 수 있다. 생존에 부부나 가족이었음을 알 수 있다.

2지역 수촌리 고분군이 차지한 넓이는 200평 남짓, 작은 규모다.

이곳에 다섯 개의 무덤이 배열되어 있는데 그것도 일정한 방향성을 갖고 규칙적으로 조성되어 있다.

"수촌리(2지역) 무덤군은 1호, 2호의 토광묘와 3호, 4호, 5호의 석실분이 시계 반대 방향으로 돌아가면서 시대순으로 조성되어 있습니다.

1호, 2호는 직선상에 놓여있고, 4호와 5호는 서로 병렬되어 있는데 이런 걸로 봐서 부부 묘로 추정됩니다. 따라서 이 지역은 3대에 걸쳐

직계가족의 가족묘역군으로 조성된 게 아닌가 생각됩니다."(이훈, 충남 역사문화원 연구부장)

가족묘로 조성된 수촌리(2지역) 무덤군의 조성된 시기는 국사학계(한국민족문화대백과사전)에서 4세기 말에서 5세기 전반으로 보고 있다. 또 무덤의 주인공이 백제왕은 아닌 것으로 보고 있다. 그리고 수촌리 1지역 무덤군은 2지역의 조상묘로 보고 있다.

KBS HD 역사스페셜에서 나레이터(고○심)는 계속하여 이어간다.
"수촌리 고분에서 발굴된 금동관을 정확한 데이터를 통해 직접 복원해봤습니다. 어떻습니까? 정교한 용무늬 하며 달랑달랑하며 빛을 내며 반짝이는 장식들, 정말 화려하지 않습니까?
그런데 금관 전문가는 이 금동관이 단지 무덤에 가지고 들어가는 부장품이 아니라 생존에 직접 썼던 것으로 추정하고 있습니다.
이 화려한 금동관을 직접 썼던 인물이라면 정말 왕이었을까요?
이 문제에 대한 해답은 그리 간단하지 않습니다.
금동관을 썼다고 다 왕이라고 단정하긴 힘듭니다.
지금까지 신라지역에서 발견된 수장급 무덤에서도 금동관이 발굴된 예가 있기 때문에 수촌리 고분에서 화려한 금동관이 발굴되었다고 해서 무조건 왕이라고 단정 짓기는 어렵습니다.
그 해답을 얻기 위해서는 이 고분이 만들어진 시기를 알아봐야 합니다.
그렇다면 이 수촌리 고분은 과연 언제 만들어진 것일까요?"

수촌리 고분은 어느 시기에 만들어진 것일까?

국립부여박물관에 전시된 사비 시대의 유물들을 보면, 대표적인 유물로 은으로 만든 허리띠와 꽃장식 등이 있다. 사비시대(?) 유물에는 금동제품이 전혀 없고 모두 은(銀) 제품뿐이다.

　"백제 사비시대에는 금동신발이 모두 사라집니다. 은으로 만든 꽃장식, 은으로 만든 허리띠, 이 두 가지가 유일한 것입니다."(이한상, 동양대 박물관 관장)

　국사학계는 수촌리 금동신발이 사비시대 이전에 만들어진 것으로 보고 있다.

　이는 수촌리 고분 모두, 백제가 사비로 천도한 538년 이전에 만들어진 무덤군임을 말해 준다. 수촌리 고분은 538년 이전에 조성된 것으로 본다.

　그런데 고분 조성 시기를 보다 구체적으로 알 수 있는 유물 하나가 발굴되었다. 중국제 자기(瓷器) 계수호다.

　"이것은 흑유계수호(黑釉鷄首壺)라고도 부르고 흑갈유계수호(黑褐釉鷄首壺)라고도 불리는 것입니다. 이 무덤은 이것이 출토됨으로 해서 5세기 초,중까지 더이상 내려가지 않는 것으로 판단하고 있습니다. 그래서 이것은 이 무덤의 시기를 편년할 수 있는 기초자료라고 할 수 있겠습니다."(이훈, 충남 역사문화원 연구부장)

　필자는 두 고고학자의 의견을 종합하여 수촌리 3-5호분이 조성된 시기를 5세기 초,중에서 538년(성왕의 부여 천도)으로 보고 싶다.

　KBS HD 역사스페셜은 지리적 측면에서 수촌리 유물에 접근을 시도하고 있다.

　조선시대 지리지에는 공주가 수심이 얕아 큰 배가 드나들기 어렵다는 지적이 있다.

부여 말고도 금강을 이용해 방어하기 좋은 지역은 금강 북쪽에도 많다. 금강의 물줄기를 따라 북쪽에 자리한 충남 연기군 금남면 일대. 이곳은 천혜의 군사 방어지일 뿐 아니라 넓은 평야도 펼쳐져 있다.

백제는 이런 곳을 놔두고 왜 군이 공주를 선택했을까?

"강력한 세력이 자기 영향력을 발휘할 수 있는 지역으로 데리고 왔다고 생각합니다. 그런데 지금까지 고고학적으로 발굴한 것에 의하면 수촌리가 가장 가깝고 가장 화려하고 가장 오랫동안 번성한 세력입니다. 우연인지도 모르겠습니다만 금강을 경계로 남·북쪽에 있고 북쪽에 수촌리 세력이 있으면서 남쪽에 도읍지(공산성)가 있다는 것은 결국 이 세력이 도읍지를 옮기게 한 게 아니냐는 것입니다."(이남석 관장)

수촌리 세력이 공주를 도읍지로 끌어들였다면 과연 누구일까?

그 단서는 부여 남쪽 성흥산성에 있다고 한다.

그곳은 백제 때 가림군이었고 그래서 가림성[156]으로 추정되는 곳이라 한다.

동성왕이 자주 사냥을 나갔다는 기록을 근거로 해서,

"동성왕은 세 차례 이곳 사비 지역으로 사냥을 나오게 됩니다. 그것은 동성왕이 사비 지역으로 도읍을 옮기고자 했던 것으로 생각이 되고, 그 결과 사비도성을 방어하기 위해서는 성곽을 쌓아야 하는데 이 지역이 금강으로 들어가는 초입에 위치한 가장 전망이 좋은 지역이

---

156) KBS HD 역사스페셜은 공주 땅이 백제의 영토 안에 포함된다는 전제 아래 제작된 것이다. 필자의 주장, 『한반도에 백제는 없었다』에 따르면, 가림성(加林城)은 중국 땅에 존재한다.

됩니다."(강종원, 충남 역사문화원 연구위원)

　동성왕이 이곳에 성을 쌓고 자주 사냥을 나간 것은 수도를 부여로 옮기고자 하는 의도였다는 것이다.

　가림성을 쌓은 동성왕은 자신의 최측근 백가를 이곳의 성주로 임명한다. 그러나 가림성 성주였던 백가는 이곳에 사냥을 나왔던 동성왕을 자객을 보내 살해한다.[157]

　왕의 최측근(비서실장, 경호책임자)이었던 백가가 왜 동성왕을 죽였을까?

　백가는 백제가 공주로 옮긴지 11년 된 후 486년, 위사좌평에 오른 인물이다.

　위사좌평이란 백제왕의 경호책임자로 최측근이다.

　"백가를 공손히 맞아들여 위사좌평을 삼았다."(486년)는 기록이 『삼국사기』〈백제본기〉에 있다. 기록에 의하면, 백가는 가림성 성주로 가지 않으려 했다. 그 뜻이 이루어지지 않자 자신이 모시던 왕마저 죽인 것이다. 그 이유는 동성왕이 부여로 도읍을 옮기려는 상황에서 자신마저 공주 지역에서 떠나게 되자 위기의식을 느낀 나머지 극단적인 행동을 선택한 것이라고 사학자들은 보고 있다.

　"백씨의 경우, 동성왕 때 부여 가림성을 축조하고, 그쪽에 성주로 보내려고 하지만 백가는 가지 않으려고 하지요. 그것은 공주 쪽이 자신의 세력기반이기 때문에 다른 지역으로 간다는 것은 곧 자신의 정치적 기반이 무너지는 것을 염려했던 것으로 볼 수 있습니다.

　이런 사실들로 볼 때 수촌리 고분군을 조성한 세력으로 백씨를 보

---

157) 김부식, 이재호 옮김, 『삼국사기』〈백제본기〉, p.366.

아도 큰 문제는 없을 것으로 보입니다."(강종원 연구위원)

　필자로서는 이해할 수 없는 해석이다. 공주와 부여는 거리상으로 가깝다.(직선거리 25㎞) 또 부여의 성주로 가 있으면 사비 천도 때 공주와 부여를 잇는 넓은 세력 기반을 형성할 수 있는 절호의 기회인데 말이다.

　KBS HD 역사스페셜은 수촌리에서 발굴된 구슬을 분석하였다.
　구슬의 가치를 알아보기 위해, 구슬에 대해 연구하는 공주대학교 김규호 교수를 찾아갔다.
　김교수는 구슬의 재질과 제작방법을 정밀 분석하여 구슬의 원산지를 알아냈다.
　"이 모자이크 구슬은 우리나라에서 출토된 예가 많지 않은데요, 이런 계통은 인도네시아, 자바 쪽과 밀접한 관련이 있지 않나 생각되구요, 유리구슬 중에서도 적색의 구슬에 가장 관심이 가는데요, 이것 역시 인도네시아와 밀접한 관련이 있는 것으로 생각됩니다."(김규호, 공주대 문화재보존학과 교수)
　수촌리 지배층은 인도네시아산 구슬을 사용했을 정도로 부를 누렸던 사람들이다. 당시 백제에서는 구슬이 비단이나 금이나 은보다 더 귀한 것으로 여겨지고 있었다.
　수촌리 가까이 있는 무령왕릉에서도 수많은 구슬이 나왔는데 '화학성분 분석 결과 인도 남부나 태국산일 가능성'이 제기됐다.[158]

---

158) 조선일보, '50년 전 오늘, 한국 고대사의 블랙박스가 열렸다', A18. 2021.7.8.

5. 미스터리 한국사를 만들어내는 역사 왜곡의 현장

수촌리 주인공들은 어떻게 인도네시아산 구슬과 중국산 자기를 구할 수 있었을까?

그들이 직접 교역을 해서 구한 것인가?

금동관과 금동신발 역시 지방 세력이 스스로 만들 수 있는 게 아니다. 그것 역시 백제왕이 하사한 것이라고 국사학자들은 보고 있다.

그렇다면 왕은 왜 이런 귀한 물건들을 지방 세력들에게 주었을까?

"국내에서 구할 수 없는 중국의 물건이라든지, 또 신임의 징표가 되는 용봉환두대도(龍鳳環頭大刀)라든지 이런 것을 내려주면서 일정한 대우를 하게 됐다고 얘기할 수 있습니다. 이것은 백제가 지방을 전면적인 지배를 할 수 없는 그런 상황에서 토착세력과 손을 잡고 거점 지배의 행태 속에서 양자의 관계와 역할을 엿볼 수 있는 그런 유물로 평가됩니다."(이도학, 한국전통문화학교 문화유적학과 교수)

백제왕이 지방 세력을 끌어안았다는 주장에 대해 필자는 동의할 수 없다.

백제의 통치 수단은 토착 세력과 손을 잡는 방식이 아니다. 예를 들면 '주(周)나라처럼 모든 땅은 나라의 것인데, 다만 가운데 땅은 왕실에서 직접 관리하고, 나머지 지역은 제후들에게 맡기고 그 대신 제후들은 나라에 세금을 바쳐 충성하도록 하는 봉건제식 통치'가 아니었다. 봉건제식 통치는 넓은 국토를 확보한 강역 국가의 통치 방법에 알맞은 제도이다.

그런데 백제는 상업 국가로 출발하여 강역 국가가 아닌 영역 국가[159]
이다. 다시 말해 해상교역 루트로 이어지는 영역 국가인 셈이다.

양나라의 〈양직공도(梁職貢圖)〉(521년)에 보면, '그(백제) 나라에는 22
담로가 있는데, 모두 왕의 자제와 종족(친)에게 나누어 다스리게 했다
(有二十二檐魯, 分子弟宗族爲之)'고 한다. 담로(檐魯)의 로(魯)에는 '어업에 종
사한다'는 의미가 들어있는데. 백제의 담로는 해변을 끼고 있는 군현
과 같은 수준이라 할 수 있다. 이들 담로의 연결이 곧 해상교역 루트
가 된다.

이보다 앞서 백제와의 관계를 기록한 송(宋, 420-478년)나라의 역사
서, 『유송서』(남제 때 편찬)의 기록을 보면, 여비(餘毗, 비유왕)가 사망하
니 아들 부여 경(慶, 개로왕)이 보위를 이었다고 하면서, 여경(餘慶)이
457년(世祖大明元年) 사신을 보내 관직을 요청하니 허락하였다. 458년
(大明二年) 백제왕 여경이 사신을 보내 표문을 올렸다.[..생략... 벼슬을
주십시오.]라는 기록이 있다.

그 기록에 보면, 행관군장군우현왕(行冠軍將軍右賢王) 여기(餘紀)는 관
군장군(冠軍將軍)으로, 행정로장군좌현왕(行征虜將軍左賢王) 여곤(餘昆, 곤지
왕)과 행정로장군(行征虜將軍) 여훈(餘暈)은 정로장군(征虜將軍)으로, 행보
국장군 여도(行輔國將軍 餘都, 문주왕)와 여예(餘乂)를 모두 보국장군(輔國將
軍)으로, -후략-(毗死, 子慶代立. 世祖大明元年, 遣使求除授, 詔許. 二年, 慶遣使上表
曰:「臣國累葉, 偏受殊恩, 文武良輔, 世蒙朝爵. 行冠軍將軍右賢王餘紀等十一人, 忠勤宜
在顯進, 伏願垂愍, 並聽賜除.」 仍以行冠軍將軍右賢王餘紀為冠軍將軍. 以行征虜將軍左

---

159) 오운홍, 『한반도에 백제는 없었다』, pp.214-215.

賢王餘昆, 行征虜將軍餘暈並為征虜將軍. 以行輔國將軍餘都, 餘又並為輔國將軍...)

　개로왕은 부여족의 전통을 계승하여 가까운 왕족인 여기를 우현왕, 동생인 여곤(곤지)을 좌현왕에 임명하고 각각 관할 지역을 통치하게 하여 지방 통치를 강화하였다. 또 개로왕은 중앙의 신료 및 지방 토호들에게 왕, 후 등의 지위를 부여하고 자신은 왕 중의 왕이라는 대왕의 지위에서 통치하는 형식을 취하였던 것 같다. 이처럼 백제는 왕의 자제와 종족(친)에게 나누어 다스리게 했던 것이다.
　위 벼슬 이름을 보면, 좌·우현왕제는 북방 유목 민족에서 행해지던 통치 체제로 왕은 중앙을 통치하고 가까운 왕족(또는 왕위계승권자)을 좌현왕과 우현왕으로 임명하여 지방 통치를 맡기는 일종의 분할 통치 체제이다.[160] 여기 나오는 여(餘)씨는 모두 백제왕의 종친이다.

　그런데 국내 사학자들은 수촌리 고분에서 출토된 유물을 해석할 때, 중앙정부(백제)로부터 정치적 관계에서 왕의 하사품으로 보고 있다.
　이는 또 하나의 미스터리 역사를 만드는 현장을 보는 것 같다. 이와 같은 국사학계의 해석에 대해 필자가 이해할 수 없는 점이 있어 몇 가지 의견을 개진한다.

　1)금동관 2점, 금동신발 3켤레, 중국제 흑갈유도자기 3점, 중국제 청자 2점, 금동허리띠 2점, 환두대도 및 대도 2점, 수백 점의 유리구슬이 한꺼번에 나온 것을 무령왕릉 유물에 비교하면, 왕의 금제관식

---

160) 오운홍, 『무령왕릉의 비밀』, pp.156-158.

을 빼고는 거의 비슷하다고 볼 수 있다. 이 모든 것을 백제왕의 하사품으로 보기에는 무리가 있다고 본다.

또 학계는 가족묘로 보고 있는데 화려한 유물 갖춤새로 볼 때 왕 혹은 제후의 묘라는 의문을 떨쳐버릴 수 없다. 더구나 '생존에 금동관을 썼다'는 것은 예속되지 않은 존재감을 나타내는 상징으로 본다.

마한사 연구의 임영진 교수는 '금동관은 독립된 세력의 최고 지배자를 상징하는 것이므로 신하에게 하사될 수 있는 것(금동관)이 아니다.[161]'라는 주장을 내놓았다. 필자가 보기엔 백제왕의 하사품으로 볼 수 없다.

2)백제라는 중앙정부가 지방세력에 내린 하사품이라면 어떤 작위를 주었을 것이고, 그 표징(標徵)이 될만한 글자[162]나 물품이 있어야 한다고 본다. 수촌리 유물에서 그런 표징이 발견되지 않는다는 것이다.

3)또 수촌리 말고도 곳곳에 포진한 지방세력의 우두머리가 있었을 것이고 그들에게 내린 하사품이 경중에 따라 물품 비중은 다르더라도 지방세력으로 분류되는 여러 곳에서 수촌리 유물과 비슷한 물품이 발견돼야 한다. 그런데 그런 사례는 발견되지 않고 있다.

과연 백제 왕이 두루 관장하는 토착 지배세력에게 내린 하사품으로 볼 수 있느냐 하는 의문이 앞선다.

---

161) 임영진, 『우리가 몰랐던 마한』, pp.48-49.

162) 동성왕(481-501) 때는 근초고왕이 박사 고흥을 시켜 한자로 서기를 쓰기 시작한 375년 보다 100여년이 지난 때이다. 교지나 명패가 있을 수 있다.

4)출토된 중국 자기를 근거로 해서 5세기 초,중까지 더이상 내려가지 않는 것으로 판단하는 것은 이해할 수 있으나 수촌리(2지역) 무덤군이 조성된 시기에 대해 국사학계(한국민족문화대백과사전)에서 4세기 말에서 5세기 전반으로 보는 데는 문제가 있다고 본다.

왜냐하면, 우선 중국에서 생산되는 도자기가 한반도로 곧바로 직송되는 것도 아니고 설령 왕실에서 마련했다 하더라도 보관 등 절차를 거치기 때문에 시간 차이가 생기게 마련이다.

두 번째로 생각할 것은 이와 유사한 청자육이호(靑磁六耳壺)나 흑갈유장경사이병(黑褐釉長頸四耳甁)이 무령왕릉(6세기 전반에 조성)에서도 나왔다는 점이다.

필자는 두 고고학자(이한상, 이훈)의 견해를 종합할 때 금동신발이 사용된 연대는 450년(5세기)에서 538년 사이라고 보고 싶다.

5)수촌리 고분 1지역과 2지역의 관계 해석에도 문제가 있다고 본다.

먼저 수촌리 지역 일대에서 1지역과 2지역 외 다른 어디에도 분묘 형태의 고분이나 퇴묘가 발견되지 않는다는 점에서 두 지역이 선조와 후손으로 직접 연결된다고 보고 있다.

그렇다면 1지역의 청동기(약간의 철제) 유물에서 갑자기 무령왕릉급 유물과 같은 수준의 2지역으로 곧바로 이어진다는 점이 역사의 발전 단계를 초월한 것인데 이 점이 또한 미스터리라는 것이다.

이와 같은 점을 종합할 때, 수촌리 지역 외에 다른 지역에서 1지역과 2지역 사이를 연결할 수 있는 제3의 분묘 지역이 있는지 더 찾아봐야 하며, 만약 없다면 2지역의 석실 분묘가 무령왕릉 조성 시기와 비슷한 연대가 아닌가 한다.

국사학계에게 탄소연대 측정을 통해 보다 정밀한 연구를 권하는 바이다.

6)수촌리 일가에 대하여, 사학계의 원로가 『삼국사기』〈백제본기〉에 기록된 '백가(苩加)를 끌어들인 주장'에 대해 다른 사학자들이 별도의 의견을 내지 않은 것을 보며 이들 원로 사학자의 의견에 대체로 공감하는 것이 아닌가 한다.

수촌리 2지역 무덤군을 백가(苩加)의 가족묘로 본다면, 그리고 출토 유물의 격으로 본다면 동성왕의 비서실장(위사좌평)으로서 부정 축재를 했거나 백제 왕실을 능멸한 것으로 보인다.

만약 백가네 가족묘라면 백가가 반역을 해서 참수형을 당했는데, 삼족을 멸하던 시대에 그 가족묘도 파헤쳐져서 조상들도 부관참시를 당했을 텐데 유골과 유물이 온전한 것을 보면 백가네 가족묘는 아닌 것 같다.

이같이 백가와 관련지어 해석함은 잘못된 견해라 할 수 있다.

7)수촌리 출토 유물에 대해 중앙정부(백제)의 하사품이라고 말하고 있는데, 유물의 종류별로 분류하면, ①금은 세공품인 금동관과 금동신발과 환두대두의 은상감 기법 등 금은 세공품으로, ②중국제 도자기류와, ③동남아시아산으로 보이는 유리구슬류로 나눌 수 있다.

백제 왕실이 ②의 자기류와 ③의 유리구슬류를 수입했다고 하고 ①의 금은 세공의 금동관과 금동신발과 환두대두의 은상감은 백제의 기술로 백제가 생산했다며 국사학자들은 보고 있다. 그런데 학계가 당시 백제의 왕실로 보는 한성백제의 도읍지로 여기는 풍납토성이나 몽촌토성에서, 그리고 웅진백제의 도읍지로 여기는 공주 공산성에서 금은 세공을 했다는 공방터의 자취가 보이지 않는다는 점이다.

과연 백제가 금은 세공품을 만들었는지 의심이 든다.

실제로 백제는 상업 국가로서 중국에서 존재하였고, 금은 세공품도 자체 생산품이 아니라 중국에 있는 금은 세공품 상인으로부터 구입하였을 것으로 필자는 보고 있다.

8)국립부여박물관에 전시된 사비시대의 유물들을 보면, 대표적인 유물로 은으로 만든 허리띠와 꽃장식 등이 있다. 사비시대(?) 유물에는 금동제품이 전혀 없고 모두 은 제품뿐이다.

이를 뒷받침하듯 이한상(동양대박물관) 관장은 "백제 사비시대에는 금동신발이 모두 사라집니다. 은으로 만든 꽃장식, 은으로 만든 허리띠, 이 두 가지가 유일한 것입니다."라고 말하고 있다.

그렇다면 무령왕릉을 조성한 성왕이 웅진성에 있을 때는 금제품을 사용했고, 사비성으로 천도한 후에는 금제품을 사용하지 못했다는 결론에 이르게 되는데 역사 발전으로 볼 때 이해할 수 없는 일이 된다.

앞에서 제기한 1)-8)의 의구심에 대한 답을 학계에서는 선뜻 내놓지 못할 것으로 본다. 그 배경에는 필자의 저서 『한반도에 백제는 없었다』의 내용처럼 백제가 한반도에 존재하지 않았기 때문에 해답을 할 수 없는 것이다.

국사학계가 근거 없이 말하고 마음대로의 해석하는 태도, 유명한 학자의 해석이니 이의 없이 받아들이라는 풍조는 문제가 있다고 본다. 필자가 보기에는, '백제왕의 하사품이라는 학자들의 주장' 자체가 미스터리 역사를 하나 더 만들어내고 있다고 할 수 있다.

6. 수촌리 무덤 양식의 변화에서 key를 얻다

KBS HD 역사스페셜은 수촌리 2지역 분묘 형태를 분석했다.

수촌리 1호분은 4세기에 보편적으로 사용한 나무덧널무덤(토광목곽묘)이라 한다. 땅에 구덩이를 판 후 바닥에 자갈을 깔고 나무로 만든 곽을 세우고, 나무곽 안에 다시 나무관을 안치한 후, 마지막에 흙으로 덮는 방식이다.

그리고 수촌리 5호분은 굴식돌방무덤(횡혈식 석실분)으로 5세기 후반 웅진 전역에서 쓰이던 무덤 양식이라 한다.

수촌리 2지역의 1호분과 5호분을 비교하면, 나무덧널무덤과 굴식돌방무덤이라는 서로 다른 형태의 무덤들이 한 지역에서 급격히 변화하는 모습을 보게 된다. 전통을 중시하는 묘제는 쉽사리 변하는 것이 아닌데, 그것도 가족묘라 했으니 3대에 걸쳐 급격한 변화를 보인 것이다.

"5세기 후반, 즉 웅진 도읍 시기로 가면 무덤이 거의 네모진 형태로 정형화 되거든요. 그런데 수촌리 고분을 보면 4호분은 직사각형 형태고, 밑에 5호분은 방형에 가깝거든요.

이것은 초기에 무덤이 정형화되지 않은 상태에서 혼돈이 나타난 모습이거든요.

그것으로 보면 아무리 늦게 잡아도 수촌리 무덤은 백제 웅진 천도 이전에 지방 세력에 의해서 사용하던 무덤, 지방 세력의 묘제가 새로운 선진 묘제를 수입하면서 변화하는 모습까지만 보여주는 것입니다. 그렇다면 시기는 4세기 말에서 5세기 중반 부분까지로 표면화해야 할 것 같습니다."(이남석, 공주대 박물관 관장)

수촌리라는 한 지역에서 3대에 걸쳐 묘제가 급격히 변하고 있음을 보여주고 있다. 그 변화의 계기가 외부의 선진문화 유입에 있다고 고고학자는 말한다.

"이 사람들이 무덤 입구를 만드는 방식을 배워 가지고 왔으나, 장법은 이전의 한 사람씩 묻는 방법을 고수한 거죠. 이것이 나중에는 합장(合葬)으로 다 변하지만 말입니다. 합장묘라는 개념 자체가 수촌리에는 아직 수용이 안 되었다는 것입니다. 단장(單葬)이었는데, 여기서 매장문화의 변화가 나타나거든요. 수촌리에서는 아직 전통적인 방법만 남아있는 것이지요."(이남석 관장)

굴식돌방무덤을 쓰면서도 단장을 했다는 것은 수촌리 무덤군의 주인들이 지방 토착 세력이었음을 말해 준다고 한다. 토광묘라고 하는 나무덧널무덤이 그 증거란다.

"중앙세력이라고 하면 적석총이 되어야 합니다. 그런데 대체로 3세기-4세기에 중앙 한성 세력은 적석총을 사용하고 지방 세력은 독자적으로 토광묘를 사용하고 있었습니다."(이남석 관장)

굴식돌방무덤은 반드시 출입문이 있고, 부부 합장(合葬)을 전제로 발달한 장묘문화라고 본다. 굴식이란 내부 출입이 목적이므로, 사망 시기가 다른 부부 합장을 위한 통로인 연도(羨道)가 있어야 하기 때문이다.

인근에 있는 무령왕릉도 부부합장을 하도록 연도가 있는 굴식 분묘다. 그런데 수촌리 굴식돌방무덤은 합장이 아니다. 4호분에서는 관을 올려놓는 관대가 하나뿐이었고 금동신발 역시 한 켤레만 출토되어 한 사람이 묻혔음을 알 수 있다.

한마디로 말해, 무덤의 모양은 변했는데 단장(單葬)을 하는 장법(葬

法)은 변하지 않았다고 볼 수 있다.

필자는 수촌리 무덤 양식의 변화에 대해, 이남석 관장의 견해 즉 '외부에서 배워온 방식에 의한 변화'에 동의하면서 외부에서 배운 방식이란 '무령왕릉과 송산리 6호분을 조성하는 과정을 지켜보고 수입한 방식'으로 보며, 굴식돌방무덤으로 변화된 계기라고 보고 싶다.

공주 수촌리 유적에서 분묘 형태 말고 또 하나의 변화가 더 있다. 그것은 앞서 이의를 제기한 대로 1차와 2차 지역에서 발굴된 유물의 문화적 격차이다.

수촌리 1지역에서 출토된 유물은 청동검(한국형 세형동검)과 청동꺾창(靑銅戈), 청동창(靑銅矛·끝을 뾰족하게 하여 찌르는 창의 일종), 청동도끼, 청동조각도 등 청동기 세트이다.

수촌리 2지역에서 출토된 유물은 금동관모 2점과, 금동신발 3켤레, 중국제 흑갈유도자기 3점, 중국제 청자 2점, 금동허리띠 2점, 환두대도 및 대도 2점, 관옥과 각종 유리구슬 등이다.

1지역과 비교할 때 2지역 유물은 몇 세기를 뛰어넘었다고 할 수 있다.

2지역의 찬란한 유물들은 대부분 수입품으로 볼 것인가? 유물들을 분류해 보면, 금은 세공품인 금동관과 금동신발과 환두대두의 은상감 기법 등 금은 세공품과, 중국제 도자기류와, 동남아시아산으로 보이는 유리구슬류로 나눌 수 있다.

구슬도 재질과 제작 방법을 분석하여 추론한 원산지는 "이 모자이크 구슬은 우리나라에서 출토된 예가 많지 않은데요, 이런 계통은 인도네시아, 자바 쪽과 밀접한 관련이 있지 않나 생각되구요, 유리구슬

중에서도 적색의 구슬에 가장 관심이 가는데요, 이것 역시 인도네시아와 밀접한 관련이 있는 것으로 생각됩니다."(김규호, 공주대 문화재보존학과 교수) 하였듯이 쉽게 구할 수 있는 물품이 아니다.

당시 기술로 보아 구슬이 비단이나 금이나 은보다 더 귀한 것으로 여겨지고 있었다. 수촌리 지배층은 인도네시아산 구슬(김규호 교수 분석)을 사용했을 정도로 부를 누렸던 사람들이 아니라고 본다.

그런데 발굴된 유물은 1지역에 비해 2지역이 갑자기 변화된 모습을 보여주고 있다. 그리고 찬란한 유물이 출토된 5호분의 묘제도 변화된 모습을 보여준다.

혹시 유물의 변화와 묘제의 변화가 서로 연관을 갖는 것은 아닐까?

7. 수촌리 유물은 무령왕릉 매지권에 상당하는 물품이다

필자의 저서 『한반도에 백제는 없었다』(한국사 미스터리2) 시각에서 보면, KBS HD 역사스페셜에서 수촌리 유물에 대해 백제 왕실의 하사품으로 보는 국사학계의 해석은 맞지 않다고 본다. 또 설득력도 부족하다.

필자는 다시 '무령왕릉을 왜 한반도에 숨겼을까?'라는 주제로 『무령왕릉의 비밀』(한국사 미스터리3)이라는 책을 냈다.

필자의 가설을 증명해 주기라도 하듯, 국립공주박물관이 무령왕릉 발굴 50주년을 맞아, 발굴 과정과 유물에 대한 상세한 정보를 담은

'신(新)보고서'(출처; 연합뉴스 2021.07.06.)[163]를 내놓았는데, 이 보고서가 필자의 주장을 뒷받침해주고 있다.

  보고서 중에, 무령왕릉 무덤방 내부에서는 '사용되지 않는 형식의 벽돌'과 '무령왕 사망 시점인 523년보다 이른 512년에 제작한 것으로 추정'되는 글자 '사 임진년작'(士壬辰年作)'이 새겨진 벽돌도 확인됐다고 한다.

  무령왕이 사망하기 11년 전에 제작된 것이라면 왕릉 조성과 관계없이 한반도의 공주가 아닌 다른 곳에서 이미 만들어졌다는 것을 뜻한다. 다시 말해 그 벽돌은 무령왕릉 조성용으로 제작된 것이 아니라고 볼 수 있다.

  필자는 공주박물관의 보고서가 공개되기 전에, 앞서 준비한 『무령왕릉의 비밀』 pp.118-119에서 추론하기를, '중국에서 벽돌을 싣고 왔다'는 것을 주장한 바 있다. 512년 작(作) 벽돌이 무령왕릉의 비밀을 푸는 또 하나의 열쇠가 될 것으로 본다.

  벽돌 외에 또 하나의 증거 자료가 있다.

  발굴 당시 우리를 놀라게 했던 무령왕릉을 지키는 짐승 조각, '진묘수(鎭墓獸)'라는 석수(石獸)와 왕과 왕비의 신분을 밝힌 지석의 재료가 모두 돌인데 화성암의 일종인 각섬석(암)이다. 그런데 각섬석(角閃石)은 공주 일원뿐만 아니라 충청도 일원에서도 산출되지 않는 암석이다. 원래 지층 구조는 상당히 광범위하다.

---

163) 〈연합뉴스〉, 무령왕릉 발굴 50년…새 보고서에서 찾은 5가지 이야기. 2021.07.06.

이는 무엇을 뜻하는가. 다른 곳에서 만들어져 옮겨온 것이라는 증거다.

왕과 왕비 지석의 판석(板石)을 자세히 본 사람은, 지석 중심에 똑같이 구멍이 난 것을 발견했을 것이다. 이는 장거리 운반 중 운반 체계가 다를 때마다 손쉽게 옮겨 싣기 쉽게 줄(끈)을 꿴 흔적으로 보인다.

이는 무엇을 말하는가?

무령왕릉을 조성한 송산리 일대에서 진묘수를 다듬거나 지석의 판석에 글자를 새기는 석공 작업을 현장에서 별도로 하지 않았다는 것을 말하며, 앞서 말한 벽돌을 구워내는 작업도 현지에서는 없었다고 할 수 있다. 다시 말해, 가져온 부품과 재료를 조합하는 방향으로 왕릉 조성이 신속하게 이뤄졌음을 시사하고 있다.

이처럼 다른 곳에서 제작된 재료를 한반도 공주로 옮겨져 무령왕릉을 조성했다는 것이 확실해질수록 수촌리 유물에 대한 답은 더욱 명료해지는 것이다.

백제가 한반도에 없었다고 보면 공주 땅과 백제는 무관하며, 무령왕의 분묘를 공주 땅에 숨겼다는 사실이 좀 더 가시화된다.

그렇다면 공주 땅은 백제의 왕권이 미치지 않는 남의 나라 땅이 되며, 이곳에 장사지내려면 땅을 사야 함은 당연한 일이다. 이런 면에서 무령왕릉 지석이 말하는 매지권은 매우 실제적이며 유효한 것이 된다.

'전일만문(錢一萬文)'이란 금액 표시가 있다. 무령왕릉에서 발굴된 왕비의 지석 뒷면, 매지권에 새겨진 금액이다.

지석의 내용을 보면, '돈 1만 문[164] 이상 1건, 을사년(525년) 8월 12일 영동대장군 백제 사마왕은 상기의 금액으로 토왕, 토백, 토부모와 상하 여러 관리에게 이천석으로 남서 방향의 토지[신지, 申地]를 매입해서 능묘를 만들었기에 문서를 작성하여 뚜렷이 증거를 삼으니 모든 율령(법령)에 구애받지 않는다(錢一万文右一件 乙巳年八月十二日 寧東大將軍 百濟斯麻王 以前件錢 詢土王 土伯土父母上下衆官二千石 買申地爲墓 故立券爲明 不從律令).'고 했다.

이 매지권 기록이 사실이라면 토지를 공여한 매도자는 누구일까?

수촌리는 무령왕릉에서 볼 때 직선거리로 6㎞ 정도로 아주 가까운 곳에 있다.

필자는 『무령왕릉의 비밀』에서 지석의 내용을 다음과 같이 해석하였다.[165]

매지권을 단순하게 상례(喪禮)의 절차로 본다면, 지신(地神)에게 고(告)

---

164) 전일만문(錢一萬文)에서 문(文)의 쓰임새나 의미를 살펴보면, 중국의 청조(淸朝) 19세기 말에 주조한 동전 중에 대청동폐(大淸銅幣)라는 동전이 있는데 당제전십문(當制錢十文)이라는 화폐 가치가 표시되어 있다. 매당 10문짜리라는 표시라고 한다. 또 '중화민국'이란 민국 동전은 장개석 군대가 중국공산당과 싸울 때, 군비조달을 위해 만들어 사용하였는데 그 동전에는 당이백문동원(當貳百文銅元)이란 문자가 표시되어 있다. 이는 민국 동전이 200원의 가치를 가진다는 뜻이다. 다시 말해 200원짜리 동전이란 뜻이다.
문(文)이란 글자의 쓰임새를 보면, 문수(文繡)는 무늬가 있는 수(繡)를 말하는데 문(文)은 그림이나 무늬의 의미가 있다. 또 문수(文數)는 고무신 따위의 치수를 말하는데 이때 문(文)은 수치나 수량을 말한다. 문(文)을 화폐(동전)에 사용하게 되면 그 동전의 가치나 단위를 글자로 보증하는 의미라 할 수 있다. 필자가 전일만 매(枚)라고 본 것은 오수전을 쌓아놓으면, 그리고 화폐로 사용되었다면 얼마나 많은 수량인가를 강조하기 위한 것이다.

165) 오운홍, 『무령왕릉의 비밀』, PP.59-62.

하는 간단한 의식 내용을 지석에 새기면 될 일인데, 지석의 내용을 분석해 보면 상거래 행위의 요건이 제대로 갖추어진, 매우 '실제 상황'이라고 할 수 있다.

1)[매매 가격]; 돈 1만 문 이상 1건이다.

2)[매매 날짜]; 을사년(525년) 8월 12일, 능묘 안장일과 같다.

3)[매수자]; 영동대장군 백제 사마왕이다.

4)[매도자]; 상기 금액(돈 1만 문 이상)을 토왕, 토백, 토부모와 상하 여러 관리에게 나누어 갖는다.

5)[매매 물건 및 매입 목적과 장소]; '남서 방향의 토지(신지)'를 매입해서 능묘를 만든다. 남서 방향의 토지라면 북동 방향에서 매매 계약이 이뤄졌다고 본다.

6)[문서 작성 이유]; 문서를 작성하여 뚜렷한 증거로 삼는다.

7)[권리 보전의 단서 조항]; 모든 율령(법령)에 구애받지 않고 여기 새겨진 지석의 계약서가 우선이라는 권리 보장이다.

특히 6)항과 7)항은 요새 말로 '토지 등기부 등본(권리증)'이라 할 수 있다. 그리고 7)항의 내용은 훗날 파묘에 대비하여 권리 보전을 명시한 것으로 보인다. 실제로 1971년 무령왕릉 발굴로 파묘가 되었을 때 발굴 단원에게, 그리고 이를 지켜본 우리에게 1)에서 6)항까지의 기록이 사실이며 정당함을 말하고 있는것이라고 본다. 다시 살펴보자.

3)항의 [매수자]는 망자의 이름으로, 2)항의 안장된 [날짜]에, 4)항의 [매도자]인 토왕, 토백, 토부모와 상하 여러 관리에게, 1)항의 돈 1만 매(枚) 이상의 [매매 가격]을 주고, 5)항의 [물건]인 능묘의 터를 샀다는 6)항의 [문서 기록]이다. 망자의 이름으로 계약과 소유권이 성립

됐다고 볼 수 있다.

　언제, 어디서, 누가, 무엇을, 얼마에, 어떻게, 왜(why)라는 6하 원칙을 두루 갖춘 매매 계약서라고 할 수 있다.

　그런데 이해할 수 없는 부분이 있다고 필자는 앞의 책(pp.60-62, p139)에서 의견을 덧붙였었다.

　하나는 1)항의 돈(1만 문)의 행방이다. 오수전 10,000매(枚)면 상당량의 화폐인데, 왕릉 조성 이후 현재까지 단 한 점의 오수전이 발견된 사례가 전혀 없다. 이것은 무령왕릉 조성 당시 공주 일대에서는 오수전이 사용되지 않는 화폐라는 것이 된다.

　당시 매도자 측에서 쓸데없는 화폐를 인수할 이유가 없었다. 그래서 오수전 10,000문은 실제로 지불 되지 않았다고 본다. 그 대신 그 가치에 상응하는 금, 은의 제품과 유리구슬과 중국제 자기로 대신했을 것이라 보았다.

　또 하나, 그동안 이해할 수 없었던 4)항의 매도자 신원이다.

　국내 학자들은 토왕을 지신으로 보았다.

　이에 필자는 토왕 하나면 될 것을, 왜 토백과 토부모, 상하의 여러 관리를 구체적으로 거명한 것인가라는 문제를 제기했었다.

　지신(地神)이 아니라 '토왕'이라 하고 그 밑으로 토백, 토부모와 상하 여러 관리를 거명한 것을 보면, 토왕은 지신이 아니라 '사람이 사는 세상의 토왕'이 맞으며, 실제적 거래 관계를 표시한 것이다.

　그런데, 이 문제는 무령왕을 이은 성왕이 지배하는 백제 땅이라면 풀 수 없는 문제가 된다.

필자의 책(주장)은 공산성이 백제 웅진성이 아니고, 백제는 다른 곳에 있었다는 것이다. 이 주장에 따라 매도인을 바라보면, 모든 문제가 쉽사리 풀리며 선명하게 해결된다.

무령왕과 왕비가 공주 공산성에 살지 않았다면, 우선 양나라와 교역의 흔적이라는 양나라 오수전이 충청도 인근에서 발굴되지 않았다 해서 이상한 일이 아니다.

매지권에 나오는 1만 전(錢)의 일부가 공주 지역에서 한 닢도 출토되지 않는다고 해서 의심할 필요가 없다. 당시 공주 지역에서 사용되지 않는 화폐 대신 다른 상응의 대가(금, 은의 제품)를 받았다면 가능한 일이다.

매지권에 나오는 매도인 '토왕, 토백, 토부모와 상하 여러 관리'는 백제와 무관하게 '토왕은 공주 지역을 포함한 이곳을 다스리는 왕국의 왕을 말하고, 토백은 이곳 공주 지역을 관장하는 지역 책임자이며, 토부모는 땅의 주인을 말하며 상하중관(上下衆官)은 이 지역의 행정관료로 본다.'[166]

또 지석에 나오는 '신지(申地)'는 계약 당시 구체적으로 남서 방향의 땅임을 밝히고 있다. 그렇다면 그와 상응되는 북동 방향에 있는 매매자와 계약이 성사됐다는 말이 된다. 매매 계약이 매우 구체적이다.

실제로 무령왕릉의 위치에서 보면, 신지(申地)와 상대되는 북동 방향에 수촌리 고분군이 있다. 그런데 수촌리 고분 발굴 현장은 동편 뒤로는 산을 등졌고, 서편 앞쪽으로는 드넓은 정안 뜰이 펼쳐져 있는데,

---

166) 오운홍, 『무령왕릉의 비밀』, P.62.

이곳은 예부터 홍수가 나면 정안 뜰까지 물이 들었다고 해서 수촌리 (水村里)라 했다.

계약이 성사된 토왕 토백의 행정 관청은 수촌리를 피해 인근 지역으로 본다.

여기까지가 필자의 『무령왕릉의 비밀』에서 밝혔던 내용이다.

그렇게 보는 이유는 수촌리 2지역 유물이 '무령왕릉의 지석인 매지권에 따른 전일만문(錢一萬文) 상당의 물품으로 보며, 수촌리 고분의 주인공은 충남 일원을 장악한 어느 소국의 왕이나 제후의 분묘이며 그 부장품'으로 본다.

수촌리 유물은 백제 성왕이 부왕의 묘를 한반도에 숨겨 조성하면서 필연적으로 발생하는 '토지 매입과 계약' 및 보존을 지석에 남긴 기록이라고 본다.

앞서 논의했던 사실을 정리하면, 수촌리 유물은 자력으로 마련하기 어려운 고가의 물품이고, 한반도에 백제가 존재하지 않았으니 백제 왕실의 하사품이 될 수 없으며, 무령왕릉 지석에 기록된 토지 매입 계약 조건에 부합되므로 '매매교환 물품'이라는 가설을 제기한다.

이와 관련하여, 무령왕의 큰 칼과 공주 수촌리의 환두대도 두 유물에서 적색 안료와 무늬 등 유사한 점이 발견됐고 수촌리 유물들의 세부 가공 방법도 무령왕릉의 다른 유물과 흡사해 백제 장인이 만들었을 가능성이 크다고 보고 있다.(출처; 무령왕릉 신보고서)

이 보고서의 주된 의미는 무령왕릉 유물과 수촌리 유물이 제작될 당시 동일한 기술과 출처가 같다는 것은 시사하고 있다.

고고학의 기초에는 유물복원 기법이 있다. 예를 들어 출토된 도자기

파편을 수습하여 도자기 조각을 맞추는 작업이 있다. 이 작업처럼 역사를 복원함에 있어 무령왕릉 발굴 유물과 인접 지역인 수촌리 유물을 물리적 파편 맞추기처럼 유물의 동질성과 상황의 퍼즐 맞추기로 재 해석해야 할 필요를 느낀다.

이처럼 후학들이 관심을 가지고, 무령왕릉 조성과 수촌리 유물 관련 연구가 계속 있기를 기대한다.

수촌리 유물을 통해 4-5세기, 충청남도 일원에 존재했던 왕국의 일면을 탐색할 수 있다고 본다.

8. 전남 지역 마한 유적의 발굴과 분포

한반도 중부지역의 이성산성과 충청도의 수촌리 유적을 살펴보았는데 전남 지역의 유적은 이들과 다른 양상을 보여주고 있다.

마한 분묘로 보는 유적의 발굴 여부는 유적지를 관할하고 있는 지자체의 역할과 의지에 달려있다. 전남 지역에서 발굴되는 유적과 유물의 조성연대는 대부분 3세기 중엽 이후이다.

발굴 비용과 보상에 따른 예산이 소요되는 면도 있고, 다른 한편 발굴로 인해 지역 개발에 손익을 따지는 지역 주민들의 민원을 무마할 수 있어야 한다. 이런 면에서 전라남도의 마한 유적 발굴은 다른 지자체에 비해 활발히 이뤄졌다고 본다.

〈표1〉 전남지역 마한 유적 발굴조사 현황(2020)

시·군 이름	총계	생활유적	분묘유적	생산유적	관방유적	복합유적	비고
계	308	99	169	1	7	32	
여수시	13	7	4	-	1	1	
순천시	23	8	10	-	1	4	
나주시	54	12	33	1	2	6	
광양시	13	9	2	-	1	1	
담양군	20	8	9	-	-	3	
곡성군	5	4	1	-	-	-	
구례군	2	1	1	-	-	-	
고흥군	9	3	4	-	1	1	
보성군	13	5	6	-	-	2	
화순군	16	7	9	-	-	-	
장흥군	13	5	4	-	-	4	
강진군	4	3	1	-	-	-	
해남군	15	1	12	-	-	2	
영암군	22	1	21	-	-	-	
무안군	23	4	18	-	-	1	
함평군	34	8	22	-	-	4	
영광군	10	5	4	-	-	1	
장성군	16	7	7	-	-	2	
진도군	2	1	-	-	1	-	
신안군	1	-	1	-	-	-	

(출처: 전남문화재연구소, 『전남의 마한 분묘 유적 2020』)

〈표1〉에 의하면, 생활유적(99개소)은 일정 공간에서 생활할 수 있는 시설로서 주거지, 수혈(竪穴), 주공(柱孔), 환호(環濠), 패총(貝塚) 등이 이에 속한다.

이곳 마한(馬韓) 유적에서 『후한서』〈동이열전〉의 기록처럼 '땅을 파서 움집을 만드니 그 모양이 마치 무덤 같으며, 출입하는 문은 윗부분에 있다(作土室 形如冢 開戶在上).'는 생활유적은 발견되지 않았다.

분묘유적(169개소)은 사람의 시체나 유골을 땅속에 묻는 시설로서 지역에 따라 전방후원분이니 원형이니 방형 혹은 방대형 등 다양한 형태의 분묘가 있다. 분묘 양식은 대단히 보수적이며 전통적인데 다양한 형태의 분묘가 존재한다는 것으로 보아 하나의 국가나 한 족속이 아닌 것으로 보인다.

생산유적(1개소)은 생활하는데 필요한 각종 물건을 만들어내는 시설 유적으로서 나주 반남면 신촌리에 있다. 삼국시대로 편년되고 있다. 제철 시설로 추정되는 유구 내부에서는 슬래그와 함께 적갈색 소결토, 그리고 소결토에 들러붙은 슬래그, 소량의 유리질화된 벽체편, 연석으로 추정되는 석제 등이 확인되고 있다.

관방유적(7개소)은 방어를 위해 설치한 진이나 영, 보, 책 등 군사적 목적을 둔 시설이다.

복합유적(32개소)은 2가지 이상의 유구가 확인된 유적을 말한다. 예를 들면 나주 신도리 신평 유적의 경우 생활 유적과 생산 유적이 복합되어 있고, 나주 도민동 유적과 동수 동유적의 경우는 생활 유적과 분묘 유적이 복합되어 있다. 생활 유적+분묘 유적+생산 유적이 복합된 곳으로 나주 황동 유적과 운곡동 유적이 있다.

영산강 유역을 포함한 전남 지역의 분묘 형태 변화를 시대적으로 살펴보면, 청동기시대에는 지석묘가 성행하였고, 기원 전후부터 목관이나 옹관을 가진 소규모 분구묘(墳丘墓)가 축조되기 시작하였다. 이러한 전통에 의해 나주시 반남면 고분군이 상징하듯 3세기 때 영산강 유역 마한 문화의 가장 큰 특징을 이루는 옹관을 주 매장으로 하는 옹관묘가 변화 발전하여 매장 주체부가 대규모 전용 옹관과 영산강식 석실을 축조한 거대한 분구를 조성하는 고총 고분의 문화가 6세기 중엽까지 발전하였다.[167]

9. 왜색(?) 고분이라는 전방후원분 해석에 대하여

전남 지역에 산재한 전방후원분 중 발굴 사례 하나를 살펴보자.

서울=연합뉴스(김태식 기자)[168]에 의하면, "국립광주박물관(관장 조현종)이 전형적인 전방후원분(前方後圓墳)으로 전라남도 기념물 121호로 지정된 해남 용두리 고분을 최근 발굴·조사하고 그 성과를 20일(2008.11.20.) 공개했다.

---

167) 전남문화재연구소, 『전남의 마한유적 2019』, 조사개요.

168) 〈연합뉴스〉, '전방후원분' 해남 용두리 고분 발굴. 2008.11.20.

무덤 주인공을 안치하는 봉분은 둥글게 만들고 전면에 사각형 평탄대지를 조성하는 전방후원분은 고대 일본의 전형적인 무덤 양식으로 알려져 있다. 하지만 영산강 유역을 중심으로 호남지방에 이런 전방후원분 10(13?)여 기가 분포돼 있고, 그중 일부는 발굴 결과 출토 유물이나 매장 구조에서 왜색(倭色)이 짙게 나타남에 따라 한국과 일본의 고대사학계나 고고학계의 비상한 주목을 받아왔다.

　용두리 고분 발굴 조사에서는 수차례에 걸친 도굴로 출토 유물은 석실 내부와 봉토, 그리고 무덤 주변을 둘러가면서 판 도랑에서 토기류 약간과 옥, 철기류를 소량 수습하는 데 그쳤다. 따라서 이번 조사는 고분의 축조과정과 성격을 규명하고 향후 유적 정비복원의 기초자료를 확보하는 데 주력했다고 조현종 관장은 밝혔다.

▲ 전방후원분 중앙부에 있는 횡혈식 석실(橫穴式石室) (출처: 연합뉴스)

발굴조사 결과 (해남) 용두리 고분은 전형적인 전방후원분으로 총길이 41.3m에 원형 봉분은 높이 5.2m, 직경 24.3m였으며 그 전면에 조성한 방형 평탄 대지는 높이 3.8m에 전면 폭 17.5m였다.

봉분 중앙에서는 무덤 주인공을 묻었던 횡혈식 석실(橫穴式石室)이 확인됐다. 이 석실은 자연의 지표면에서 1m 이상을 흙으로 채워 바닥을 조성한 다음 장대석을 놓았다. 나아가 석실 안의 네 벽면은 깬돌과 황백색 점토를 채워서 위로 올라갈수록 좁아지게 축조한 것으로 드러났다. 석실 규모는 길이 343㎝, 너비 217-238㎝, 높이 180㎝이다. 또, 봉분 위에는 봉토를 보호하고 장식 효과를 낼 수 있도록 돌을 깐 것으로 나타났다.

박물관은 이번 조사 결과 '축조 기법과 무덤 양식을 해명할 수 있었고 나아가 봉분 정상부에서 제사 의례 흔적으로 추정할 수 있는 자료를 확보했다'면서 '축조 시기는 이미 조사한 다른 전방후원분들인 함평 신덕 고분, 광주 명화동고분 등지의 출토 유물과 석실 구조 등과 비교할 때 6세기 중반 무렵으로 생각된다'고 말했다."

이러한 고분들이 1980년대 들어 영산강 유역에서 발견되어 그 성격 및 명칭을 둘러싸고 논란이 많았다. 봉분 모양이 일본의 전방후원분과 흡사하기 때문에 '전방후원분'이라고 부르는 것이 옳다는 견해, 전방후원분은 일본의 야마토 정권의 정치체계를 상징하는 의미로도 사용하고 있어 그 명칭을 쓰게 되면 영산강 유역과 왜 왕권이 관계가 있는 것으로 오해할 수 있어 국민 정서상 맞지 않으므로 '장고산'이라는 지명을 살리고 또 장고(杖鼓)[169]와 닮았다 하여 '장고분'으로 부르는 것이 타당하다는 견해가 있었다. 그런데 최근 학계에서는 이미 통용되고 있는 국제적 학술용어라는 점을 고려하여 '전방후원분'이란 용어를 쓰고 있다.

전방후원분은 앞부분이 각이 진 방형(方形)이고 뒷부분은 원형(圓形)으로 이루어져 붙여진 이름이다. 일본 열도에서 3세기 중반 이후 고훈(古墳)시대에 출현한 이래 4세기 후반 오사카 지역을 중심으로 한 대형 고분의 명칭이다. 일본 각지의 연맹 수장들을 복속시켜 일본 최초의 고대국가인 야마타이국(邪馬臺國)을 열었던 히미코 여왕의 무덤으로 전해지는 하사하카 고분이 이른바 '고훈시대 전기'를 열었던 대형 전방후원분(前方後圓墳)의 시초라고 한다.
우리 국사학계도 대체로 이에 동조하고 있다.

다음 사진은 일본에 있는 다이센 고분의 항공 촬영이다. 오사카 가와찌 일대에 길이 486m에 달하는 '대왕묘(大王墓)'라고 불리는 다이센(大仙) 능(陵)을 비롯하여 거대한 전방후원분들이 100여 기 이상 밀집되어 있다.
오사카부 사카이시 다이센 고분(大仙陵古墳)이며, 일본에서는 닌토쿠(仁德)천황[170]의 릉으로 알려져 있다. 직경이 무려 840m에 달하는데 이는 당시의 기술력을 따져보면 짓는 데 엄청난 양의 노동력이 필요

---

169) 장고, 장구는 우리 나라 타악기의 하나로, 오동나무로 만든 허리가 잘록한 통 양쪽에 가죽을 씌워 만든다.

170) 야마토(大和)국의 16대 인덕 천왕(313-399)을 말한다.

했을 것이다. 사카이시 문화재 관리국에서는 해당 고분이 약 5세기경 축조된 것으로 추정하고 있으므로, 이런 거대 고분 문화를 통해 '다이카 개신(大化改新)'과 무사 계급의 발전 이전, 야마토 정권의 일시적 왕권 강화를 연역할 수 있다고 한다.(출처; 사카이 문화재 관리국)

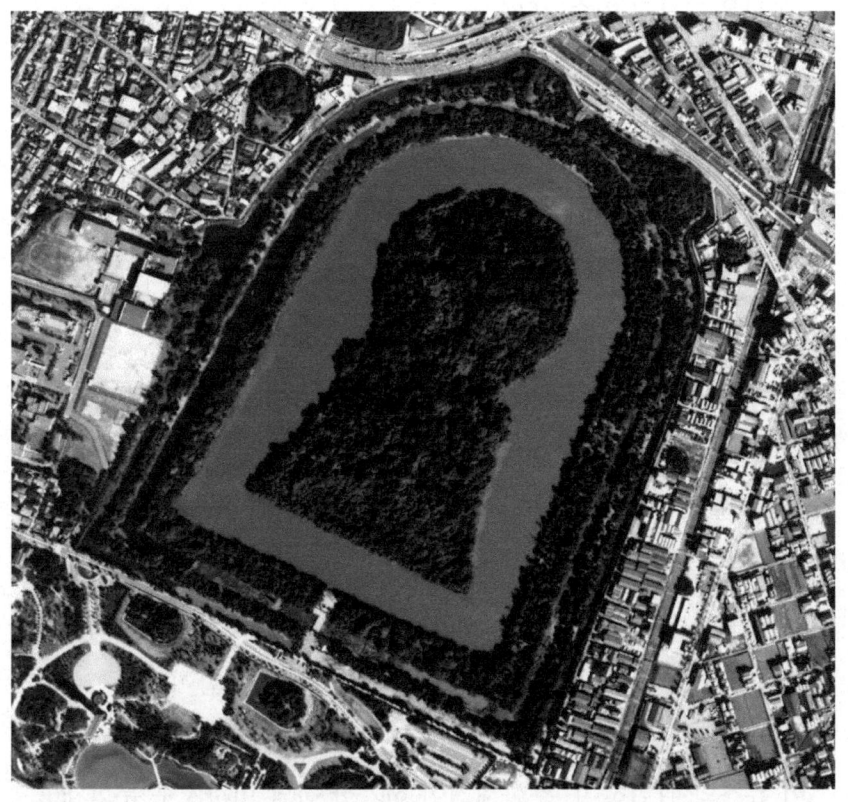

이와 같은 전방후원분이 영산강 유역 부근에서 발굴되고 있다.

이와 관련하여 낙동강 유역을 중심으로 하는 경상도 지역 쪽에서 발견된 사적 119호인 경남 고성 송학동 고분이 처음에는 장고형 무덤(전방후원분)인 줄 알았으나 조사 결과 전형적인 가야 양식 무덤으로 밝혀졌다. 현재는 경상도 지역은 전방후원분 지역에서 제외하고 있다.

또 하나 전방후원분이 거론되던 지역이 있었다.

초대형 '백제 고분군' 발견이라는 K사 9시 TV 방송 뉴스(2005.10.31.)에서, 앵커의 멘트는 "한성 백제시대 것으로 추정되는 수백 미터 길이의 초대형 고분 10여 기가 서울 강동구 일대에서 발견돼 학계의 비상한 관심을 모으고 있습니다."

이어서 인터뷰에 나선 강동문화원 원장(어○경)이 "강일택지개발지구 문화재 지표조사와 지질탐사, 레이저 확인 등을 거쳐 지하 3m 지점에 금속 유물과 도자기 등 부장품으로 여겨지는 물체를 확인했습니다."고 말했다.

그는 또 "전방후원(분)묘가 10여 기 이상 발견됐습니다. 발견하는 데서 끝나는 것이 아니라 어떻게 보존 관리하느냐가 시급한 문제입니다."

이 뉴스를 본 사람들은, 초대형 고분 10기 중에는 최대 길이 500m가 넘는 것이 있다는데 발굴될 경우 일본 왕릉보다 큰 분묘가 되며, 또 유물들이 실제로 발굴될 경우 잃어버린 고대 백제사와 마한사를 규명하는 열쇠가 될 것으로 보아 기대가 컸었다.

필자가 이 뉴스를 자세히 소개하는 까닭은 거대한 전방후원분이 한반도 중부지역에서는 발견되지 않음을 강조하기 위함이다.

이 뉴스와 관련하여, 문화재청이 허가한 하남 미사지구 문화재(B 구역)를 발굴 조사한 (재)한백문화재연구원의 현장 설명회(2013.10.24.)가 있었다. 이 중 1-1지점인 민둥산은 2005년 10월 K사 방송 뉴스에서 백제시대 전방후원분(일본식 무덤양식)으로 추정하여 보도한 곳이었으나, 한국 고고학계에서 인정하지 않아 문제가 되었던 곳이다.

미사지구 발굴 보고서[171]에 의하면, K사 방송 보도와는 다른 결과가 나왔다.

출토 유물로 볼 때 구석기시대 유물이 많았고 청동기시대 전기에 조성된 것으로 판단되며 초기 철기시대 유적은 장방형의 주거지 6동과 수혈 5기가 확인되었다. 이 조사 보고로 보아, 한반도에서 전방후원분의 분포 지역은 영산강 유역을 포함한 전남 지역으로 봐야 할 것 같다.

이 보고서를 보면 인근 지역의 역사 유물을 다시 짚어 볼 필요가 있다.

발굴 현장에서 남쪽으로 2km 떨어진 곳에 이성산성(二聖山城) 왕궁터(하남시의 춘궁동, 초일동, 광암동 접점지)가 있다. 이성산성 왕궁터는 본 장의 앞부분에서 소개한 바와 같이 한양대 박물관에서 발굴한 곳으로, 산성 안에 구각정(九角亭)과 팔각정(八角亭)과 전각(殿閣)의 주춧돌이 그대로 남아있다.

필자가 보기엔 미사지구의 문화재는 이성산성(왕국)의 지배 영역이라고 본다.

하남시 검단산(黔丹山)과 이성산성을 중심으로 〈검단(黔丹)은 선사시대 한자 용어의 군사방위 개념이다〉라는 주제를 발표[172]와 일맥 상통한다.

필자의 연구(2014)와 미사 지구의 발굴 결과(2013)를 종합해서 볼 때

---

171) (재)한백문화재연구원, 하남 덕풍동·풍산동 유적, 하남 미사지구 문화재 발굴조사(B구역) 보고서(한백문화재연구원 학술조사총서 제54책), 2016.

172) 오운홍, '검단(黔丹)은 선사시대 한자 용어의 군사방위 개념이다', 『해동문학』, 2014 여름, 통권86호

서울의 강동지역의 유물은 이성산성과 같은 문화권으로 볼 수 있다. 그리고 영산강 유역의 마한 유적과는 전혀 관련이 없는 것으로 보인다.

이 지역은 전남의 마한 묘제와는 다르다. 또 하나 영산강 유역의 '전방후원분'의 마한 문화가 이 지역을 거쳐 간 적이 없다고 본다. 따라서 영산강 유역의 '전방후원분'은 한반도 중부지역과는 무관한 분묘 형태라 할 수 있다.

이런 시각 때문인지 모르지만, 국사학계에서는 전방후원분을 왜색의 분묘로 보는 경향이 있다.

한겨레 보도(2021.3.18.)[173]에 의하면 한반도서 가장 큰 고대 무덤을 열자마자 덮는 일이 벌어졌다고 한다.(이하 한겨레 보도에서 발췌함)

이 유적은 전남 해남 북일면 방산리 장고봉 고분이다. 장고봉 고분은 봉분 길이 82m(도랑 포함), 높이 9m에 이른다. 황남대총 등 신라 경주의 대형 고분보다 큰 국내 최대급 무덤이다. 겉모습은 일본에서 고대국가가 정립될 당시의 무덤 양식인 전방후원분(장고형 무덤) 모양새다.

6세기 전반 것으로 추정하는 이 무덤의 바깥 봉분과 돌방(석실) 내부가 2020년 10월부터 지난 2월까지 마한문화연구원의 발굴조사를 통해 1,500여 년 만에 드러났다. 놀랍게도 무덤 돌방은 일본 규슈섬의 바깥 해안과 아리아케 내해 일대에서 5-6세기 조성된 왜인 귀족 석실 무덤과 구조는 물론 무덤방 입구를 막기 전 지낸 제사 흔적까지 거의 같았다고 한다.

---

173) 〈한겨레신문〉, 한반도서 가장 큰 고대 무덤, 열자마자 덮은 까닭은, 2021.3.18

조사단은 무덤 후면의 봉토를 파고 무덤방과 통하는 널길(연도)로 들어가 안쪽을 살폈다. 조사 결과 하단부에 길쭉한 판석을 놓고 위쪽에 깨진 돌(할석)을 차곡차곡 쌓아 벽체를 만드는 고대 규슈의 석실분 특유의 얼개가 뚜렷했다. 천장과 벽체에도 일본 야요이시대 이래 고분의 전형적 특징인 빨간빛 주칠 흔적이 남아있었다.

출토품은 대부분 도굴됐으나, 무덤 주인을 밝히는 실마리가 될 유물이 상당수 수습됐다. 무덤방 입구에서 발견된 뚜껑 달린 접시(개배) 10점이 대표적이다. 일부 개배 안에선 조기 등 생선 뼈와 육류 등 제수 음식으로 추정되는 유기물 덩어리도 검출됐다. "일본 고분에서 확인되었던 제례 유물과 유사한 내용물과 배치가 주목된다"고 조근우 연구원장은 설명했다. 무덤방을 직접 본 박천수 경북대 고고인류학과 교수는 "규슈의 왜인 무덤에 들어갔을 때와 느낌이 똑 같았다"고 말했다.

이와 같은 전방후원분이 고대 해상로 길목인 전남북 (서)해안 일대에 10여기 존재한다는 사실은 1980-1990년대 잇따라 확인됐었다.

일본 학자 중에는 이곳이 한·중·일 해안 교통로에 있어 일본이 한반도 남부를 지배했다는 '임나일본부설'을 뒷받침하는 물증이라고 주장하기도 하여, 한일 간 논란이 되기도 하는 유적이다. 그런데 1월(2021) 해남에서 들려온 무덤 발굴과 뒤이은 복토(흙으로 덮음) 소식은 언론에 공개되지 않았지만, 국내 고고학계를 허탈 속에 술렁이게 하고 있다고 신문은 보도했다.

필자는 한일 논란에 대해 분명한 선을 긋고 싶다.

첫째, 해남 장고분이 조성될 당시 한반도에 백제가 분명히 없었고, 일본 열도에는 야마토 왜가 없었다. 본책 2장에서 야마토(왜)가 일본 열도에 분명히 없었다는 점을 밝혔다. 중국 남동부에 있던 야마토 왜가 일본 열도에 진입한 것은 아스카(飛鳥)시대(592-710) 이후의 일이다.[174]

전라남도에 있는 마한 고분에 대해서는 앞으로 백제계의 고분군이니, 백제계의 굴식돌방무덤이니 하는 학술용어는 사용하지 말아야 할 것을 주문하고 싶다.

둘째, 규수의 왜와 같은 양식이라며 '왜색 고분'이란 용어는 사용하지 말아야 할 것 같다. 해남과 규수는 바다를 건너간 마한이란 끈으로 연결된 것이며 규슈 일대의 고분도 마한 고분과 가야 고분의 연장으로 봐야 한다.

셋째, 동양의 문화, 문명 등고선인 '서북고동남저(西北高東南低)'에 의하면 해남에서 규수 지역으로 영향을 준 것이라 할 수 있다.

우리 국사학계는 전방후원분에 대하여 일본 학계에 주눅 들지 말고 당당하고 자랑스럽게 대처하기를 바라는 마음이다.

---

174) 본 책 2장 다시 봐야 할 중국 사서의 마한 중 '9. 야마토 왜(倭)는 한반도 마한과 무관하다' 참조

10. 학계를 혼란으로 이끄는 다양한 분묘 형태의 원인

영산강 유역에서 '전방후원분'만 발굴되는 것이 아니다. 전라남도에 있는 분묘유적 169기 중 전방후원분은 13기(전북 고창 칠암리 1기 포함)에 불과하다.

전남 지역에서 발견되는 무덤의 외형은 다양하다. 원형, 방형(네모꼴), 사다리꼴형, 방대형(피라미드) 고분 등이다. 특히 아파트식 무덤으로 알려진 방대형은 고구려 적석총과 외형이 비슷하다는 설도 있다. 다른 점은 돌이 아닌 흙으로 쌓은 점이다. 또 방형과 원형을 결합한 장고형(전방후원분)도 있다. 일본의 대표 무덤 양식인 전방 후원분의 원형이라 본다. 일본 열도에도 전방후원분만 있는 것이 아니다.

전남 지역의 무덤 문화의 다양성은 우리의 상상을 초월한다. 문헌사학계와 고고학계를 혼란으로 이끌고 있는 이유가 여기에 있다.

전남 나주의 복암리 정촌 유적 발굴 사례를 보자.

1996년 5월 전남대 박물관의 발굴 결과, 3호분은 하나의 분구에서 41기나 되는 다양한 무덤들이 나왔다. 목관묘-옹관묘-석곽옹관묘-수혈식석곽묘-횡구식석곽묘-횡혈식석곽묘가 줄줄이 나왔다.(출처: 경향신문)

옹관 발생 단계인 3세기 옹관묘에서부터 7세기 석실분까지 거의 백화점식이라고 할 만하다. 이곳에 터전을 잡고 살았던 한 집단이 400년에 걸쳐 조영한 것이다. 가히 고분아파트, 혹은 고분박물관이라 할 수 있었다. 물론 복암리 고분의 피장자들은 이 지역 토착세력의 수장급이었을 것이다.

복암리 3호분 전체에서 대형 옹관(甕棺)이 28기나 쏟아졌다. 합구식 옹관 중에는 3m에 가까운 경우〈15호 옹관·284m: 대옹(大甕) 152㎝ 소옹 136㎝ 합구〉가 있었고, 단옹(單甕)인데도 2m에 가까운 것(11호 옹관·194㎝)도 있었다. 옹관의 경우 어떤 것은 하나의 옹관으로 된 단옹식(單甕式)이고, 어떤 것은 대옹과 소옹을 만들어 접합한 합구식(合口式)이었다. 합구식은 밖에서 작은 옹관과 큰 옹관을 따로 만들어 무덤에 들어간 뒤에 하나로 맞춰 놓은 것이다.

2014년에는 복암리 고분군을 내려다보고 있는 무덤(4호분), 즉 정촌고분에서 획기적인 발굴 성과가 나왔다.(출처; 경향신문)[175]

그해 '국립나주문화재연구소의 발굴 결과 너비 355㎝, 길이 483㎝, 높이 296㎝ 규모의 현실(널방·주검이 안치된 방)을 갖춘 굴식돌방무덤(횡혈식석실분)이 확인됐다. 이것은 현재까지 영산강 유역권에서 확인된 굴식돌방무덤 가운데 최대규모이다. 따라서 해발 110m의 잠애산 남서쪽 사면에 자리 잡고있는 이 정촌고분에 묻힌 주인공은 오히려 당대(5세기 3/4-6세기 1/4분기)의 복암리 3호분 주인공보다 지위가 높은 것으로 추정됐다.

정촌고분의 굴식돌방무덤(1호 석실)에서 시차를 달리한 2개체의 인골이 확인됐다. 1개체는 5세기 3/4분기(450-475년), 다른 1개체는 5세기 4/4분기-6세기 1/4분기(475-625년)에 안장된 목관의 주인공으로 각각 판단했다. 또 피장자 부근에서는 금동신발과 다량의 유리구슬, 옥류 등이 확인됐다. 그런데 더욱 놀라운 것은 인골 분석 결과 1차와 3차 목관의 주인공들인 두 인골이 모두 여성으로 추정된다는 점

---

175) 〈경향신문〉, 파리 번데기와 묻힌 40대 여성… 그녀는 1,500년 전 영산강 유역의 지도자였다. 2019.10.10

이다. 두 인골의 치아 상태로 측정한 나이는 47살과 45살 정도였다. 측정 가능한 1개체 인골의 신장은 146㎝ 정도(146.36±7.62㎝)로 추정됐다.'

영산강 유역에서 확인되는 석실분들은 한반도의 한강 유역(경기 지역)과 능산리 고분(충남 지역)의 석실분과는 다르고, 일본 열도의 북규슈(北九州)식으로 왜색이라는 것이다. 이점은 마한이 일본 열도와 연결되었음을 시사하고 있다.

한편 금강 유역의 부여 능산리고분들(충남 지역)은 구조적으로 볼 때, 판석으로 짠 직사각형의 널방에 꺾임 천장을 갖춘 소위 '능산리형 돌방무덤'으로 집약될 수 있다. 이러한 능산리형 돌방무덤은 부여 일대뿐만 아니라 충청도·전라도 지역에 광범위하게 분포하고 있다.

11. 방대형 고분의 축조 기법은 일본보다 앞선 기술

5세기 후반 영산강 유역의 분할 성토 방식의 방대형 고분 축조 기법의 전모가 밝혀졌다.

뉴시스=대전(박희송 기자)[176]에 의하면, "문화재청 국립나주문화재연구소(소장 김성범)는 전라남도 영암군 옥야리 방대형 고분(方臺形 古墳: 전라남도 기념물 제84호)의 봉분 축조 방식을 규명했다고 (2013.12.) 20일 밝혔다. 영암 옥야리 방대형 고분은 지난 2009년부터 2011년까지 2차에 걸쳐

---

176) 〈뉴시스(NEWSIS)〉, 5세기 마한 수장 무덤 '방대형 고분' 축조 기법 규명, 2013.12.28

발굴조사를 벌였다.

기존의 봉분 평면 조사에서 회색 점토 덩어리[土塊·토괴]로 봉분을 구획한 흔적은 일부 확인됐으나 탐색 트렌치(Trench: 길쭉하게 판 홈)를 이용한 제한된 조사로 인해 봉분 축조 방식을 제대로 밝히기 어려웠다. 이에 봉분의 축조 공정과 토목 기술을 구체적으로 밝히기 위한 추가조사의 필요성이 판단돼 올해 여러 위치와 방향으로 둑과 트렌치를 설치, 정밀 발굴조사를 벌인 결과, 한 변의 길이가 약 30m, 높이가 약 4m인 높고 큰 방대형(方臺形) 봉분을 견고하게 축조하기 위한 과학적인 고대 고분 축조 기술의 전모를 밝혀냈다고 한다.

【대전=뉴시스】영암 옥야리 방대형고분 전경. 2013.06.20. (사진=문화재청 제공)

회색 점토 덩어리로 방사상(放射狀)·동심원상(同心圓狀)으로 구획한 공간에, 고분 주변 도랑[周溝·주구]을 만들면서 파낸 흙으로 단단하게 결구(結構)하며 쌓아 올리는 방식은 당시로서는 획기적이고 선진화된 기술이었다. 크기가 10-30cm인 회색 점토 덩어리(土塊)를 차곡차곡 위로 쌓아 방사선 형태로 5개의 구획선을 설치, 봉분의 종(縱) 방향 구획을 마련했다. 이어서 동심원상으로 2개의 구획선을 교차되게 설정해 작업 구간을 나눈 다음, 봉분 중심에서 가장자리로 흙을 쌓으면서 봉분을 조성했다.

이번에 봉분 구획에 사용된 점토 덩어리는 우리나라에서 4세기 중·후반에 조성된 나주 장동리 고분(長洞里 古墳)을 시작으로, 5세기 후엽-6세기 중엽께의 영암(자라봉 古墳)·나주(伏巖里 古墳)·무안(德巖 古墳) 등 영산강 유역뿐만 아니라 경남의 고성(松鶴洞 古墳)과 부산의 연산동(蓮山洞 古墳) 등 가야와 신라 문화권의 고분에서도 확인됐다. 일본에서는 토괴를 구획 재료로 활용해 봉분을 분할, 정교하게 쌓는 방식이 있는데, 이번의 영암 옥야리 방대형 고분에 비해 1세기 정도 늦은 6세기 중엽경의 일본 오사카의 쿠라즈카고분(藏塚古墳)에서 확인된 바가 있어 5-6세기 고대 고분 축조 기술을 통해 고대 한·일의 문화 흐름을 엿볼 수 있을 것으로 기대된다고 하였다.

'영암 옥야리 방대형 고분'은 5세기 후반 영산강 중·하류 지역에 조성된 마한(馬韓) 수장(首長)급의 무덤으로 보며, 봉분은 남북의 길이 29.9m, 동서의 길이 26.3m, 추정 높이 3.7m인 방대형이다. 봉분 중앙에서는 굴식돌방무덤(石室墓)을 비롯해 총 6기의 매장 시설이 확인됐고 원통형토기(圓筒形土器, 하니와)·고배(高杯)·철갑편(鐵甲片) 등 500여 점의 중요 유물이 출토됐다. 이 방대형 고분 조성 기법은 흙을 높게 쌓아 올리는 토목기술로, 서울 풍납토성(風納土城)과 김제 벽골제(碧骨堤) 등지에서 확인된 '판축(版築)' 기법과 비슷하며 과학적인 방법으로 알려져 있다." 토괴를 이용해 다짐벽을 '+'자(字) 형태로 교차시켜 무너지지 않게 결구한 발전된 방식은 영암 옥야리 방대형 고분에서 처음으로 확인된 것이다. 방대형 고분의 축조 기법은 앞서 제기한 분구묘 조성을 이해하는 데 도움이 될 것으로 본다. 특히 아파트식 고분이 조성될 수 있는 상황을 이해할 수 있다.

다만 방대형 축조 기법의 핵심은 토괴를 이용해 다짐벽을 만드는 것인데 이 방식은 전남 마한에만 국한된 것이 아니다. 다시 말해 전남 지역에 분포된 마한의 분묘 형태를 한 마디로 집약할 수 없다는 점이다.

12. 분구묘의 출현은 묘제의 변천인가, 전래인가?

혼란을 야기하는 장묘 문화에 대해 다시 살펴보자.

요즈음 우리나라 장묘문화가 납골장으로 변하고 있다. 납골장은 화장(火葬)을 전제로 한다. 그전까지는 토광을 파고 깊이 묻어주는 봉분묘라는 토장이 일반적이었다. 이렇게 봉분묘 전통이 납골장으로 변하게 된 데는 묘지 확보라는 사회적 문제가 발생했다.

납골장으로 급격히 선회한 데는 묘지 확보의 어려움과 공감대 형성이라는 측면도 있었지만, 묘지(봉분)를 쓰면 안되는 법률적 규제[177]를 결정적 원인으로 보고 있다. 공감대 형성 원인의 또 하나는 봉분묘가 벌초 등 관리가 어려운 데다가 이에 발맞추어 납골묘지(공원)가 일반화되면서 장례 절차를 간소화하는 데 도움을 주었기 때문으로 본다.

---

177) 장사등에관한법률(장사법)과 시행령 등

예전의 전남 마한 지역을 보면, 봉분묘와 분구묘가 병존하고 있었다.

묘제란 가장 보수적이고 전통을 따르는 문화 양식인데, 다른 형태의 묘제가 섞여 있다는 것이 쉽게 풀리지 않는 의문이다. 봉분묘(封墳墓)는 땅을 파서 죽은 사람을 묻고 무덤을 표시하기 위해 흙더미로 토광을 밀봉하는 방식이다.

그리고 분구묘(墳丘墓)는 땅을 파는 대신 지상에 흙더미를 쌓고 그 안에 주검을 안치하는 방식인데 전통적 봉분묘와 다르다. 결국 흙더미를 구릉(丘陵, 언덕)처럼 쌓았다 하여 분구묘라 부른다.

우리나라에서는 신석기시대 이래 청동기시대 지석묘(고인돌 등) 역시 땅을 파고 묻은 점에서 봉분묘와 다를 바 없다. 매장한 그 위에 흙을 덮는 대신 큰 돌을 덮은 점에서 차이가 있을 뿐이다. 흙이든 돌이든 기본적으로는 모두 무덤임을 표시하기 위한 것이라는 점에서 다르지 않다. 봉분묘는 최근 20세기까지 우리나라에 지속된 전통 방식의 묘제이다.

그런데 전남 마한 지역에는 우리의 전통과 다른 분구묘가 있어 풀리지 않는 커다란 과제로 남아있다.

고고학자 임영진 교수는 전남 지역의 봉분묘와 분구묘가 병존하고 있는데 대해 다음과 같이 말하고 있다.[178]

봉분묘와 분구묘는 모두 마한의 무덤이다. 봉분묘는 동북아시아의 오래된 전통 속에서 이어져 온 것이고 지금 일반적으로 쓰고 있는 무

---

178) 〈광주일보〉, 마한 분구묘에는 왜 수많은 사람들이 묻혀 있을까, 2020년 06월 17일.

덤도 그 연장선에 있다고 한다.

분구묘는 기원 전후 경부터 황해에서 가까운 마한 지역에서 쓰이기 시작하였으며 4세기 말부터 6세기 초까지는 영산강 유역에서 특히 성행하였다.

주검을 안치하는 공간이 지하의 토광인지 지상의 분구인지의 차이는 매우 큰 의미가 있다. 단순한 묘제의 차이가 아니라 생사관과 직결되는 장제의 차이이며 문화적 계통의 차이와도 관련이 있다.

분구묘는 지하에 토광이 없는 대신 지상의 분구에 목관, 목곽, 옹관, 석실 등을 손쉽게 축조하여 죽은 사람을 안치할 수 있다. 따라서 분구의 크기에 따라 적게는 3-4인부터 많게는 30-40인에 이르기까지 추가장을 통해 어렵지 않게 여러 사람을 묻을 수 있는 매우 특별한 무덤이다.

임교수는 아직까지 분구묘가 자체적으로 발생한 것인지 외부에서 유래된 것인지는 자세히 밝혀지지 않았다고 했다. 초기 분구묘들은 황해 연안 지역을 따라 분포되어 있고 내륙 지역에는 봉분묘가 사용되고 있었지만 점차 분구묘는 큰 강을 따라 내륙으로도 확산되어 나갔다고 보고 있다.

이와 같은 현상은 분구묘 축조인들이 해양 활동과 관련되어 있을 가능성을 말해 주는데 황해를 건너 마한 지역과 마주 보고 있는 중국 동부 해안지역에서도 같은 성격의 무덤들이 성행하였다는 점이 주목된다고 하였다.

중국 동부 해안지역은 고대 오·월 지역에 해당하며 그와 같은 구조를 가진 무덤을 토돈묘(土墩墓)라 부르는데 마한 분구묘와의 관련 가능성에 대해서는 앞으로 하나하나 밝혀 나가야 할 과제라 하겠다.

　임교수가 말한 '황해 연안 지역'이란 전라남도에서 전라북도의 고창까지의 해안지역을 말한다.
　분구묘가 기존 분묘의 변천인가, 전래인가를 명확히 밝히지 못했지만 국사학계가 풀어야 할 과제임은 틀림없다.
　분구묘는 봉분묘와 달리 다인장, 대형 옹관, 수직·수평적 분구 확장 등이 중요한 특징이 있다. 이 가운데 가장 주목되는 것은 다인장이다.
　분구묘에서 확인되는 다인장은 동시장에 의한 순장과는 전혀 다르다. 시기를 달리하는 추가장에 의해 이루어진 다인장이기 때문이다. 이는 대를 잇는 가족을 중심으로한 혈연공동체적인 유대 속에서 만들어진 것으로서 분구묘 자체가 가족묘에 해당하는 것으로 볼 수 있다.
　나주 복암리 3호분은 42개의 매장 시설이 확인된 다인장 무덤일 뿐만 아니라 한 개의 매장 시설에도 여러 사람이 매장된 대표적인 가족묘이다. 특히 한 옹관에서 출토된 2인의 인골은 DNA 분석을 통해 모계가 같은 친족으로 밝혀졌는데 이는 이 무덤이 가족공동체의 무덤이었음을 입증하는 자료가 된다.

　분구묘에서는 추가장이 이루어지면서 기존 무덤을 증축하는 일도 생기게 되었다. 처음에는 분구를 수평적으로 확장함에 따라 길다란 사다리꼴을 띠었다가 5세기부터는 수직적으로 확장함에 따라 방형으로 고정되면서 높고 웅장한 무덤이 되었다고 한다.
　앞에서 말한 복암리 3호분은 42개의 매장 시설이 확인된 다인장 무덤으로서 아파트형 고분이라 한다. 방대형 고분과 다를 바 없다.

필자가 이번 주제에서 논의하는 것은 우리의 전통 방식의 봉분형 묘제가 현대까지 이어지고 있는데 마한 시기라고 일컫는 3세기에서 6세기까지 존재했다가 사라진 분구묘가 전통적 묘제의 변천인지 아니면 다른 곳에서 전래된 것인지 구별하는 것이었다.

13. 전방후원분이 전남에 편중된 이유가 뭔가?

다음의 지도를 보면, 전방후원형 고분이 현재 확인된 것만도 13기에 달하며 영산강 유역 주변에 분포되어 있다.

▲ 전방후원형고분 분포지도(출처: 무등일보)

전방후원분의 전방부 형태가 두 가지로 구분되는데, 하나는 방형에 가깝고 후원부 보다 전방부의 높이가 낮은 신덕1호분, 자라봉 고분, 용두리 고분 유형이 있고, 다른 하나는 삼각형에 가깝게 전단면이 넓고 후원부와 비슷한 높이인 표산 1호분, 명화동 고분, 장고산 고분, ⁽영광⁾월계 1호분, ⁽광주⁾월계동 1·2호분이 있다.

이 고분들의 조영 시기를 대체로 5세기 후반으로 추측하고 있다. 그런데, 이 고분들을 누가, 왜 조영했을까?

이 고분들의 조영 집단의 성격에 대해 ①일본이 파견한 왜인설, ②백제가 파견한 왜인설, ③일본으로 건너간 마한계 후예들 가운데 영산강 유역으로 망명한 귀향설, ④재지(在地) 토착 세력설 등 의견이 다양하다. 말하자면 아직 어떤 결론이 나와 있지 않은 실정이다.[179]

박해현 교수의 이와 같은 네 가지 가설은 일본에서 3세기 중반에 출현한 고훈시대가 4세기 후반까지 오사카지역을 중심으로 한 대형 고분으로 발전하였던 전방후원분과 관련 있다는 판단을 전제로 한 것 같다.

이에 대하여 다른 의견도 있다.

①'왜인 파견설'은 영산강 유역과 왜 사이에 교역이 있었을 것이고 이를 수행하기 위해 왜인을 파견했다는 가설이다. 그런데 고분들의 분포가 영산(강) 지중해상의 남해안 일대 등 주요 항구가 밀집한 곳에

---

179) 〈영암신문〉, 일본의 전방후원분은 영산강 유역 이주민들의 작품이다⁽박해현⁾. 2017.09.29.

있지 않고 산발적으로 분산되어 있어 파견된 왜인이 이 모든 지역을 관할할 수 없었을 것이라는 점에서 설득력이 없다고 본다.

②'백제가 파견한 왜인설'은 웅진 천도(475) 후에 영산강 유역에 대한 직접적인 장악력이 떨어지자 이 지역의 토착 세력을 견제하기 위해 파견되었던 왜(倭)계의 백제 관료와 관련이 있다는 가설이다. 이에 대해, 왜계 백제 관료라면 당연히 영산강 지역 중심지에서 활동하였을 것임에도 불구하고 지도에서 보는 것처럼 영산강 외곽 지역에 (흩어져있는) 단독분 위주로 산발적으로 조영된 점, 특히 영산강 유역 세력을 견제하기 위해서라면 핵심 지역을 방치한 채 왜 외곽 지역에 위치하게 되었을까 하는 의문에 봉착하게 된다. 그리고 필자가 내놓은 『한반도에 백제는 없었다』는 주장에 비추어 본다면 중국에 있는 백제가 무슨 시급성이 있어 바다 건너 한반도에 왜인을 파견할 수 있는지 설명할 수 없다.

③"마한계 귀향설"은 원래 영산강 유역에 장고분과 대형 옹관묘를 축조한 세력이 있었는데, 이 가운데 전자가 규슈 지역으로 이주했다가 (일본의 정변 등에 의해) 귀향하여 조영한 것이라는 가설이다. 이 또한 일본 현지에 이주한 마한인들이 장고분을 묘제로 채택한 흔적을 찾을 수 없고, 어떻게 200여 년 넘게 일본 사회에 동화되지 않은 채 귀향하였는가 하는 의문이 남는다. 귀향했다는 구체적 증거도 없다.

④'재지(在地) 수장설'은 영산강 외곽 지역에 산재 되어있던 토착세

력들이 남하하는 백제의 압박을 이겨내기 위해 일본과 동맹을 맺는 과정에서 조영했다는 가설이다. 이 가설은 5세기 후반 특정 공간에 전방후원분 고분이 배치되었다는 점으로 볼 때 재지 토착세력과 관련성이 없고, 이 지역에서 대형 고분을 조영할 정치세력의 역량도 발견되지 않아 비판의 여지가 있다. 그리고 한반도에 백제 부재론에 따라 당연히 백제의 압박은 없었으므로 이 주장 역시 설득력을 상실하게 된다.

전방후원분이 전남에 편중된 이유에 대해 일본이 파견한 왜인설, 백제가 파견한 왜인설, 일본으로 건너간 마한계 후예들 가운데 영산강 유역으로 망명한 귀향설, 재지(在地) 세력설 등 의견이 다양하지만, 많은 독자와 사학도의 궁금증을 해소할 수 있는 답은 아직 나와 있지 않은 실정이다.

전남문화재연구소가 낸 『전남의 마한 분묘 유적 2020』에 의하면, 향토 사학자들의 시각이 박해현 교수와 비슷하며, 백제와 연관지었다는 점에서 크게 다르지 않다고 본다. 이들의 주장은 마한과 왜(야마토)의 관계, 그리고 한반도에 존재하지 않았던 백제 관련설이다. 이 당시 야마토 정권이 일본 열도에 있지 않았고, 중국의 동남부에 있었으므로 영산간 유역 마한을 왜(倭)나 백제에 연관시켜 파악하려는 의도는 기존 통설에서 벗어나지 못한 것이라 본다.

결국 전방후원분의 피장자의 정체성을 밝히기 위해서는 지금까지와는 다른 관점에서 접근이 필요할 때가 아닌가 생각이 든다.

필자가 보기에는 전방후원분이 1)형태적으로 볼 때 3세기 이전의 묘제와 다르다는 점, 2)전방후원분 묘제의 형태가 중세나 근·현대까지 이어지지 않았다는 점, 3)중국과 일본을 연결하는 한반도 서남부라는 특성을 가진 특정 지역에 분포한다는 점 등을 고려하여, 전방후원분 묘제를 쓰는 특정 집단이 도래하고 일본으로 거쳐가는 과정에서 조성된 것이 아닌가 하는 가설을 제기한다.

이같은 가설은 상당 기간, 상당수의 인원이 일정한 통로로 바다를 건널 수 있었다는 전제가 수반되어야 한다.

14. 전남·북 지역의 마한 유적에 대한 재탐색

임영진 교수는 전남지역 분묘의 형태에 따라, (1)내륙지역 중대형 원분은 장고분과 함께 야마토(大和) 왕권의 일본 열도 통합 과정에서 더이상 일본 열도에 거주하기 어려웠던 망명객이 그 주인공일 것으로 보고 있다. (2)해안도서 지역 중소형 원분은 중국-백제-왜로 연결되는 연안항로와 관련되어 파견된 왜인이 그 주인공일 것이고, (3)해안도서 지역의 중대형 방분이나 원분은 중국-백제-왜로 연결되는 연안항로와 관련되어 왜에 협조적인 현지 세력자들이 그 주인공일 것으로 보고 있다. 이 가운데 대부분의 연구자들이 상정하고 있는 (2)와 (3)의 가능성은 구체적으로 백제와 왜의 원활한 교류를 위한 것이었다고 보는 것이 일반적이라고 말한다. 그런데 다음과 같은 사정을 감안해 보면 왜의 중국 견사와 관련되었을 가능성이 높을 것으로 생각된다고 하였다.

그가 보는 경기·충청·전라지역에 걸쳐있었던 마한 사회에서는 서울의 강남지역에서 건국된 백제에 의해 북쪽에서부터 마한 사회가 잠식되어 나가는 것을 목격하면서 그에 대응하는 준비를 해나갔다고 한다. 마한 사회는 통합된 사회가 아니었으므로 권역별로 내적(內的)으로는 소국들 사이의 결속력을 강화하거나 보다 큰 세력으로 통합하고자 하였다[180]는 것이다.

외적(外的)으로는 백제와의 관계를 유지해 나가는 한편 백제의 영역 확장에 밀려 일본 열도로 이주한 구 마한 세력과도 유대를 맺어 나갔다는 것이다. '나주 영동리 고분군에서 조사된 5-6세기대의 인골들이 큐슈 지역 주민들과 상통하는 것'은[181] 형질학적으로도 두 지역 사이의 인적 관계를 입증해 주는 자료라고 내세우고 있다.

임교수는 또한 경기·충청·전라지역에 걸쳐 있었던 마한 사회에 대해 언급하기를 ⑷전북에서는 마한 분묘가 유일하게 고창 지역에 분포하는데 고창 지역은 생활권에 있어 전남의 영산강 유역권에 해당한다고 보았다. 고고학적으로 보더라도 고창 일대에서는 거대한 분구묘들이 6세기 초까지 발전하였기 때문에 전북 서남부지역은 광의의 영산강 유역권에 포함시킬 수 있다[182]고 보고 있다.

필자는 임교수의 견해와 다른 시각이다.

첫째, 임교수는 '나주 영동리 고분군에서 조사된 5-6세기대의 인골

---

180) 임영진, 「영산강유역권의 분구묘와 그 전개」, 『호남고고학보』16, 표 3. 2002.

181) 김재현, 「인골로 본 고대인의 매장의례와 친족」, 『6-7세기 영산강유역과 백제』, 국립나주문화재연구소. 동신대학교문화박물관, 2010.

182) 임영진, , 『호남고고학보』16, 2002, 「영산강유역권 의 분구묘와 그 전개」 93쪽.

들이 큐슈 지역 주민들과 상통하는 것'과 관련하여 (1)의 '야마토 왕권의 일본 열도 통합과정에서 더이상 일본 열도에 거주하기 어려웠던 망명객'으로 보고 있다. 이에 대해 필자는 '야마토 왕권에 의한 일본 열도 통합'의 시작은 쇼토쿠 태자를 아스카에 파송하여 세력을 확장한 6세기 말에서 8세기 초 이후라고 본다.[183] 임교수가 본 5-6세기에 비교할 때, 1-2세기 이상의 차이가 난다.

이를 고려할 때, 나주 영동리 고분의 주인공(인골)은 일본 열도에서 온 망명객이 아니라 큐슈 지역으로 옮겨가기 전(前) 인척(姻戚)으로 볼 수 있다.

둘째, (2)와 (3)에서 거론하고 있는 중국-백제-왜로 연결되는 연안항로는 한반도 남해안을 연결하는 항로가 아니라, 당시(5-7세기) 백제나 야마토(大和) 왜가 중국 대륙에 있었기 때문에 3국을 연결하는 연안항로는 중국 동해안이라 할 수 있다. 따라서 3국의 연결 항로를 남서해안에서 찾는 것은 맞지 않다고 본다.

셋째, 임교수는 경기·충청·전라지역에 걸쳐 있었던 마한 사회가 서울(한강)의 강남지역에서 건국된 백제에 의해 북쪽에서부터 마한 사회가 잠식되어 나가는 것을 목격하면서 그에 대응하는 준비를 해나갔다고 주장 한다. 그런데 백제가 한반도에 존재하지 않았으므로 이 주장은 설득력이 없다고 본다.

---

183) 아스카(飛鳥)시대를 구분할 때, 일본 문화사는 538-710, 일본 정치사는 592-710으로 본다. 본책 2장의 '야마토 왜(倭)는 한반도 마한과 무관하다' 참조.

넷째, 전라북도 고창 일대에 고인돌 유적과 거대한 분구묘가 있는데, '시사전북닷컴'이 보도(2020.03.11.)한 〈고창군, 마한시대 토성 확인 '2천년전 토성축성기술' 드러내〉라는 제목의 기사에 따르면, "현재 고창군 아산면 봉덕리와 고수면 예지리 일원은 '국내 마한 문화 유적 최대 밀집분포 지역'으로, 마한의 중심지이자 수도였을 거라 추측"될 정도로 마한 유적이 많다는 것을 강조하고 있다.

이에 대해 임영진 교수는 고창의 마한 유적을 영산강 유역 마한 유적의 연장선으로 보고 있다.

필자가 보기에는 전남 지역 중심의 마한 유적 이론 전개에서 전북 고창지역의 마한 유적을 설명하기에는 이론적 한계에 부딪쳤기 때문이라고 본다. 이 지역은 노령산맥에 가로막혀 있어 영산강 유역의 문화권으로 볼 수 없기 때문에 영산강 유적의 연장선이 아니라 독립된 문화 유적으로 본다.

다음 5장에서 밝히겠는데 이곳 고창지역으로 이어진 마한의 해상 이동 루트가 있기 때문이다.

이를 종합하여 볼 때, 지금까지 전개한 마한사를 다시 점검할 필요성이 있다는 점에 관심을 집중할 필요가 있다.

마한사를 종합하면, 앞의 2장에서 소개한 대로 『삼국사기』의 〈신라본기〉와 〈백제본기〉, 〈고구려본기〉에 나오는 마한(馬韓)은 중국 대륙에 있는 마한이지, 한반도 서남부에 있는 마한이 분명 아니라는 결론을 얻은 바 있다.

중국의 사서, 『삼국지』의 〈위지〉나 『후한서』에 나오는 마한(馬韓) 역시 중국 대륙에 있는 마한이다.

앞의 3장에서, 『삼국유사』를 쓴 일연이 〈위지〉를 인용했다고 밝혔는데, 준왕(準王)의 입해(入海)를 월해(越海)로 역사를 왜곡했음을 스스로 자인한 셈이 된다.

『삼국유사』의 영향을 받은 권근이 『동국통감』 외기 〈삼한기〉에서 마한의 '백제계승론'을 주장했다. 이는 최치원의 '고구려계승론'과 배치되는 주장이다.

앞의 3장에서 살폈듯이 일련 스님의 역사 왜곡이 분명한 것으로 본다면, 『삼국유사』의 영향을 받은 권근의 '백제계승론'이나 한백겸의 『동국지리지』의 주장도 그 근거가 왜곡됨에 따라 학문적 가치가 없어졌다고 할 수 있다.

준왕(準王)이 월해(越海)가 아니고 입해(入海)했다는 역사적 사실이 확인된 터라 전북에 있는 기준성과 관련하여 마한의 백제계승론은 폐기되어야 하며, 문헌사를 따르는 마한의 주장은 설 자리가 잃게 된다.

한반도 마한의 문헌사적 근거가 없어진 것이다.

한반도 서남부의 마한은 어디서 비롯된 것일까?
마한(馬韓)은 어디서 온 것일까?
특히 전방후원묘를 쓰는 마한은 어디서 온 것일까?
아니면 전남 땅에서 자생(自生)한 것일까?
아니라고 본다.
묘제란 가장 보수적이고 전통적이다.
옹관묘, 석실분이 하루아침에 전방후원분으로 탈바꿈할 수 있는 것이 아니다.
이러한 묘제는 한반도의 육로를 따라 북방에서 전래된 것도 아니다.

필자가 하남시 검단산(黔丹山)과 이성산성을 중심으로 〈검단(黔丹)은 선사시대 한자 용어의 군사방위 개념이다〉라는 주제 소개와 '초대형 백제 고분군 발견'이라는 K사 9시 TV 방송 (2005.10.31.) 오보를 소개하는 자리에서 전방후원분이 북방에서 육로를 통하여 전래 되지 않았음을 짚은 일이 있다.

 그렇다면 일본 열도에서 전래된 것일까?
 강단사학자들은 대다수 일본 열도에서 전래된 것으로 보고 있다.
 이들에게 다시 질문을 하겠다.
 그렇다면 일본 열도의 전방후원묘 묘제는 그전에 어디에서 전래된 것인가?
 필자가 동양 상고사 탐색의 기준, 서북고동남저(西北高東南底)의 문명 등고선 기준에 비추어 볼 때 이치나 상식에 맞지 않다.
 마한의 분묘와 일본 열도의 고분들이 조성된 시기를 비교해 보아도 한반도 마한 분묘가 시기적으로 앞선다.
 마한 유적이 있는 전라남·북도의 북쪽, 충청도나 경기도를 지나온 것이 아니고 일본 열도에서 바다를 건너온 것도 아니다.
 그렇다고 마한의 동쪽에 있는 가야가 서쪽 마한으로 이주한 것도 아니다. 왜냐하면 가야의 생활 양식과 묘제가 전혀 다르니 그쪽의 영향도 아니다.

 이제 남아있는 추측은 바다 건너 서쪽에 있는 중국에 있었다는 마한뿐이다.
 중국의 사서가 기록한 마한의 생활 유습이 한반도의 마한과 닮은 점이 있다. 성곽이 없다든지 가무를 즐겼다는 점들이 그렇다.

그런데 주택의 문제는 다르다.

마한(馬韓) 유적에서 『후한서』〈동이열전〉의 기록처럼 '땅을 파서 움집을 만드니 그 모양이 마치 무덤 같으며, 출입하는 문은 윗부분에 있다(作土室 形如冢 開戶在上).'는 생활유적은 발견되지 않았다.

또한 '무릎을 꿇고 절하는 줄을 알지 못하며, 어른과 어린이의 차례와 남녀(男女)의 분별하는 따위의 예(禮)가 없다. 금, 보화, 비단, 모직물 등을 귀하게 여기지 않으며 소와 말을 탈 줄을 모르고, 오직 구슬을 귀중히 여겨서 옷에 꿰매어 장식하기도 하고 목이나 귀에 달기도 한다. 문신(文身)을 하기도 한다.'는 기록과도 다르다.

그렇지만 생활 문화 양식에서 상당히 많은 점이 비슷하다는 공통점이 있다.

이를 어떻게 해석하고 풀어나갈 것인가?

중국 사서에 기록된 마한과 한반도 마한 땅의 유적이나 현재 남아있는 생활 풍습은 비슷한 점도 있지만 다른 점도 많이 있다. 한반도의 마한은 중국 사서의 마한이 분명히 아니라고 말할 수 있다.

이를 종합하여 볼 때, 중국에서 한반도로 이주하면서 묘제와 생활 유습은 크게 변하지 않았지만, 자연환경에 의지할 수밖에 없는 주택의 문제는 다소 바뀔 수 있다고 본다.

그렇다면 중국에서 어떤 경로를 따라 한반도로 이동한 것일까?

필자는 다음 장에서 중국 마한이 바다를 건너 한반도에 이주했다는 뜻에서 '마한도이설(馬韓渡移說)'을 제기한다.

바다를 건너온 마한, 그리고 뱃길

제5장

바다를 건너온 마한, 그리고 뱃길

영산강 유역의 마한 분묘 양식이 다양하게 다른 이유에 대한 답을
제주도를 경유했다는 고대 항로의 흔적에서 찾아냈다.
이 장에서는 해수면의 상승으로
제주 경유 해저 소백산맥 항로가 소실되자
덜 잠긴 해저 노령산맥 항로를 이용하여
중국에서 바다를 건너온 마한의 뱃길을 소개하고 있다.

1. 제주도에서 발견된 옹관묘

영산강 유역의 고분군을 보면, 장묘 문화가 변천된 것인지 혹은 전래된 것인지에 대한 결론을 쉽게 내릴 수 없었다.

봉분묘(封墳墓)에서 분구묘(墳丘墓)로 변천되었다면 어떤 동기가 있었을 텐데 그 동기를 찾을 수 없다. 그렇다고 분구묘만 존재하는 것도 아니다. 전남지역에는 다양한 형태의 묘제가 존재하고 있다.

만약 전래 되었다면 전래된 연결 루트가 궁금하다. 과연 일본 열도의 고분(古墳)에서 전래 된 것일까?

필자가 동양 상고사를 공부하면서 터득한 이론이 하나 있다.

동양 상고사를 이해하려면 '서북고동남저(西北高東南底)의 문명 등고선'

이론을 이해해야 한다. 다음 기회에 책을 낼 기회가 있다면, 상고사 고조선과 그 전의 환웅 왕조와 중국의 홍산 문명(랴오허 문명)과 서역의 금속 문명 발생을 연결 지어 '서북고동남저' 사례를 자세히 소개하려 한다.

이 이론에 비추어 볼 때 '전방후원분묘'가 일본 열도에서 한반도로 유입됐다는 주장은 이치에 맞지 않고 납득할 수도 없는 주장이라고 본다. 장묘제도가 전래될 정도라면 언어, 문자, 의복 등이 일본식이어야 할 것이다.

일본 열도에서 한반도로 문명이 전파되었다고 가정한다면, 일본 열도의 (가칭) 선진 문명은 어디서 전래 된 것인지 밝혀져야 한다. 만약 밝힐 수 없다면 일본 열도가 세계 최고의 고대 문명국임을 증명해야 한다.

그도 저도 아니면 이는 주먹구구식 주장에 불과하며 폐기되어야 할 이론이다.

최근에 일본 고훈(古墳)시대의 고분군이 한반도 영산강 유역의 고분보다 늦게 조성되었음이 밝혀졌다. 일본 열도에서 전래된 것은 분명 아니라고 본다.

한 가닥 가능성이 있다고 보아, '서북고동남저(西北高東南底)의 문명 등고선'에 따라 한반도 북쪽에서 남쪽으로 전래한 것일 수도 있다고 하여 찾아보았지만, '전방후원분묘'의 자취가 한반도 중부지역을 거쳐간 흔적이 발견되지 않았다. 그렇다면 한반도의 북에서 남으로 전래 된 것도 아니다.

'전방후원분묘'는 어디서 온 것일까?

또 하나 전남 영산강의 마한 유적에서 옹관묘를 무시할 수 없다. 전남 나주의 정촌 유적 복암리 3호분에서 대형 옹관(甕棺)이 28기나 쏟아졌다. 합구식 옹관 중에는 길이가 3m에 가까운 것도 있다. 옹관묘는 석축이나 목관과 다른 장례 문화이다. 이들 옹관묘는 어디서 전래된 것일까?

필자가 의문으로 삼고 있던 중에 제주도에서 옹관묘가 발견되었다. 제주=연합뉴스(2008.2.9.)에 의하면, 제주에서 보존상태가 가장 양호한 옹관묘를 발굴했다고 한다.[184] 제주지역에서 발굴된 다른 옹관묘보다 상태가 매우 양호하다고 한다.

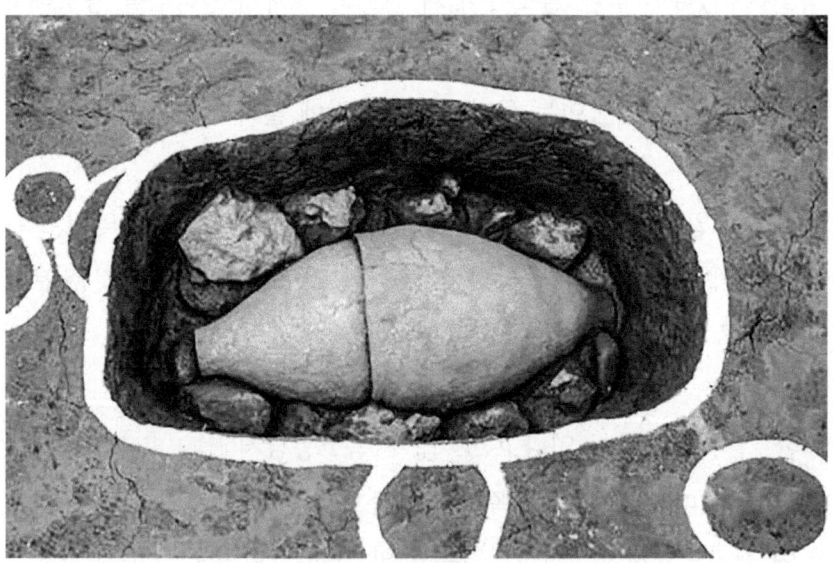

▲ 기원전 2-기원전 1세기 무렵 유적으로 추정되는 합구식 옹관묘(출처 연합뉴스)

---

184) 〈연합뉴스〉, 제주서 보존상태 가장 양호한 옹관묘 발굴, 2008.2.9.

합구(合口) 상태인 옹관의 길이와 폭은 각각 68㎝, 45㎝ 내외이고 송국리형[185] 기형의 토기를 사용했으며, 묘광의 장축은 150㎝, 폭은 101㎝, 깊이는 42㎝ 내외이다.

국립제주박물관(관장 손명조)은 한국토지공사가 대규모 택지개발을 추진 중인 제주시 삼양동, 도련동, 화북동 일대에 대한 발굴조사에서 평면 방형 혹은 장방형 주거지 11기와 정확한 기능을 종잡기 힘든 구덩이 유적 300곳, 주춧돌 없이 기둥을 땅에 그대로 박은 굴립주(掘立柱) 건물 4기, 옹관묘 4기, 토광묘 1기 등을 확인했다고 (2008.2.)9일 밝혔다.

호남문화재연구원은 "이번에 발굴된 옹관묘는 삼양동식 토기로 알려진 송국리형(松菊里型) 기형의 대형호를 합구한 형태이며 곽지[186] 1식 토기로 합구한 용담동 유적에 비해 앞선 시기의 것으로 보인다"며, "이곳은 삼양동 유적을 형성했던 사람들의 분묘 공간일 가능성이 있다"고 말했다.

청동기시대에서 초기 철기시대로 전환해 가는 BC 2-BC 1세기 무렵 제주지역 문화상을 다양하게 엿볼 수 있는 발굴 성과라고 보고 있다. 최근 제주 향토문화연구자들은 이 옹관묘가 탐라국 형성기로 추정하여 BC 300년 정도로 보고 있다.

---

185) 송국리형 토기[松菊里型土器]; 충청남도 부여군 송국리 유적에서 발견된 청동기시대의 토기. 계란처럼 부른 몸통과 밖으로 짧게 벌어진 아가리를 지닌 것이 특징인 민무늬 토기이다

186) 곽지리는 제주 애월읍 해안가에 있으며, 청동기시대와 철기시대 사이의 패총유적 등이 발굴되고 있다.

필자가 보기엔 제주도의 옹관묘 발굴은 마한 문화사의 새로운 키(key)와 이정표가 될 수 있을 것으로 여겨진다.

우선 떠오르는 것이 제주도와 한반도 마한과의 교류인데, 마한 문화가 육지(전남 영산강 유역)에서 (제주) 섬으로 이동한 것인지, 아니면 섬에서 육지로 이동한 것이지 생각해 볼 일이다.

고고학계가 보는 영산강 유역의 마한 분묘 유적은 대체로 3세기 이후로 보고 있다. 특히 전남 지역의 옹관 발생 단계를 3세기[187] 이후로 보고 있는데, 제주도의 마한 유물로 보는 옹관묘가 BC 2-BC 1세기에 해당한다면 전남 지역의 마한 분묘 보다 4-5세기가 빠른 것이다. 제주에서 옹관묘 발굴은 이곳만 있는 것이 아니다. 모두 3세기 이전으로 (제주) 섬에서 육지로 이동했다고 봐야 한다. 이는 우리 역사학계의 인식을 뒤바꾸는 사건이자 근간이 될 것으로 본다.

2. 옹관묘는 제주식 분묘가 아니다

그렇다면 제주도의 옹관 문화가 어디서 나온 것일까?

필자는 두 가지 가설을 제시한다.

가설(1)은 '기원전 2-기원전1세기의 제주도 옹관묘가 자연 발생적인 장묘문화다'라는 설정이다. 이 가설이 성립된다면 제주도는 한반도

---

187) 전남 나주 복암리 3호분은 전용 옹관 중에서 이른 시기(3세기대)에 해당하는 것이 있고, 횡혈식 석실분 중에는 7세기 전반까지 내려오는 것이 있어 전체적으로 400여 년간 사용된 고분으로 중심 조영 연대는 5세기 후반-7세기 전반으로 추정된다.(출처; 전남고고학지명표, 최몽룡, 1975, 출처: 나주군문화유적 지표조사보고서〉

옹관묘의 시원이 된다.

　가설(2)는 '제주도의 옹관묘는 중국의 옹관묘 문화가 전래한 것'으로 본다. 이 가설이 성립되면 중국 대륙의 마한이 바다를 건너 제주에서 한반도로 이주했다는 이동 경로를 밝힐 수 있다.

　가설(1)에 대하여, 옹관묘라는 장례 문화는 제주도의 자연 발생이 아니라고 본다. 옹관묘식 장례 절차에서 핵심은 옹관을 굽는 일과 옹관의 재료가 될 점토의 확보인데 제주도의 화산암질 토양으로서는 옹관을 굽는 일이 결코 쉬운 일이 아니다.

　옹관묘 굽는 일을 나주문화재연구소에서 재현하는 실험을 취재한 기사가 있다.

　'옹관묘라는 묘제(墓制)는 한반도에서는 청동기시대 이후 현재까지도 일부 지역에서 사용될 정도로 연원이 깊지만 유독 영산강 유역에서는 5세기 이후 6세기 초반에 걸친 약 100년 동안 대형 옹관에다가 시신을 안치하는 전통이 뚜렷이 남아있다. 영산강 유역을 중심으로 지금의 전남 지방 곳곳에서 이런 대형 옹관이 480여 개나 출토되고 있는 상황이다. 이런 관심으로 인해 나주문화재연구소는 직접 옹관 굽기 실험을 했다.'(서울=연합뉴스, 송광호 기자)[188]

　국립나주문화재연구소가 나서서 베일에 가려진 대형 옹관(甕棺)의 제작 비밀을 풀기 위해 옹관을 직접 굽는 실험을 해서 눈길을 끌었다.

---

188) 〈연합뉴스〉, 영산강 고대문화 옹관 비밀 밝힌다, 2008. 12. 22.

옹관은 나주 지역의 독자성을 나타내주는 독특한 유물로 고대사 연구에 중요한 Key가 되고 있다. 그렇다면 이처럼 다량으로 출토되고 있는 커다란 옹관을 당시 사람들은 어떻게 구워낼 수 있었을까?

현재까지 전남 지역 대형 옹관의 제작 기법에 대해 학계가 알아낸 것은 두 가지 정도이다. 구운 온도가 800-900℃ 정도로, 다른 토기나 도기류에 비해 소성(燒成) 온도가 낮은 편이며 사립(沙砬) 즉, 모래 성분이 상당히 많다는 것이다.

국립나주문화재연구소는 나머지 옹관 제작 비밀을 풀기 위해 지난 4월(2008)부터 출토된 대형 옹관 스캔작업, CT촬영 등을 통해 대형 옹관(1.9m)을 분석한 데 이어 옹관용 가마(폭1.5m, 높이2.3m)를 복원하는 데도 성공했다.

이에 따라 연구소는 마지막 단계로 지난 (2008. 12.)18일부터 일주일 간 옹관 복원품을 직접 굽는 실험을 하고 있다. 연구소는 18일 옹관 복원품을 옹관 작업장에서 가마 안으로 넣는 이동 실험을 했고, 그다음 날에는 물벽돌(건조벽돌)을 이용해 가마의 아궁이 제작을 완료했다.

이어 20일부터는 본격적인 굽기 작업을 5일간의 일정으로 진행하고 있는 중이다. 연구소는 소나무를 이용해 산소를 차단해 굽는 환원소성(還元燒成) 기법을 사용하고 있다. 4일간은 약한 불(약 600℃ 이하)로, 마지막 하루는 큰불(700-900℃)로 가마를 지필 예정이다.

연구소 관계자는 "영산강 유역의 독특한 지역 문화를 연구하기 위해서는 옹관 제작 기술에 대한 연구가 우선돼야 한다고 생각해 옹관을 직접 제작해 구워보고 있다"고 밝혔다.'

이처럼 옹관묘는 굽기 전에 알맞은 토양의 선정과 굽는 기술이 필수적이어서 제주도의 자연환경이나 화산암 토질을 감안할 때 민간 묘제로 발생했다고 보기에는 무리가 있다. 그런 점에서 제주도에서는 옹관묘를 묘제로 선택하기보다는 돌을 이용한 석축이나 한라산의 원시림을 이용한 목관이 더 손쉬울 것으로 보인다. 제주도식 장례 문화는 아니라고 본다.

그런데도 옹관묘를 선택했다는 것은 자연 발생이 아니라 도래인으로서 조상의 전통을 따랐다고 할 수 있다.

필자가 제기한 가설(2), 즉 '제주도의 옹관묘는 중국의 옹관묘 문화가 전래한 것'으로 본다. 그 첫 번째 이유는 제주의 옹관묘(BC 2-BC 1세기)보다 더 오래된 옹관묘가 중국에 있기 때문이다.

중국의 안양 은허 유적지(BC 14-BC 11세기)에 가 보면 옹관을 이용한 묘제 흔적을 볼 수 있다. 또 중국 광시좡족자치구의 계림 국토박물관에는 춘추시대 유물로 보이는 함양 진공묘 삼족(三足) 옹관이 눈길을 끈다. 길쭉한 옹관을 세워놓기 위해 제작할 때부터 3족이 달려있는 모습이 한반도의 옹관과는 다소 다르다.

권오영 (서울대)교수에 의하면 옹관에 시신을 매장하는 문화는 고대 베트남 중부지역과 중국 남부, 한반도 서남부, 일본 규슈 지역에 퍼져 있었다고 한다.

도자기 산업과 해상무역이 발달했던 베트남의 호이안시에 가면 '사후인문화박물관'이 있는데 그곳에 전시하고 있는 옹관의 모습은 세워져 있다. 참족의 유적에서 나온 옹관인데 세워서 매장하는 풍습이라 한다.

중국과 베트남은 옹관을 세워서 매장하고, 일본 규슈 지역의 옹관은 비스듬하게 묻은 게 특징이라 한다. 한반도 영산강 유역에서는 눕혀서 매장한다. 그리고 제주도에서 발견되는 옹관묘도 눕혀있다.

옹관묘 장례 문화는 어떤 경로를 따라 제주도를 경유했을까?

3. 제주도를 경유했다는 고대 항로의 흔적이 있다

가설(2)의 두 번째 증거로는, 옹관묘 말고도 중국에서 제주도를 거쳐 갔다는 증거가 되는 유물이 또 있다.

바로 오수전(五銖錢)이 남긴 발자취이다. 제주 산지항 등에서 15점이 발견되었다.

한국민족문화대백과사전에 의하면, '서울풍납토성에서 오수전 1점, 강릉 초당동에서 오수전 2점, 여수 거문도에서 오수전 980점, 창원 다호리 유적에서 오수전 3점, 창원 성산에서 오수전 1점, 사천 늑도 유적에서 오수전 1점, 경산시 임당동에서 오수전 3점, 영천시 용전리 돌널무덤에서 오수전 3점, 제주시 산지항에서 오수전 4점, 이밖에도 제주도 출토품으로 전하는 제주도 민속자연사박물관 소장의 오수전 11점, 신안 해저 침몰선에서 오수전 2점이 발견되었다.'

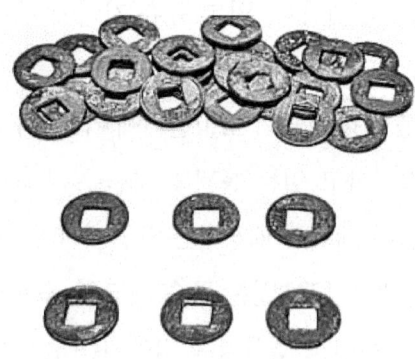

오수전은 원래 중국의 화폐로, 전한 무제(武帝) 때(기원전 2세기)부터 기원후 7세기까지 중국 주변 동아시아에서 널리 사용되던 (동전) 화폐이다.

◀ 제주박물관에 전시된 중국 화폐 오수전

출토지역별 수량을 살펴볼 때, 특이한 점은 제주도가 15점, 여수 거문도가 980점이다. 거문도에서 많은 수량의 오수전이 나온 이유에 대해, 학계는 '한반도 북서부의 낙랑군(樂浪郡) 등 한사군(漢四郡)이 설치되어 중국의 한나라 문화가 우리나라의 남쪽까지 미친 사실을 보여주는 유물'로 평가하고 있다.

필자는 이에 동의하지 않는다. 한반도 남부지역 출토량이 북부지역에 비할 바는 아니지만 한사군 설치를 통해서 오수전이 육로로 퍼져 나갔다면 한반도의 중부나 남부지역 곳곳에서 더 많은 오수전이 출토되어야 한다. 오수전 출토 사례를 보면, 중부지역(서울, 강릉)에 한두 점이고, 남부지역도 해안가에서 발견되었고 몇 점에 불과하다.

또 한반도에 한사군이 설치되지 않았음이 밝혀진 이상 이와 관련된 가설은 의미가 없다. 더구나 필자의 『고대사 뒤집어 보기』에서, 그리고 본책 1장에서 한사군이 한반도에 없었다는 것이 확인된 지금 국사계의 이러한 주장은 일고의 가치도 없다고 본다.

거문도의 오수전은 제주도와 연결된 뱃길 '오수전 루트'상에 있는 것으로 봐야 할 것 같다.

제주도(15점)-추자도-여서도-거문도(980점)-연도-사천 늑도(1점)-창원(4점)-경산(3점)-영천(3점)이다. 늑도에서 창원을 거쳐 경산에서 영천으로 이어지는 뱃길에는 남해-낙동강-밀양강-금호강으로 이어진다.

이 해상(남해) 라인은 2,000년 전에는 수심이 얕은 바닷길이었다. 사천시의 늑도는 고대 일본 열도로 이어지는 국제 무역항이고, 창원은 가야국으로 이어진다.

여기서 소개하는 '오수전 루트'는 경남 가야로 가는 길이지, 전남 마한으로 이어지는 루트는 아니다. 그런데 제주도(15점)-추자도로 연결되었다면 전남 지역으로의 연결도 가능한 일이다.

그런데 제주도를 경유했다면 그전 어디에서 연결된 것일까?

아마도 오수전이 주조된 중국 땅이 아닐까 한다.

기원전 2세기경에 중국에서 한국을 거쳐 일본 열도로 가는 항로가 있었을까?

항로가 있었다면 오수전 발견은 당연한 일이라고 볼 수 있다.

필자의 가설(2)에 대한 세 번째 증거는 제주도를 경유했다는 해저 소백산맥 항로가 존재했었다는 것이다.

다음 지도에서 해저 소백산맥의 진로는 중국의 동야현(닝보)-주산군도-이어도(파랑도)-마라도-가파도-차귀도-제주도-화도-추자도-보길도-노화도-완도와 진도-한반도 소백산맥의 두륜산(해발 700m)으로 이어진다.

이를 쉽게 이해하려면 지도의 아랫부분에 있는 난세이제도(南西諸島)를 보면 된다. 일본 규슈에서 타이완까지 이어진 난세이제도는 오키나와제도와 사키시마제도의 무수한 섬으로 이뤄져 있다. 현재 우리에게 보이는 무수한 섬들은 일본 열도의 끝에 있는 '규슈산맥'이 바다로 이어진 것이라 할 수 있다. 결국 난세이제도의 무수한 섬들은 물에 덜 잠긴 채 가라앉은 해저 산맥의 높은 산봉우리라고 보면 된다.

해저 소백산맥도 이러한 맥락에서 이해할 수 있으며, 2,000년 전에는 덜 잠긴 작은 섬과 거문여[189]가 있었을 것으로 추론할 수 있다.

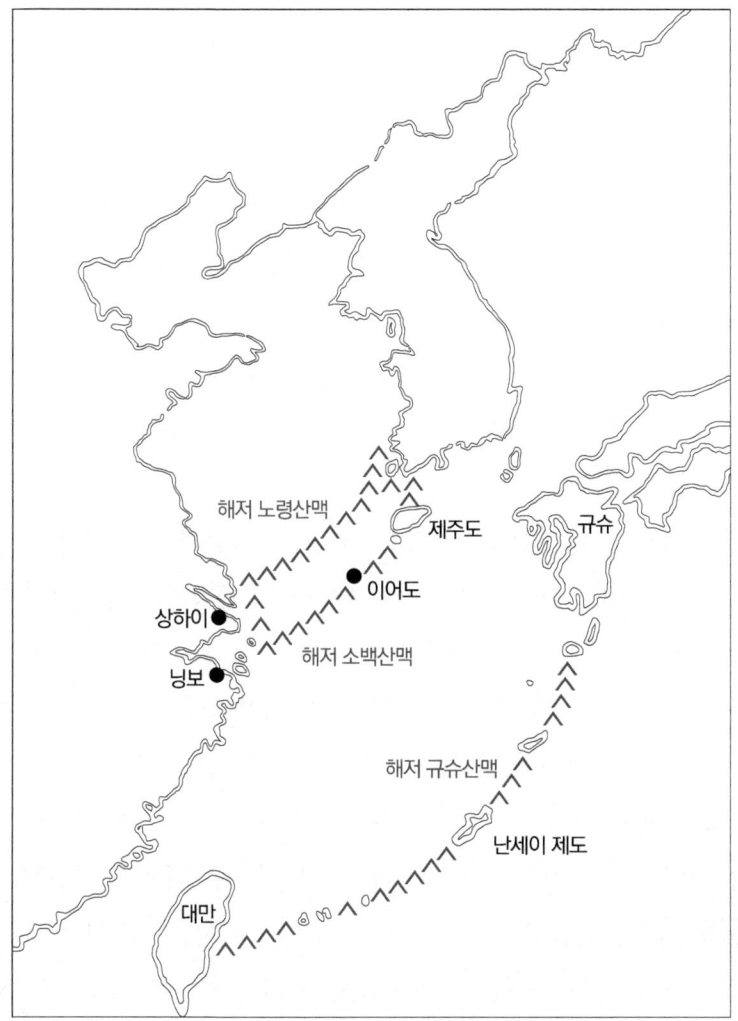

▲ 황해 바닥의 해저 소백산맥과 해저 노령산맥

---

189) 바닷가에 가면 '거문여'를 볼 수 있는데, 밀물과 썰물에 따라 드러나고 숨는 암초 또는 일시적인 섬을 말한다. 필시 '검은 색의 여'가 어원인 것 같은데, '여'가 서(嶼, 섬서, 수중에 있는 산)와 의미가 통하는 여(嶼, 산이름 여)의 음가를 빌려 쓰는지는 확실하지 않다.

기원전 전에는 지구과학 이론으로 볼 때, 황해 남부에는 해저 소백산맥[190]이 바다 밑에 완전히 가라앉기 이전이므로 가끔 보이는 섬들과 암초, 무수히 보이는 거문여가 파도를 잠재우며 항해의 안전을 이끄는 항로가 되었을 것으로 본다.

잠깐 시선을 돌려서 한반도 남해안의 한려수도(閑麗水道)를 보자. 한려수도는 다도해로 둘러싸인 내해(內海)이다. 이곳은 남해안 외해(外海)에 비해 파도가 잔잔하고 섬들이 이정표가 되어 안전한 항로를 유지할 수 있다.

기원 전후의 해저 소백산맥 항로는 현재 한려수도만큼의 높은 섬은 아니지만, 무수한 섬들이 띠를 이뤄 파도가 잔잔한 뱃길을 이끌었다고 추론할 수 있다.

독도법(讀圖法) 항해는 옛날이나 지금이나 비슷하지만, 나침반이 없었던 고대 항해는 랜드마크가 되는 해안가의 풍경과 망망대해에서 만나는 섬의 특이한 모양이 이정표가 되며 이를 확인하는 독도법이 있었다. 그리고 섬이 있으면 반드시 인근에 작은 섬과 거문여가 있게 마련이다. 선장은 이러한 뱃길을 따라 항해했을 것으로 본다.

고대 항해는 나침반이 없을 때인데, 밤중에는 암초의 위험 등 야간 항해는 거의 없다고 봐야 한다. 선장은 정박한 포구에서 북두칠성과 북극성의 위치를 관찰하여 기록해 두며 자신의 위치를 파악했을 것이다.

해저 소백산맥 항로를 꺼낸 이유는 섬의 크기는 작지만 나름대로 독도 항해가 가능할 만큼 특징 있는 바위섬들이 즐비하게 이어졌을 것이다.

---

190) 오운홍, 『고대사 뒤집어 보기』. pp.290-291.

중국에서 한반도나 일본으로 가려면 제주도를 거치는 항로를 택할 수밖에 없었던 시기[191]가 있었음을 강조하고자 한다.

4. 한·중·일 연결의 '서복 항로'는 전설이 아니다

필자의 가설(2)의 네 번째 증거는 '서복(徐福) 항로'이다.
한·중·일을 연결하는 항로의 단서가 사마천의 『사기』에 남아있다.
서복(徐福, 서불徐市)이 진황도에서 출항했다는 동도(東渡) 기록이 있다.
제주도와 연결된 서복의 항로를 탐색하는 까닭은 필자가 제기하는 '마한도이설(馬韓渡移說)'을 증명하기 위해 거론하는 것이다.
만약 제주도를 경유하는 '서복의 항로'가 입증되면 동양사의 문화 전래를 풀어나가는 새로운 키(key)가 될 수 있다고 본다.

제주도 서귀포에 가면, 〈서복기념관〉이 있다. 서복은 실존 인물이고, 중국-한국-일본과 관련된 역사 기록을 갖고 있다. 또 한·중·일 학자가 참여하는 서복문화국제학술대회에서도 서복항로에 대한 연구발표가 계속되고 있다.
『사기(史記)』 권6 〈진시황본기(秦始皇本紀)〉에 의하면, '제(齊)나라 사람 서불 등이 글을 올려 말하기를, "저 멀리 바다 건너 봉래(蓬萊), 방장(方丈), 영주(瀛洲)의 삼신산(三神山)에 신선이 사는데, 동남동녀를 데리고 가서 모셔오고자 합니다." 이에 서불(徐市)을 보내 동남동녀 수천을 뽑아

---

191) 2세기 이전까지는 해저 소백산맥 항로를 이용했지만 점차 해수면이 높아지면서 이 항로가 소실되자 3세기 이후에는 해저 노령산맥 항로를 이용한 것으로 보인다.

바다로 나가 신선을 찾아오게 하였다.(齊人徐市等上書言 海中有三神山, 名曰 蓬萊, 方丈, 瀛洲, 僊人居之. 請得齋戒, 與童男女求之. 於是遣徐市發童男女數千人, 入海求僊人.)'는 기록이 있다.

사마천의 『사기』를 근거로 서복의 항로를 재현해보면, ❶기원전 219년(1차)에서 기원전 210년(2차) 사이에 그의 '두 번에 걸친 동도(東渡)'가 시작된다. 그의 행적을 찾으면 지금의 ❷'한국을 거쳐, 일본까지 폭넓게 이어진다.' 그의 (2차) 동도(항로)에는 ❸'60척의 배와 5,000명의 일행에는 3,000명의 동남동녀와 각각 다른 분야의 장인들이 동반했다.' ❹'기원전 210년(2차) 그는 진황도(秦皇島)를 떠나 다시는 돌아오지 않았다.'고 한다.

그렇다면 출발지 진황도가 어디인가?

서복의 역사적 사건을 기술한 사마천(司馬遷)은 『사기(史記)』 중의 〈진시황본기(秦始皇本紀)〉, 〈회남형산열전(淮南衡山列傳)〉과 〈봉선서(封禪書)〉에서 언급하길, 진시황이 동쪽 낭야(琅邪)를 순시하는데 '서불(서복)을 동남동녀 수천명과 함께 보내어 바다로 들어가 선인을 구하였다(遣徐市(徐福)發童男女數千人, 入海求仙人)'고 하였다. 또한 '서복이 평원 광택을 얻어 그곳에 이르러 왕 노릇을 하며 돌아오지 않았다. 이리하여 백성들은 비통해하고 그리워했다(徐福得平原廣澤, 止王不來. 于是百姓悲痛相思)'고 하였다.

중국 북경대 역사학과 부교수 유화축은 서복이 출발한 항구를 확정하는데 결정적 요인이 되는 것은 현지의 물리적 조건이라 말한다.

첫째는 (항구 주변) 경제가 발달해야 하고, 둘째는 항구의 자연 (조건) 상황이라 한다. 그렇지 않으면 (안 되는 것이) 다량의 인원과 대량의 물자를 모을 수 있고, 수많은 선박을 건조할 수 있어야 하기 때문이다. 그리고 항만이 넓어야 하고 배후에 편리한 교통로가 있어야 한다. 이러한 조건과 사서의 기록을 참고할 때, 적합한 곳은 (서불이 제나라 사람이고 제나라 영토 산동반도에서 찾는다면) ❺'낭야(琅琊) 밖에 없다. 낭야는 석하(石河)가 바다로 흘러 들어가는 곳이고 (항구) 부근의 화강암이 침식된 해안으로서 물이 깊고 넓은 항구이다.'(출처; 소운小雲의 글)

❹의 진황도에 대하여 필자가 덧붙인다면, E119°35′ N39°55′에 있는 하북성(河北省)의 진황도(秦皇島)가 있다. 이곳은 발해만 연안에 있어 수심이 낮고 갯벌이 연이어 있어서 당시에는 항구로서 한계가 있다고 본다. 60여 척의 선박이 입항할 입지적 조건이 못 된다. 발해만에 있는 진황도(秦皇島)는 아니라고 본다. 서복의 출항지라는 낭야대(琅琊臺, E119°55′ N35°45′)에는 진시황이 직접 납시어 서복에게 당부했다는 행차 모습을 재현하는 석조 조형물이 있다. 이곳을 가리켜 진시황의 진(秦)을 따서 진황도(秦皇島)라 부르지 않았나 한다.

유화축(북경대) 교수는 서진(西晉)의 사학자 진수(陳壽)가 쓴 『삼국지』 〈오서(吳書)〉에 서복의 거취와 관련된 기록이 있다 하였다. 유교수에 따르면, 230년 오나라 대장 위온(衛溫)과 제갈직(諸葛直)을 병력 확보를 위해 이주(夷州)와 단주(亶州)로 보냈다고 한다. 그런데 이주(지금의 대만)에만 닿았을 뿐 단주는 너무 멀어서 도달하지 못했다고 한다.

그런 단주는 바다 한가운데 있는데, 이미 (전설 속에) 서복이 동남동녀

수천 명을 이끌고 그곳에 갔다고 하면서 그는 단주를 일본 열도로 보고 있다.(출처: 한민족역사정책연구소)

유화축 교수는 단주를 일본 열도로 보며, 서복이 대만을 경유하여 일본으로 갔음을 시사하고 있다.

서복의 행적을 보면 ❻1차 항해 때 '나패(那覇, 현 오키나와섬 나하)를 거쳐 규슈에 도착'한 기록이 국내 사서에 있다.

『환단고기』〈태백일사〉'고구려국 본기'에 보면, '진(秦)나라 때 서불(徐巿)은 동야현의 해상으로부터 곧바로 나패(나하)와 다네시마(種島)[192]를 거쳐 세도나이까이(瀨戶內海)를 따라 처음으로 기이(紀伊)[193]에 이르렀다. 이세(伊勢)[194]에 옛날 서복(徐福)의 무덤이 있었다. 어떤 이는 말한다. 단주(亶洲)는 서복이 있던 곳이라고도…(秦時 徐巿自東冶海上直至那覇 經種島而沿瀨戶內海始到紀伊 伊勢舊有徐福墓祠 或曰亶洲徐福所居云).[195]

나패(那覇)는 난세이제도의 오키나와섬에 있다. 서복이 동야현(저장성) 해상에서 나패에 이르려면 유화축 교수의 말대로 대만을 거쳐야 한다. 그리고 다네시마는 규슈 남쪽에 있는 다네가섬을 말한다. 필자가 보기엔 서복의 1차 항해는 대만을 거쳐 난세이제도를 경유하여 규슈 동쪽 해안선을 따라 세도나이까 내해를 통해 혼슈의 남단, 기이반

---

192) 다네시마(種島)는 현 다네가섬(種子島, E131° N30°5′)이다.

193) 혼슈의 남부, 기이반도(紀伊半島)에는 오사카부, 나라현, 와카야마현, 미에현이 있다.

194) 이국(伊國)과 이세(伊勢)와 이도국(伊都國)이 축자(筑紫)에 있으며 곧 일향국(日向國)이라 했다. 축자(筑紫) 혹은 축자국(築紫國)은 현재 큐슈의 후쿠오카시(福岡) 오노죠(大野城)라는 지명이 아직도 남아있는데 일본 사학계는 이곳으로 보고 있다.

195) 임승국 역, 『한단고기』, pp.267-268.

도에 도착한 것으로 본다.

❼일본 열도에는 규슈의 미야자키현(宮崎県)을 비롯하여 여러 곳에 서불(서복)의 흔적이 남아있다. 아오모리현(青森県)에서 가고시마현(鹿兒島県)에 이르기까지 일본 각지에 서복과 관련된 전승이 남아있는데, 대표적으로 사가현(佐賀県) 사가시(佐賀市), 미에현(三重県) 구마노시(熊野市) 하다스 정(波田須町), 와카야마현(和歌山県) 신구시(新宮市), 가고시마현 이치키쿠시키노시(いちき串木野市), 야마나시현(山梨県) 후지요시다시(富士吉田市), 도쿄도(東京都) 하치조섬(八丈島), 미야자키현 노베오카시(延岡市) 등이 있다.(출처; 위키백과 서불)

5. 서복 항로 중심에 제주도가 있다

그런데 제주도에도 서복의 자취가 남아있다.
❽'서복이 맨 먼저 제주도에 도착한 곳은 서귀포가 아니라 지금의 조천읍 조천포(朝天浦)였다'고 한다. 우리가 알고 있는 서귀포는 서복의 도착지가 아니고 서복이 중국[秦]으로 돌아가는(歸路의) 출항지, 포구라고 봐야 한다.
서복이 어느 쪽에서 왔기에 조천이 첫 도착지가 되는 것인가?
조천읍에 가면 '조천(朝天)이라는 지명의 유래'가 있다.
'서복 일행이 아침 해 뜰 때 겨우 뭍(제주도)에 닿은 것을 하늘에 감사하며 제사를 올렸다는 뜻에서 조천(朝天)이라 명명했다'고 한다.
아마도 서복 일행이 일본 열도(규슈)에서 한반도 남해안을 거쳐 중국으로 돌아가는 길(1차 귀로)로 보인다.

조천포는 제주 산지항에서 동쪽으로 10여 ㎞ 떨어져 있다.

지금은 제주도에 입도(入島)하려면 비행기로 제주공항을 이용하고, 그전에는 기선(汽船, 여객선)을 이용하여 제주시 산지항에 입항했다.

조선시대 이전에는 범선을 이용했는데 도착 목표로 삼고 있는 산지항에 닿지 못하고, 그 동쪽에 있는 화북리(禾北里)나 조천포로 입도하였다. 화북리는 산지항과 조천 사이에 있다.

조선조의 제주 목사(牧使)의 관아는 제주시 관덕정에 있었고, 육지로 갈 때는 반드시 제주 산지항에서 출발한다. 그런데 육지에서 제주로 돌아올 때는 출발했던 산지항에 닿지 못하고 화북[196]이나 조천포에 닿게 되었다고 한다.

목포나 완도, 부산에서 여객선을 타고 제주시 산지항에 도착해 본 사람들은 추자도를 지나면, 제주(산지)항이 보이기 전에 아득히 한라산 아래 개미목과 어승생 사이에 넓게 보이는 판판한 비탈과 빗금의 골짜기가 인상적이고 선명했을 것이다. 이는 한라산의 속살을 보는 듯한 표적으로 제주(탐라)를 찾는 항해자들에게 랜드마크가 되었을 것이다.

조선시대는 물론 그 이전에도 항해자들은 너나 할 것 없이 어승생 골짜기를 목표지로 삼아 항해를 했지만 산지 항구를 눈앞에 두고도 파도와 너울에 밀려 화북항에 닿게 되면 다행이고 더 밀려가서 조천

---

[196] 화북과 조천 중에 배가 닿는 비율은 화북항이 더 높았다. 조선 때 배를 수리하는 도크(dock)의 기능을 갖춘 도선장(渡船場)이 제주도에서 유일하게 화북항에 있었다.

포에 닿기도 했다.

그 까닭은 아마도 편서풍의 영향을 받은 너울성 파도 때문이라고 본다. 이보다 앞서 고려 말기에 있었던 '삼별초 난'과 관련된 환해장성(環海長城) 유적이 화북1동에 남아있는 것을 보면 그 옛날에도 제주도에 닿는 배들이 이곳에 닿았다는 것을 말해 준다.

서복이 맨 먼저 도착한 곳이 조천포라면 서복은 중국에서 출발한 것이 아니라, 일본 열도에서➡ 한반도 남해안을 거쳐➡ 중국으로 귀환하는 길이라고 볼 수 있다. 서복의 두 차례 항해 중, 중국으로 귀환하는 1차 항해로 본다.

또 하나 ❾서복이 직접 명명했다는 서귀포(西歸浦)에 대해 '서쪽(西向)을 향해 귀로(歸路)에 오른 포구(浦口)'라는 의미로 해석하기도 하지만, 필자의 해석은 조금 다르다.

서귀(西歸)라는 의미는 '이 포구에서 서쪽으로 가야만 귀로(歸路)를 만날 수 있다'는 이정표의 강력한 의미가 담겨있다고 본다.

제주도 서귀포에서 중국 주산군도가 있는 닝보(동야현)로 가려면 지도상으로 볼 때 서쪽이 아니라 서남쪽으로 선수를 잡으면 된다.

서귀포의 '서귀'는 서쪽이냐 혹은 서남쪽으로 풍향에 따라 선택하는 개념이 아니라, 풍향과 관계없이 '반드시 서쪽으로 가야 한다'는 필수 수칙의 의미가 들어 있다.

서귀포라는 포구에서 해안선을 따라 서(西)쪽으로 돌아가야(歸) '가파도'와 '마라도'를 만날 수 있고, 거기서 남서쪽으로 이어지는 마라도-파랑도(이어도)-주산군도-동야현으로 이어지는 중국과 한반도와 일본을 연결하는 해저 소백산맥 항로를 만날 수 있다.

'해저 소백산맥의 항로'는 중국의 동야-주산군도-이어도(파랑도)-마라도-가파도-차귀도-제주도-화도-추자도-보길도-노화도-완도와 진도로 이어진다.

이를 반영하여 다시 항로를 살펴보면, 서복은 조천포에 닿은 후에 해안선을 따라 동쪽으로 가서 성산포를 돌아 중국으로 돌아가는 길에 서귀포에 잠시 정박한 것 같다.

서귀포 정방폭포에는 '서복이 이곳을 지나갔다'는 '서복(市)과차(徐市過此)'라는 네 글자가 폭포 암벽에 새겨져 있었다고 전한다.

제주도에는 서복 관련 전설이 또 하나 있다.

❿ '고씨(高氏), 양씨(梁氏), 부씨(夫氏)'가 살았다는 제주시 '삼성혈(三姓穴)'과 온평리 혼인지(E126°54′ N33°23′) 전설에 의하면 서복 일행이 영주산[197]에서 불로초를 구한 후, 동남동녀를 태운 배가 중간 기항지에 도착하고 인원을 점검해 보니 짝이 될 남자 3명이 제주도에서 미복귀한 것을 나중에 알고 세 명의 공주를 보내왔다고 한다. 이 항로는 동남동녀 3천을 태우고 서복이 탈출했다는 2차 항로에 해당한다고 본다. 제주 삼성혈의 고·량·부와 관련된 전설은 막연한 설화가 아니고 사실에 근거를 둔 구전의 역사이다. 이때의 항로는 서복 일행이 제주도를 거쳐 일본 규슈의 후쿠오카로 가는 2차 항해로 본다.

❶→❿까지 내용을 이어 가면, 서복 항로가 뚜렷해진다.

이를 근거로 해서 필자가 서복의 1차와 2차 항로를 구성해 보았다.

---

197) 영주산(瀛洲山)은 서귀포시 표선면 성읍리(산18-1)에 있으며 해발 326.4m이다. 온평리 혼인지에서 서쪽으로 8km 정도 떨어져 있다.

1차(BC219) 항로는 소규모 선단으로 중국 산둥성 낭야(琅琊)→ 저장성 동야현(닝보) -타이완섬- 오키나와 나패(현 나하)-규슈의 다네시마(種島, 현 다네가섬, 種子島)-규슈의 동안 미야자키 해안 -세도나이까이(瀨戶內海)-기이(紀伊)에 상륙했고, 한·중·일을 연결하는 서복의 항로를 탐색한 후 1차 귀환 항로는 기이(紀伊)→ 후쿠오카(福岡) -한반도 남해안-제주도 조천(朝天)- 서귀포(西歸浦)-가파도- 마라도- 이어도- 주산군도- 중국의 저장성 동야현- 출발지 낭야이다.

서복의 2차(BC210) 항로는 대선단을 이끌고 산둥성 낭야→저장성 동야-제주도의 서귀포, 성산포 연근해 -한국 남해안-규슈(九州)의 중부지방 구마모토(熊本)현 야쓰시로(八代)[198]시로 본다.

서복은 2차 항로 때, 1차 항로와 다른 항로를 택했다.

1차 항해 때는 중국 저장성 동야현-오키나와 나패-일본 열도의 종도(種島)에 이르는 항로 였다. 이 항로를 이용할 경우 반드시 타이완을 거쳐 난세이제도의 나패를 경유하여 일본 땅에 도착할 수 있다. 현지(일본 열도) 확인을 마친 서복 일행이 귀환할 때는 왔던 항로를 포기하고 새롭게 제주도를 거쳐 중국의 동야현에 이르는 뱃길을 선택했다.

서복은 도착한 그곳 현지에서 중국 땅으로부터 먼저 이주한 사람을 통해 다른 항로가 있다는 정보를 얻었을 것이다. '진(秦)시황이 중원의 6국을 멸할 때 연(燕)과 제(齊)의 유민들이 서복보다 먼저 바다를 건너

---

198) 야쓰시로시를 흐르는 구마천(球磨川) 센가와교 바로 옆에 세워진 하동도래비(河童渡來碑)가 있다. 화강암에 새겨진 비문에는 '지금으로부터 1천수백 년 전 3천여 명의 하동(河童)이 이곳에 도착하여 바위가 닳아 없어질 때까지 축제를 베풀었다'는 내용이다.

일본까지 피난한 사람들이 있었다.'(출처: 일본의 암정대혜岩井大慧 주장)
  2차 항로는 동남동녀 3,000명을 이끄는 대규모 항해라서 보다 안전하고 실용적인 항로를 선택할 필요가 있었고, 오랜 기간(BC219-BC210) 탐색을 했을 것으로 보인다.

  제주와 중국 저장성의 동야현으로 이어지는 항로는 어떤 항로인가?
  첫째 서복이 동도(東渡) 했다는 BC3세기에는 바다의 수심이 지금보다 대략 20-30m 정도 덜 깊었으니 해저 소백산맥 항로가 선명했을 것이고, 무수한 섬으로 둘러싸인 뱃길은 파도가 약하여 항해의 안전을 보장했을 것이다. 예를 들어 현재 이어도에서 가장 얕은 수심이 4.6m인데 당시는 해발 20m 이상의 우뚝 솟은 섬으로 존재했다고 유추할 수 있다.
  둘째 타이완을 거치고 난세이제도를 따라가는 항로는 태평양의 깊은 바다가 만들어내는 거센 파고를 이겨내야 한다.
  셋째 제주도를 경유하는 항로는 난세이제도를 경유하는 코스보다 짧고 시간과 비용이 적게 드는 항로였다.

  이러한 이유에서 서복 일행이 '제주도 경유 항로'를 1차 항해의 귀환 과정 때 검증했고, 2차 항해의 안전한 진출로로 선택했을 것이다.
  서복 항로를 검증하는 이유는 한반도의 마한(전남 지역)으로 이동했던 항로의 가능성을 입증하는 일이다.

6. 서복 항로 관련 문헌 기록들

서복 항로에 대해 부정적으로 보는 학자들도 있다.

먼저 제기되었던 것은 서복의 2차 항해 때, '60척의 배와 5,000명의 일행에는 3,000명의 동남동녀와 각각 다른 분야의 장인들이 동반했다.' 했는데, 대(大) 선단을 이끌고 망망대해에서 사나운 파도를 이겨낼 수 있었느냐는 의문을 제기한다.

이 논란에 대해서는 앞서 제시한 지도에서 해저 소백산맥의 뱃길을 소개하였는데, 당시 수심이 낮았을 때는 다도해의 내해처럼 물결이 세지 않았을 것으로 보아 서복의 2차 항해는 가능했을 것이다.

다음으로 논의되는 문제는 이들의 주된 관점이 『사기』 외에는 서복의 기록이 다른 문헌에서 찾기 힘들다는 것이다.

그렇지 않다. 지역에 따라 전승되는 전설만 있는 것이 아니라 관련 문헌들도 눈에 띈다. 이맥이 쓴 『환단고기』〈태백일사〉에도 '서복 항로'에 대한 기록[199]이 있다.

『환단고기』를 외면하는 사학자도 있고, 서복의 전승되는 이야기를 신화로 폄하하는 학자도 있다.

전승의 속성은 구전으로 전해지는 동안 각색되고 일부 왜곡되기도 한다. 그렇더라도 근원이 되는 모티브가 존재한다는 것이다. 서복(徐福) 고유의 팩트는 존재한다. 서복 이야기가 '그가 살고 활동했다는 동양 3국에 존재한다'는 것은, 우연의 일치가 아니다. 겸허하게 받아들

---

199) 임승국 역, 『한단고기』, pp.267-268.

이고 검토해야 할 일이라 본다.

한·중·일 학자 중에 서복 항로에 관심을 가진 이들도 있다.
고려 이인로(李仁老)의 《파한집(破閑集)》과 조선 신숙주(申叔舟)의 《해동제국기(海東諸國記)》에는 서복이 언급한 삼신산(三神山)은 모두 한반도를 가리킨 것이며, 봉래산(蓬萊山)과 영주산(瀛洲山), 방장산(方丈山)은 각각 한반도의 금강산(金剛山)과 한라산(漢拏山), 두류산(頭流山)이라고 비정하였다.

서복이 말한 삼신산이 상상의 세계 속에 있는 전설상의 산일 수 있다. 봉래산[200]도 그렇지만 영주산(瀛州山)을 '물(바다) 가운데 있는 섬에 있는 산'을 떠올려서 제주도의 한라산이 아닌가 하지만 영주산의 영(瀛)으로 보아 물(바다)속에 잠겨있는 전설상의 산일 수도 있다.

서복의 2차 항로 중에 영주산이 있는 제주도를 삼신산으로 보고 찾았다는 것은 서복동도(徐福東渡)의 표면적 목적일 것이고, 서복의 내심 즉 서복동도의 이면적 야심으로 보면 제주도를 안전 항해의 경유지로 삼았을 것이다.

중국과 일본에도 서복 관련 기록이 있다.
중국의 5호 16국시대 후주(後周)의 의초(義楚) 승려가 그의 친구인 일본 승려 홍순(弘順)으로부터 전해 들은 내용을 토대로 하여 쓴 〈의초육첩(義楚六帖)〉이 있다. 그에 의하면, '일본국은 왜국(倭國)이라고도 하며 동해 가운데에 있다. 진(秦) 시기에 서복이 5백 명의 동남동녀를 이끌

---

200) 중국 전설상에 나오는 삼신산(三神山)의 하나. 이 산에는 신선이 살며 불사의 영약이 있고, 이곳에 사는 짐승은 모두 빛깔이 희며, 금은으로 지은 궁전이 있다고 한다.

고 이 나라에 이르러 지금은 사람과 물건이 장안(長安)과 똑같다. ……
서복은 이곳에 이르러 봉래(蓬萊)라고 하였고 지금까지 자손은 모두
진씨(秦氏)라 하였다.'

〈의초육첩〉은 정보의 출처를 밝혔다는 데서 신뢰도가 높다고 본다.
진나라의 서복이 도착하여 중국의 장안(長安) 수준으로 문화를 끌어올
렸다는 것은 서복과 동행한 백공(百工)이 있어 가능한 일이다. 서복이
그곳을 봉래라 불렀다면 그가 꿈꾸는 이상향(理想鄕)을 이룬 것이다.
서복의 동도(東渡) 목적은 불로초를 구하는 데에 있는 것이 아니라 이
상향을 이루기 위한 탈출로 본다.

중국의 전통을 연구해 온 서송석(徐松石)은 그의 저서 〈일본민족적연
원(日本民族的淵源)〉에서 전국(戰國) 선진(先秦) 시기에 중국의 동남 연해
민중이 대량으로 일본(열도)으로 이민했는데, 서복의 소년 소녀들도
그중의 한 팀이었고 "서복이 바다로 들어가 동쪽으로 간 일은 분명한
사실이다."라고 말하였다.

일본의 암정대혜(岩井大慧)와 희전(喜田) 등은 '진(秦)나라가 6국을 멸
할 때 연(燕)과 제(齊)의 유민들이 바다를 건너 일본까지 피난한 사람들
이 있었으나, 서복 및 그가 거느린 동남동녀들은 여기에 포함되지 않
았다'고 했다. 필자가 보기에도 서복의 동도는 전국시대 이후의 일이
므로 포함되지 않는 것이 당연하다고 본다. 산본기강(山本紀綱)은 〈서
복동래전설고(徐福東來傳說考)〉에서 '서복이 용감한 반역자이며 그는 진
시황의 폭정을 벗어나기 위해 해외로 도피하여 정착했으나 동쪽 일본
으로 온 것은 전설에 속한다'고 말했다.(출처; 황세옥의 전통건축이야기)

이들 학자들의 주장을 종합해 보면 서복뿐만 아니라 중국 동남해안에

살던 사람들이 이민(서송석 등)이나 피난(암정대혜 등), 혹은 도피(산본기강 등) 목적으로 이주했다고 보고 있다.

사마천이 쓴 『사기』 권118 〈회남형산열전(淮南衡山列伝)〉에서 서복의 심리적 부담을 읽을 수 있다. 기록에 의하면, '또한 서복(徐福)으로 하여금 (1차 항해) 바다에 들어가 신선에게 기이한 물건을 구하게 하니, 그는 돌아와 거짓으로 말하기를, 신(臣)이 바다에 있는 커다란 신(神)을 만났습니다. "네가 서황(西皇, 秦始皇)의 사자냐?"라고 묻기에 신이 "그렇습니다"라고 대답하자 "너는 무엇을 구하느냐?"라고 묻기에 "수명을 연장시키는 약을 원합니다"라고 대답했더니, 그 신은 "너는 진왕(秦王)의 예(禮)가 박해 그 약을 볼 수는 있으나, 얻어 취하지는 못할 것이다"라고 하고는 바로 신을 데리고 동남쪽에 있는 봉래산(蓬萊山)으로 갔습니다. 영지초(靈芝草)로 이루어진 궁궐이 보이고 사자가 있었는데, 구릿빛에 용의 형상이었으며, 그 광채가 하늘까지 비추었습니다. 그래서 신이 재배(再拜)하고 "마땅히 어떤 예물을 바쳐야 합니까?"라고 묻자 해신(海神)은 "양가집 사내아이와 계집아이 그리고 백공(百工)의 제품을 바치면, 그것을 얻을 수 있다"라고 했습니다. 진시황은 크게 기뻐하며 동남동녀 3천명을 보내고 오곡의 종자와 여러 장인[백공(百工)]이 만든 것을 가져가게 했다(2차 항해). 서복은 평평한 들판과 넓은 못을 얻자 거기에 머물러 왕이 되고, 돌아오지 않았다(又使徐福入海求神異物, 還爲僞辭曰:『臣見海中大神 言曰:「汝西皇之使邪?」臣答曰:「然」「汝何求?」曰:「願請延年益壽藥」神曰:「汝秦王之禮薄 得觀而不得取」卽從臣東南至蓬萊山 見芝成宮闕 有使者銅色而龍形 光上照天 於是臣再拜問曰:「宜何資以獻?」海神曰:「以令名男子若振女與百工之事 卽得之矣」秦皇帝大說 遣振男女三千人 資之五穀種種百工而行 徐

福得平原廣澤 止王不來).'

사마천(BC145경-BC85경)은 전한(BC202-8)시대의 역사가로서 전조 진시황 재위(BC247-BC220) 때의 서복 관련 내용을 바르게 추론하여 〈회남형산열전〉에서 서복의 '거짓말 보고'를 기록할 수 있었다고 본다. 거짓말하기 전의 항해를 '1차 항해'로 한다면, 거짓말 이후는 '2차 항해'의 명분과 준비라 할 수 있다. 서복은 왜 이런 거짓말을 하게 되었을까?

『사기』〈진시황본기(秦始皇本紀)〉에 의하면, 제(齊)나라 사람 서불 등이 글을 올려 말하게 된 연유가 있다.

진시황 때, 방사(方士)[201] 4인은 한(韓)나라 출신 후생(候生)과 제(劑)나라 출신 노생(盧生)과 진(秦)나라 출신 서복(BC 255년 제나라에서 출생)과 진나라 출신 한중(韓衆) 등이다. 진시황은 불로장생(不老長生)을 원하여 신성(神性)의 재주를 익힌 방사(方士)를 사랑했다. 그 무렵 특히 후대한 것은 후생과 노생이었다. 그런데 이들이 오랜 기간 진시황을 위하여 선인과 선약을 구하였지만 끝내 찾을 방법이 없었다. '진 왕조의 법률에 의하면 선약을 구하지 못하면 사형에 처했다(秦法, 不得兼 方不驗, 輒死).' 그래서 후생과 노생은 몰래 타향으로 도망쳤다는 기록이 있다.

시황은 이후 불로장생의 영약을 구하기 위해 신하들을 사방으로 보

---

201) 방사(方士): 방중술(方中術)을 체득하거나 행하는 사람. 중국 전국시대 말기부터 남북조 시대까지에 걸쳐 이들은 주술(呪術)을 행하고 불사약을 만들었다. 이들의 사상은 민간신앙과 여러 형태로 결합 되어 도교(道敎) 성립의 한 배경이 되었다. 이들의 활동은 진시황 때부터 후한(後漢) 때까지 당시의 정치·문화 전반에 영향을 미쳤으나, 후한 때부터 차츰 퇴조하기 시작했다.

냈다. 이때 서불은 자기가 불로초를 구하러 가야 할 차례임을 알고 황제에게 상소를 올린 것이다.

"저 멀리 바다 건너 봉래(蓬萊), 방장(方丈), 영주(瀛洲)의 삼신산(三神山)에 신선이 사는데, 동남동녀를 데리고 가서 모셔오고자 합니다(海中有三神山 名曰蓬萊 方丈 瀛洲 僊人居之 請得齋戒 與童男女求之)."

이와 같은 서복의 상소로 보아 처음부터 도피나 탈출이라는 딴마음을 먹은 것이 확실하다.

7. 마한은 중국에서 바다 건너 이주했다

지금까지 서복 항로를 탐색하는 과정에서 얻은 결론은 전남 지역의 영산강 유역으로 이주한 마한인들도 안전한 뱃길을 이용했을 개연성이 있다는 것이다.

이들이 중국의 정변으로 인해 피신이나 도피를 목적으로 바다를 건너 이주했을 것이다. 바다를 건너 이주했다는 의미로 마한도이설(馬韓渡移說)을 제안한다. 이 마한도이설은 다음과 같은 사실과 연결지어 더욱 견고한 이론이 될 수 있을 것이다.

첫째, 서복동도(徐福東渡)의 목적지인 지금의 일본 열도는 진시황의 방사(方士), 서복의 도피처이며 이상향을 이룰 수 있는 개척지이다. 여기서 얻을 수 있는 시사점은 한반도 서남부의 마한(인)도 이와 같은 제주도 경로를 이용하여 바다를 건넜다고 유추할 수 있다.

둘째, BC2세기 경, 서복이 이용했을 것으로 보이는 제주도 경유의 해저 소백산맥 항로는 당시 한·중·일을 연결하는 다른 어느 항로 보다 가장 안전한 항로라고 볼 수 있다. 그런데 400여 년이 지난 3세기 초에 이동한 마한인은 해저 소백산맥 항로가 점차 소실되고 위험성이 높아짐에 따라 그 북쪽에 있는 해저 노령산맥 항로를 이용했을 것으로 짐작된다.

해저 노령산맥 항로는 고려 때 송나라 사신(1123) 일행인 서긍(徐兢)이 쓴 『고려도경(高麗圖經)』에 나오는 기록과 같아, 려(麗)-송(宋)의 뱃길로도 이용되었다[202]고 본다.

셋째, 『사기』에 기록된 서복의 항해는 BC219년의 1차 항해와 BC210년의 2차 항해이다. 1차 항해 때의 귀환 항로를 변경한 데에는 서복보다 앞서 일본에 이주한 사람으로부터 얻은 정보가 있었다고 본다. 진(秦) 시황이 중원의 6국을 멸할 때 연(燕)과 제(齊)의 유민들이 바다를 건너 일본까지 피난한 사람들이 있었다는 일본의 암정대혜와 희전(喜田) 등의 주장이 뒷받침한다.

이로써 유추할 수 있는 것은 중국 대륙을 탈출하고 싶어하는 사람들에게도 암암리에 알려진 항로라고 보여진다.

넷째, 서복 항로의 중심에 있는 제주도에서 마한식 옹관묘(BC 2-BC

---

202) 오운홍, 『고대사 뒤집어 보기』, pp.289-293.

1세기 경)가 발굴되고, 오수전(五銖錢)[203]과 화천(貨泉)[204]이 발굴된 것으로 보아 중국 유민이 1-2세기에도 계속하여 제주도에 상륙했었고 또 경유했다고 볼 수 있다.

중국 화폐, 오수전과 화천은 서복동도(徐福東渡) 이후에 주조된 것으로 이를 소지했던 유민은 서복 일행이 분명 아니라 하더라도 제주도를 경유했다고 말할 수 있다. 고고학계는 영산강 유역의 마한 유적은 대체로 3세기 이후로 보고 있는데 초기 마한 유민이 규모는 다르지만 제주도를 경유하는 서복 항로를 이용했을 개연성이 있다.

다섯째, 임영진 교수는 '중국 동부 해안지역에서도 (마한묘) 같은 성격의 무덤(분구묘)들이 성행하였다는 점과 중국 동부 해안지역은 고대 오월 지역에 해당하며 그와 같은 구조를 가진 무덤을 토돈묘(土墩墓)라 부른다'는 점으로 미루어 보아 영산강 유역으로 전래 되었음을 유추할 수 있다.

여섯째, 서복동도(徐福東渡)보다 3-4세기 늦은 마한 유민의 이동항로는 수심이 깊어진 서복 항로(제주도 경유)를 버리고 '해저 노령산맥 항로'[205]를 선택하여, 한반도의 영산강 유역이나 함평, 영광, 고창 지역

---

203) 오수전은 기원전 119년(한무제 23년)에 중국에서 유통되던 반량전(半兩錢)에 대한 화폐개혁의 결과이다. 제주시 산지항에서 4점, 이 밖에도 제주도 출토품으로 전하는 제주도 민속자연사박물관 소장 11점

204) 중국 신나라(新, 8-23년) 화천은 오수전보다 120여 년 후에 주조된 것이다. 문화재청 발표에 의하면, 화천 출토 유적이 제주 산지항 11점, 제주 종달리 조개더미 1점, 제주 금성리 조개더미 2점이다.

205) 오운홍, 『고대사 뒤집어 보기』, p.290. 노령산맥의 끝자락 함평군, 영광군(법성포)에서

으로 상륙했을 개연성이 있다.

이같이 서복 동도와 마한 이동에 대해 종합하면 '영산강 유역의 마한(馬韓)은 중국에서 바다를 건너 이주(移住)해 온 사회'라는 의미의 '마한도이설(馬韓渡移說)'을 적용할 수 있다.

8. 마한도이설(馬韓渡移說)의 일반화 적용 사례

이와 같은 가설, '마한도이설'은 실증적 검증과 적용을 얻어야 (학문의) 생명을 유지할 수 있을 것이다. 이에 대한 검증자료 넷을 제시한다.

첫째(검증자료 1), 제주도에서 발굴되는 '옹관묘'와 '마한식 혈거 주거 형태(중국 문헌)'가 남아있다.

'고량부(高粱夫)' 삼성(三姓)이 살았다는 삼성혈(三姓穴)도 혈거 문화이고, 벽랑국에서 건너온 세 공주와 합동 혼례를 올렸다는 혼인지(婚姻池)에 3개의 신혼 방(房)도 동굴이다. 제주 남서쪽 산방산(山房山)의 산방굴사도 동굴에서 혈거 생활을 했다는 전승이 있다. 특히 삼성혈의 혈거 문화는 '출입하는 문이 윗부분에 있다(開戶在上)'는 『후한서』〈동이열전〉의 기록과도 같은 것이다.

해제반도(지도면)를 따라 임자도, 증도, 자은도, 비금도, 대흑산도, 우이군도, 거차군도, 만재도, 소흑산도(가거도), 가거초로 이어지다가 바다 속으로 숨는다. 바다 밑에 가라앉은 무수한 섬들과 암초들, 가끔 보이는 '거문여(검은 嶼)'가 거의 일직선을 이루며 중국의 루동(如東)과 상하이(上海) 방향으로 연달아 이어져 있다. 중국 동해안에 가까이 갈수록 뭍으로 오르더니 항저우와 황산(黃山)을 지나 우이산맥(武夷山脈)으로 이어진다.

둘째(검증자료 2), 제주도에서 발견된 중국의 돈, 신(新)나라 화천(貨泉)의 이동 흔적은 마한 이동을 반증한다.

문화재청이 발표한 자료에 의하면, 화천 출토 유적이 제주 산지항 11점, 제주 종달리 조개더미 1점, 제주 금성리 조개더미 2점, 김해 회현리 조개더미 1점, 해남 군곡리 조개더미 1점, 나주 복암리 랑동 유물포함층(저습지 추정) 2점, 신안 해저 침몰선 1점이다. 문화재청의 광주 복룡동 토광묘 발굴에 따른 화천꾸러미(50여 점)을 추가하면 이동 경로의 밑그림이 그려진다.

▲ 광주 복룡동 토광묘 출토 신나라 화천(貨泉) 꾸러미(2016년 동북아지석묘연구소 발굴)

이 자료를 해상 루트에 대입시키면, 중국-제주도(14점)-해남 군곡리(1점)-나주 복암리(2점)-광주 복룡동(50여 점)…김해 회현리(1점)이다.

이때만 해도 한무제의 오수전보다 120여 년이 지난 때라, '해저 소백산맥 항로'는 같지만, 바닷길이 깊어져 제주도-추자도-여서도-거문도의 뱃길이 어려워졌을 테고, 제주도-추자도-보길도-해남의 항로는 가능했을 것이다.

제주도 경유 항로(해저 소백산맥 항로) 소실 이후에는 '해저 노령산맥 항로'를 이용했고, 이 항로가 고려-송나라까지 존속[206]하였다는 기록이 뱃길 따라 이동한 '마한도이설(馬韓渡移說)'을 더욱 공고(鞏固)히 해준다.

셋째(검증자료 3), 영산강 유역의 '분묘 형태가 왜 다양한가?'라는 문제를 풀 수 있는 키가 된다.

영산강 유역을 포함한 전남 지역에서 전방후원묘만 발굴되는 것이 아니라 원형, 방형(네모꼴), 사다리꼴형, 방대형(피라미드 혹은 아파트식) 등 다양하다. 고고학계가 혼란에 빠진 이유 중의 하나다. 이런 이유로 인해 고고학계가 마한 역사의 이론을 정립하지 못하는 원인이 되고 있다. 이에 편승하여 문헌사 연구자들은 고고학자들의 마한에 대한 연구가 다소 혼란스럽다고 지적하고 있다.

전남 지역과 가까운 전북 익산 금마에 준왕이 터를 잡은 마한에서 비롯되었다고 가정한다면, 묘제가 보수적이고 전통을 중시하는 것이므로 분묘 형태가 다양하게 변질될 수 없는 일이다.

그런데 '마한의 분묘 형태가 왜 다양한가?'라는 문제에 학계는 해답을 내놓지 못하고 있다.

---

206) 오운홍, 『고대사 뒤집어 보기』, pp.289-293.

혹 54개국의 마한이니까 분묘 형태가 다를 수 있다고 답을 한다면 또 다른 질문이 따를 수 있다. 분묘 형태가 54개국에 맞추어 54개 형태인가? 그도 아니다. 본 책 2장에서 밝힌 그대로 54개국의 마한은 중국에 있는 마한사이지 한반도 마한이 아니다.

전남 지역의 마한 분묘 형태가 다른 이유는 중국에서 바다를 건너 이주(移住)해 오는 집단이 서로 다르기 때문으로 본다.

9. 고창 마한의 이동 경로는 해저 노령산맥이다

넷째(검증자료 4), 마한도이설로 전라북도 고창 지역의 분구묘 전래에 대한 규명이 가능하다.

임영진(전남대) 교수는 경기·충청·전라지역에 걸쳐있었던 마한 사회 언급과 관련하여 전북에서는 마한 분묘가 유일하게 고창 지역에 분포하는데, 고창 지역은 생활권에 있어 전남의 영산강 유역권에 해당한다고 보았다. 고고학적으로 보더라도 고창 일대에서는 거대한 분구묘들이 6세기 초까지 발전하였기 때문에 전북 서남부지역은 광의의 영산강 유역권에 포함시킬 수 있다[207]고 보았다.

고창 칠암리의 전방후원분과 봉덕리 등의 분구묘가 있다.

〈시사전북닷컴〉에 의하면, 고창군이 아산면 봉덕리와 고수면 예지리에 걸쳐 있는 태봉(해발 111.9m)에서 문헌 기록과 전설 등으로만 알

---

207) 임영진,『호남고고학보』16, 2002,「영산강유역권 의 분구묘와 그 전개」93쪽.

려졌던 마한시대의 토성을 확인했다. 고창군과 ㈜조선문화유산연구원(원장 이택구)은 지난해(2019년)부터 토성의 명확한 위치와 범위, 성격 등을 파악하기 위해 정밀지표조사와 문헌 조사를 진행했다고 한다.

'고창군은 지표조사 결과를 바탕으로 시굴 조사를 실시했다.

태봉 정상부를 감싸는 구상유구와 그 내외에서 마한 토기로 추정되는 굽다리 토기편과 소량의 연질 토기편이 수습돼 마한시대 유적임이 밝혀졌으며, 망루(望樓)형 건물지의 흔적도 확인했다.

또 토루 표본조사 결과, 토루의 바깥쪽 2-3m의 정밀한 판축 다짐 층과 안쪽의 성토층이 명확하게 드러남으로써 마한시대 토성 축성 기술과 과정 등을 알 수 있는 귀중한 자료로 평가된다.

현재 고창군 아산면 봉덕리와 고수면 예지리 일원은 국내 마한 문화 유적 최대 밀집 분포 지역으로, 마한의 중심지이자 수도였을 거라고 추측하고 있다.'[208]

일부 학자에 따라서는 고창의 고인돌 장묘문화가 분구묘로 이어져 변화했을 것으로 보는 견해도 있다.

필자는 이들과 다른 의견을 갖고 있다.

고창 고인돌 장묘문화가 있던 청동기시대를 대략 BC 10세기 전후로 보고 있다. 이에 비해 고창을 비롯해 마한 유적은 6세기 초까지 조성된 것으로 보고 있다. 고창에 있는 두 유적의 연대를 비교해 보면 1,500년 이상의 차이가 있다. 이런 연대 차가 있다면 다른 문화의 유입으로 봐야 한다.

---

208) 〈시사전북닷컴〉 고창군, 마한시대 토성 확인 '2천년 전 토성축성기술' 드러내, 2020년 03월 11일(수)

그다음으로 살펴볼 관점은, 고인돌이 있는 지역은 생활 터전이 아닌 묘지인데, 전방후원분과 분구묘가 있는 마한식 분묘는 생활 유적과 함께 발견된다는 점이다.

앞(4) 장 전남지역 마한 유적 발굴조사 현황(2020년)을 소개하는 표에서 복합유적(32개소)의 예를 들었듯이 나주 도민동 유적과 동수동 유적의 경우는 생활 유적과 분묘 유적이 복합되어 있고, 나주 황동 유적과 운곡동 유적은 생활 유적+분묘 유적+생산 유적이 복합된 곳이라고 소개한 바 있다. 분구묘가 있는 곳은 생활 유적이 함께 뒤섞여 있다. 다시 말해 분구묘가 있는 곳에는 가까이에 마을이 있었다고 볼 수 있다.

이에 비해 고인돌 유적지는 생활 유적이 없는 분묘 유적이란 점이다. 한마디로 말해 장례 문화가 다른 사회 구성원이 조성한 것으로 본다.

그렇다면 고인돌을 조성한 사람들은 어디에 살았을까 하는 의문이 생긴다.

해저 지도의 해수면을 참고하면, 고인돌 장묘문화를 주도했던 생활인들이 지금부터 3,000년 전에는 현재 전남·북의 경계, 즉 황해에 잠겨있는 임자도, 안마도, 위도, 고군산 열도, 새만금 간척지 등을 이은 드넓은 벌판에서 살았을 것으로 보인다.

그들이 살았던 생활 터전에서 볼 때 고인돌을 조성한 고창 지역은 상당히 높은 산악 지역이 된다. 어떻게 보면 과거 장례 문화 풍습 중 장지(葬地)를 마련할 때, 좌청룡 우백호에 배산임수와 주작이니 하는 조건을 걸어 산지(山地)에 묫자리를 마련하는 풍습과 비슷하다고 볼 수도 있다.

고인돌을 조성했던 이들은 점차 해수면이 높아지면서 생활 터전을 잃고 그 땅을 떠났을 것이다. 그런데 조상이 묻힌 고인돌의 공동묘지로 이동했다고는 볼 수 없다.

이를 종합하여 볼 때, 고인돌 중심의 장묘 문화와 분구묘 중심의 장묘 문화는 전혀 다르다고 본다. 그리고 어느 날 갑자기 분구묘로 바꾼 것도 아니라고 본다. 분구묘 조성자는 고창 지역의 토착인이 아니라 새로 이주해 온 사람이라 볼 수 있다.

또 하나 살필 일은 앞에서 임교수가 말한 고창 일대에서는 거대한 분구묘들이 6세기 초까지 발전하였는데 '전북 서남부 지역은 광의의 영산강 유역권에 포함시킬 수 있다'는 주장에 대해, 필자는 이와 다른 의견을 갖고 있다.

전북 고창과 전남의 영산강 유역은 문화적으로 같을 수 없다. 왜냐면 두 지역 사이에 노령산맥이 가로놓여 있기 때문이다. 오죽하면 전라남도와 전라북도의 경계선으로 삼았을까?

영산강 유역의 분구묘가 고창 지역에 영향을 준 것이 아니라고 본다.

필자가 앞서 고창 지역의 분구묘를 마한도이설의 검증자료로 채택한 데는 이유가 있다.

앞에서 해저 소백산맥 항로가 해수면의 증가로 소실되자 중국에서 나오는 마한 유민들은 해저 노령산맥 항로를 택할 수밖에 없었을 것이다.

해저 노령산맥의 항로는 노령산맥의 끝자락 함평군, 영광군(법성포)에서 해제반도(지도면)를 따라 임자도- 증도- 자은도- 비금도- 대흑산도- 우이군도- 거차군도- 만재도- 소흑산도(가거도)- 가거초로 이어지다가 바다 속으로 숨는다. 바다 밑에 가라앉은 무수한 섬들과 암초들, 가끔 보이는 '거문여(검은 嶼)'가 거의 일직선을 이루며 중국의 루동(如東)과 상하이(上海) 방향으로 연달아 이어져 있다. 중국 동해안에 가까이 갈수록 뭍으로 오르더니 항저우와 황산(黃山)을 지나 우이산맥(武夷山脈)으로 이어진다.

중국 쪽에서 보면 루동(如東)에 항구를 내면 될 일이지만 워낙 갯벌이 심하여 루동에는 수심 깊은 항구를 만들 수 없다

그래서인지 송나라 사신은 닝보의 주산군도에서 뱃머리를 북향으로 전진하다가 해저 노령산맥의 항로를 잡아줄 랜드마크가 보이면 뱃머리를 돌려, 해저 노령산맥 항로를 이용한 것이며, 이 항로를 따라 한반도에 이를 수 있었다.

이를 근거로 보면 고창 지역의 마한 유물은 영산강 유역의 분구묘가 노령산맥을 넘어 전래 된 것이 아니라 해저 노령산맥의 항로를 따라 전남 영광이나 전북 고창으로 옮겨온 이주민의 장례 문화로 볼 수 있다.

학계에서 인정하는 '마한 사회에서 가장 늦은 시기까지 대규모 분구묘가 성행하였던 전북 고창'[209] 일대에서 거대한 분구묘들이 6세기 초까지 발전한 것은 영산강 유역권에서 산맥을 넘어온 문화가 아니라 해저 노령산맥의 항로를 따라 이동한 이주민으로 봐야 한다. 마한도 이설의 또 다른 증거가 될 수 있다.

---

209) 임영진, 『우리가 몰랐던 마한』, p.103.

필자가 이들 전남·북의 마한 문제를 정리하면, ①마한 54개국은 한반도가 아니라 중국에 있었고, ②한반도 서남부에 있는 마한 분묘의 종류만큼이나 다양한 마한 소국 또는 유력자가 중국에서 이주해 온 것으로 본다. ③다만 충청 이북에서 경기 서울에 이르는 분묘 유적은 준왕(BC194) 보다 앞선 시기에 이미 자리 잡은 토착 세력의 것이라고 본다. 그런데 영산강 유역의 마한은 토착민이 아니라 이주해 온 마한(인)이 더 많이 분포되어 있다고 봐야 할 것이다.

10. 한반도 마한의 정체성 탐색

정체성 탐색에 앞서 마한과 가야인이 혼재된 지역이 있어 관심이 집중 된다.

가야의 활동무대는 주로 경상도 지역에 한정된 것으로 알고 있었는데, 최근(2018년) 전북(완주군) 지역에서 가야시대 제철 유적과 유물이 발견되어 역사를 읽어야 할 판도가 달라졌다.

이 지역은 완주군 용진읍 상운리 마한 유적지와 가까이 있어 마한 역사를 연구하는 학자들을 더욱 혼란에 빠뜨리고 있다.

가야의 유적은 실물 그대로 남아있으니 분명한 교통정리가 필요한 일이다. 이런 점에서 마한의 정체성을 파악할 필요가 있다고 본다.

그런데 7세기 이후에는 마한 유적 생성이 멈춰졌다고 한다. 현재 21세기에서 보면 1,400년 전의 일이다. 그동안 인구의 이동과 교류가 있어 마한의 정체성을 파악하기는 용이하지 않다고 본다.

마한의 정체성과 관련하여 몇 가지 사례를 분석해 보자.

첫째, 전방후원분묘를 비롯한 다양한 분묘가 발견되는 영산강 유역에서 국가단계의 지표라고 할 수 있는 궁궐(宮闕)과 성벽(城壁)이 보이지 않는다는 점이다.

영산강 유역에서 가장 많은 관심이 주어진 곳은 나주 반남 고분군 지역이다. 신촌리 성내마을에서 토성을 시굴(試掘) 하였는데 통일신라 말-고려 초(10세기)에 해당하는 것으로 확인되었다.[210] 나주 복암리 고분군 지역에서는 회진토성이 발굴되었는데 통일신라 때(7세기 후반 이후) 축조되었음이 밝혀졌다.[211]

이것 때문에 마한은 처음부터 국가 체제를 이루지 못했고, 나중에 일어난 백제(근초고왕)의 지배를 받았다고 보는 학자들이 있다.

한편 '마한이 정말 강했다면 한성 백제가 멸망했던 그 어수선한 시기에 영산강 유역을 차지하고 독립을 선언했을 것이다'라고 주장하는 학자도 있다.

이에 대해, 필자는 영산강 유역에서 궁궐과 성벽이 발견되지 않는 점에 미루어 마한이 국가 체제를 갖추지 못했다는 주장에는 공감한다. 그런데 백제의 지배를 받았다면 백제의 통치 체제로 보아 성벽을 구축했을 것이다. '신촌리 성내마을의 토성'과 '나주 복암리 고분군 지역의 회진토성'이 통일신라 때 혹은 그 이후에 축조된 것으로 보아 백제의 지배는 없었던 것으로 보인다.

---

210) 전남대박물관 · 나주시, 2005, 『나주 신촌리 토성』, 52쪽.

211) 국립나주문화재연구소, 2010, 『나주 회진성』, 78쪽.

그리고 필자가 '한국사 미스터리 2'에서 이미 제기한 것처럼 '백제가 한반도에 없었다.'는 것이 밝혀진 이상 백제의 지배나 이와 관련하여 마한의 독립 등에 대한 주장은 의미가 없다는 것을 말하고 싶다.

이번에 전개하는 논지는 중국의 마한 세력 중 일부의 무리가 바다를 건너 한반도에 이주한 것도 함께 실증하고자 하는 것이다.

최근 고고학계는 신미제국(新彌諸國)이란 화두가 회자되고 있다.

최근에 공개된 〈고구려사략〉(남당필사본) 서천왕(西川王, 13대) 편에 보면 신미제국(新彌諸國)이 고구려를 방문한 사실이 있다. '장화(張華)가 사신을 보내서 입조하였다. 마한(馬韓)이 장화와 함께 왔다(張華遣使来朝 馬韓及附於華).'는 기록이 282년의 일이다. 이 기록의 연대, 즉 '진서(晉書) 장화전(張華傳)'에 나오는 신미제국의 활동 시기와 마한의 분묘 시기가 비슷하다는 이유를 들어, 신미제국이 영산강 유역에 있었다고 주장하는 학자도 있다. 이에 대해 필자는 본 책 3장에서 신미제국의 위치가 영산강 유역이 아님을 밝혔다.

이들 학자들은 중국 사서 『후한서』 〈동이 열전〉의 '한(韓)에는 마한(馬韓), 진한(辰韓), 변진(弁辰)의 3종(種)이 있다. 마한(馬韓)은 서쪽에 있는데 54개국이 있다. 북쪽으로 낙랑, 남쪽으로 왜(倭)와 접한다.(韓有三種 一曰馬韓 二曰辰韓 三曰弁辰 馬韓在西 有五十四國 其北與樂浪 南與倭接)'라는 기록을 인용하며 국가 단계의 마한을 주장한다.

그리고 『삼국지』 〈위지〉 동이전의, '마한은 서쪽에 있는데 그 백성은 정착하여 농경을 하며 누에 치는 법을 알고 면포(綿布)를 만든다. 각각 우두머리(長帥)가 있는데 큰 곳은 신지(臣智)라 하고 그다음은 읍차(邑借)라 한다. 산과 바다 사이에 흩어져 살고 성곽(城郭)이 없다.(馬韓 在西 其民土著 種植 知蠶桑 作綿布 各有長帥 大者自名爲臣智 其次爲邑借 散在山海間 無城郭)'라는 기록을 근거로 삼기도 한다.

국가 규모에 따라 우두머리의 명칭이 신지(臣智)나 읍차(邑借)였으며, 이들이 국가를 관리했다는 점을 근거로 마한국의 정치체제는 리더 즉 왕이 있었음을 강조하면서 성곽이 없어도 국가 체제를 유지할 수도 있다는 것이다.

그런데 한반도 마한이 중국의 사서 그대로 54개국이라면 국가로 인정할 수 있다. 그렇지만 제2장에서 한반도 마한은 중국 사서의 마한이 아님이 증명되었다. 중국 사서를 그대로 한반도 역사로 볼 수 없는 일이다.

국가 단계의 지표로 보는 조건은 궁궐과 성벽이 제1번이다.
적어도 대를 이어가는 마한의 궁궐이라면, 주춧돌이 있는 누각이 있었을 것이다. 그런데 그런 흔적이 보이지 않는다.
일부 전문가들은 기원전 3세기부터 시작된 마한이 기원후 6세기 전반까지 백제와 상관없는 정치체를 유지하며 존재했다는 소위 '800년 마한론'을 주장하기도 한다. 기원후 6세기 전반이라는 시점은 최근 발굴된 마한 유적과 유물에 근거한 연대이고, 기원전 3세기라는 시점은 준왕의 월해(BC194)를 기정사실로 삼고 그전에 있는 마한의 땅에서 기준(箕準)이 정권을 창출한 것이라 보고 산정한 것 같다.
그러나 준왕의 월해(越海)가 앞의 3장에서 부정되었기에 '800년 마한론'은 성립될 수 없는 가설이라 할 수 있다.
한반도 서남부에 존재하는 마한은 『위지』나 『후한서』에 나오는 마한이 아니고, 국가 체제를 형성하지 못했다고 보며, 〈고구려사략〉에 나오는 신미제국(新彌諸國)도 아니라고 본다. 신미제국의 위치는 본책 3장에서 보하이해 입구에서 황해 북안에 산재한 섬들이라고 언급한 바 있다.

따라서 한반도 마한은 국가 체제를 갖추지 못한 종족별 집단이나 세력이 산재한 형태로 봐야 할 것 같다.

둘째, 마한은 자체 역사 기록이 없다. 그렇다고 그 땅을 이어받은 신라나 고려가 마한사를 특별히 기록해 놓은 것도 아니다. 그러니 조선의 역사서에 마한을 따로 기록할 일이 없었다.

우리가 아는 중국의 사서 『삼국지』의 〈위지〉나 『후한서』, 『진서』와 국내 『삼국사기』에 나오는 마한의 기록은 중국 대륙에 있었던 마한의 역사임이 속속 증명되고 있다.

그러나 학계는 준왕이 월해(越海)하여 한반도에서 마한을 건국한 것을 암시하는 일연의 『삼국유사』만을 믿고 있다. 그런데 일연이 『위지(魏志)』를 인용한 마한 관련 역사는 필자가 앞의 3장에서 위서(僞書)라고 증명해 놨다. 따라서 『삼국유사』를 인용한 그 후의 국내 사서, 특히 『동국통감』 외기 〈삼한기〉에서 권근이 쓴 마한사 부분은 부정돼야 한다고 했다.

그리고 한반도의 마한을 기록한 한백겸(韓百謙)의 『동국지리지』의 마한, 진한, 변한도 근거가 없는 기록이라 했다.

한반도의 마한이 국가 단계에 이르지 못했기 때문에 정확한 기록을 남기지 못한 것이 어쩔 수 없는 일이라고 봐야 한다.

셋째, 전라도 마한 지역 내 분란이나 외세와의 전투나 전쟁 등의 흔적이 발견되지 않고 있다.

『삼국사기』에 나오는 백제(온조왕)와 마한과의 전쟁 기록은 중국 대륙에 존재했던 마한의 역사이다. 한반도 마한의 전쟁 역사 기록은 물론이고 유물과 유적에서도 전쟁의 상처를 찾을 수 없다.

분란이란 내부의 문제이니까 크게 드러나지 않는다 해도 외세와의 충돌은 커다란 상처를 남기게 마련이다. 그런데 전라도 지역에 외세가 진입(進入)한 흔적은 남아있는데 충돌의 흔적은 없다. 저항보다 수용이나 타협한 것처럼 보인다.

외세의 진입 흔적으로 ①330년(4세기 전반) 전북 김제에 축조한 신라의 벽골지(碧骨池) 유적이 남아있다. ②6세기 초 전북 완주에 조성한 가야의 철 생산 유물이 21세기 초에 발굴되었다. ③575년(6세기 후반) 권좌에서 물러난 진흥이 전북 고창에서 창건한 선운사가 있다. ④통일신라(668) 이후에 축성된 나주 복암리 고분군 지역의 회진토성 등이 있다.

④의 회진토성 축성은 7세기 후반 이후의 일로서 마한 유물이 발견되지 않은 때의 일이고 그 전에 통일신라와 충돌 흔적이 없다. ③의 선운사 창건은 불교 사적(事蹟)에 의한 것이지만 학계 고증이 없는 터라 본 논증에서 제외하더라도 ①의 벽골지는 『삼국사기』에 분명히 기록된 유적이고, ②의 전북 완주에 조성한 철 생산 기지는 21세기에 와서 구체적 상황을 파악할 수 있는 유물과 유적이 발굴되었는데 마한 유적과 혼재되어 있다는 사실이다.

①과 같이 신라 세력이 호남평야를 관리하기 위해 벽골지를 축조하며

진출한 것인데 이에 대해 저항한 흔적이 없다. ②와 같이 전북 와주 지역에서 마한유적과 가야 유적이 혼재되어 상당 기간 병존하였다고 보는데 그 기간에 전투의 기록이나 구전(口傳)이 없고 전쟁 흔적도 찾을 수 없다.

이렇게 병존할 수 있었던 상황을 어떻게 해석해야 할까?

『한반도에 백제는 없었다』에서 필자가 언급했듯이 한반도는 삼국시대, 특히 고구려의 후원(後園)[212]으로서 조용한 지역이었다. 한반도 서남부에 있는 마한은 공성(攻城)이 아니라 수성(守城)의 위치에서 '무탈한 평온'을 갈구하고 있었다고 봐야 한다.

마한이 바다를 건너 이주한 것이라고 필자가 본 장에서 언급한 것처럼 여러 정황상 추론이 가능한 일이다. 그들이 중국에서 있었던 국난을 피해 이민한 것인가, 아니면 피신한 것인가에 따라 외세에 대처하는 양상이 달라질 수 있다고 본다.

이민한 것이라면 새로운 개척의 땅에서 능동적이며 공격적으로 영토를 확보하려 할 것이다. 개척하는 과정에서 전투도 있을 수 있다. 그리고 나중에 이민 온 세력에 대해 소위 텃세라는 관념에서 쉽게 받아들이지 못했을 것이고 전쟁은 필연적으로 일어났을 것이다. 그런데 전쟁 흔적이 없다. 이런 점을 미루어 볼 때 이민은 아니라고 본다.

반면 피신한 상황이라면 이주민이 외세에 대하여 좋은 게 좋은 쪽으로 부딪힘 없이 무탈하게 지내며 자신이 속한 집단이나 무리를 숨

---

212) 오운홍, 『한반도에 백제는 없었다』, pp.176-181.

기고 싶어 할 것이다.

필자는 이와 같은 정서를 가지고 초기(2-3세기) 마한 이주자들이 중국의 전란과 연관되어 피신한 것이 아닌가 보고 있다. 그렇게 보는 근거가 신(新)나라에서 만든 화천(貨泉)이란 화폐가 주로 전남 지역에서 발굴되었다는 점이다.

그들의 생존 전략은 이웃을 침공하는 전투가 아니라 조마조마한 생존과 보전의 방어 전략이라고 본다. 상대 존재를 불필요하게 비방하는 언행을 삼가했을 것이다. 내가 소속한 사회를 유지하려면 리더에 대한 평가가 분란을 자초한다는 점에서 자제 되어 왔을 것이다. 한발 더 나아가 이웃사촌 관계에서도 호감적 연대가 형성되고 유지되어왔을 것으로 본다.

전남 지역의 다양한 형태의 분구묘만큼 여러 족속이 있었을 텐데 큰 충돌없이 살아야만 피신한 상황에서 평온을 유지하는 일이 가능했을 것이다.

그 대신 삼국통일시대 이후 권한을 가지고 이질적으로 자신들을 간섭하는 중앙 집권 세력의 영향에 대해서는 배타적이지만 공격적이지 못하고 뒤에서 비협조적이었을 가능성도 없지 않을 것이다. 마한 이주 전부터 중국에서 그랬고, 한반도 이주 이후에도 이러한 마한의 정서가 당분간 유지되고 있었을 것으로 본다.

공성이 아니라 수성은 그들만의 독특한 삶의 방식으로 형성되었다고 본다.

이와 같은 마한의 정체성과 정서 속에서 무력 지배권을 가진 신라가 전북 호남평야에서 벽골제 건설이 가능했고, 가야가 전북 완주군에서 제철 기지를 건설하여 병존할 수 있었다고 본다.

마한은 국가 체제를 유지하지 못한 채 정서가 비슷한 연대감으로 넓은 지역에 분포되면서 존립해 왔다고 볼 수 있다.

또 일본 열도의 규슈 지방과 혼슈의 중서부 긴키(近畿)지역에 있는 고분들도 한반도의 마한과 비슷한 것으로 보아 당시 그쪽으로 이주한 야요이와 고훈시대 사람들도 한반도의 마한인과 비슷한 정서를 공유했을 것으로 보인다. 이러한 정서를 고려할 때, 초기 일본의 고훈시대의 이주민도 중국에서 피신한 이주자라고 본다.

지금까지 알고 있는 마한과는 전혀 다른 마한을 새롭게 보게 된다. 우리가 배운 마한, 백제와 자웅을 겨룬 마한이 아니다. 한반도 서남부에 있는 마한의 유적과 역사를 재조명해야 할 때가 되었다고 할 수 있다.

11. 마한계와 가야계의 이동 목적이 다르다

마한(馬韓) 이주설을 제기하면서, 가야(伽倻)[213]는 기원전 3세기 전·후하여 자리 잡았고 중국 대륙과 한반도와는 뱃길을 따라 상거래가 이뤄졌다고 본다.

'중국에서 유입된 마한계와 이보다 앞서 자리 잡은 가야계와의 상

---

213) 가야에 대한 명칭과 표기가 비슷한 것 같지만 자세히 보면 매우 다양하다. 가야(伽倻, 伽耶, 加耶), 가라국(加羅國), 가라(加羅, 伽羅, 迦羅, 柯羅), 가락국(駕洛國), 가락(駕洛, 迦落), 금관국(金官國), 금관가야(金官伽倻), 구야국(狗倻國), 구야(狗耶), 가량(加良), 임나가라(任那伽羅), 임나가량(任那加良) 등으로 표기되어 매우 혼란스럽다.

거래는 다른 목적과 시간의 차이를 두고 바다를 건넜다'는 가설을 제기한다.

가야인의 도래는 다음의 책 가야사에서 다루겠다.

이동한 흔적으로 가장 뚜렷하게 남아있는 것이 그들이 사용하던 화폐이다.

우선 중국의 화폐인 반량전(秦), 오수전(漢), 화천(新)의 출토 사례를 살펴보자.

가장 많이 출토된 오수전(五銖錢)의 경우를 보면, 전한 무제(武帝) 때(기원전 2세기)부터 기원후 7세기까지 중국 주변 동아시아에서 널리 사용되던 (동전) 화폐이다.

남한에서 오수전 출토지역은 본 장의 앞부분에서 소개하였다. 이들 지역을 연결해 보면, 제주도(14점)-거문도(980점)-사천 늑도(1점)-창원(4점)-경산(3점)-영천(3점)이다. 이들 지역을 뱃길로 연결해 보면, 중국-제주도(14점)-화도-추자도-사수도-여서도-거문도(980점)-하백도-연도-경남 사천 늑도(1점)-창원(4점)-경산(3점)-영천(3점)으로 이어진다. 필자는 이를 '오수전 이동 루트'라고 명명하고자 한다.[214] 이 루트는 중국과 가야의 교역 루트로 본다.

오수전 이동 루트를 다시 정리하면, 사천 늑도(1점)-창원(4점)-경산(3점)-영천(3점)은 경상도에 있었다는 가야의 유적지를 관통한다.

---

214) 서울(1점), 강릉(2점), 신안 침몰선(2점)은 '오수전 이동 루트'에서 제외하였다. 특히 신안 침몰선은 중국 닝보-한반도 남해안-일본 하카타 항로를 오가는 무역선으로 14세기경으로 보고 있다.

이번에는 화천(貨泉)의 이동 흔적을 살펴보자.

화천은 중국 신나라(新, 8-23년) 때 주조된 화폐로서 오수전보다 120여 년 후에 사용된 돈이다.

문화재청이 발표한 자료에 따라 화천 출토 유적지를 해상 루트에 대입시키면, 중국-제주도(14점)-추자도-보길도-해남 군곡리(1점)-나주 복암리(2점)-광주 복룡동(50여 점)이다. 이를 '화천 이동 루트'라고 명명해 두고자 한다. 이 루트는 중국의 신나라 패망 이후의 이동 루트로 본다.

경남 김해 회현리에서 발견된 화천(1점)은 나주나 광주에서 육로로 이동한 것이 아니라 제주(14점)에서 '오수전 이동(교역) 루트'인 해로를 따라 경남의 늑도-창원-김해로 갔을 것으로 본다. '화천 이동 루트'보다 이른 시기에 '오수전 이동 루트'가 시작됐다고 보며, '화천' 발행 이후에도 '오수전 이동 루트'를 이용한 항해는 계속됐을 것으로 본다.

'화천 이동 루트'에 대해 덧붙인다면, 앞서 소개한 '오수전 이동 루트'와 주조(발행)연도가 약 120년의 차가 있다. 다 같이 '해저 소백산맥 항로'를 이용하여 제주도에서 두 화폐 모두 발견되었지만 두 루트는 추자도(楸子島)에서 갈린다.

이런 해석이 가능한 것은, 화천(貨泉)은 사용 기간이 짧고 유통량이 한정적이지만 오수전(五銖錢)은 BC2세기에서 AD7세기까지 사용한 것으로 보아 화천과 오수전이 동시에 사용되던 때도 있었다고 본다. 그렇다면 '화천 이동 루트(전남 영산강 유역행)'에서도 오수전이 함께 발견되어야 하지 않느냐는 질문을 할 수도 있다.

화천(貨泉)은 신(新, 8-23년)나라 때 사용된 화폐이다. 당시 오수전(五銖錢)

도 병용됐을 것인데 전남 지역에서는 화천만 발견되고 있다.

이러한 점은 상당한 의문점으로 남는다.

당시 화천을 발행한 신(新)나라는 한나라 유(劉)씨 왕조를 무너뜨린 왕망(王莽)이 세운 나라다. 그런데 한(漢) 고조 유방(劉邦)의 9대손 유수(劉秀)가 왕망의 세력을 몰아내고 후한(後漢)의 초대 광무제(光武帝)가 된다. 이후 후한에서는 왕망의지지 세력을 토벌하는 일이 오랫동안 계속되었다고 한다.

왕망과 함께 신나라를 건국하고 핵심적 역할을 하다가 왕망과 비슷한 상황에서 죽었을 것으로 추측되는 투후 김당(金當)이 있다. 김당은 한무제의 신임을 얻은 투후 김일제(金日磾)의 증손자이며 왕망과는 이종사촌 간이다. 학계는 김당의 아들(후손)로 추정되는 김성(金星)이 '문무왕릉 비문'에 나오는 성한왕(星漢王)으로 보고 있다.

'투후(秅侯) 제천(祭天)의 후손으로 7대를 전하여 □□하였다. 15대조 성한왕은 그 바탕이 하늘에서 내리고 그 영(靈)이 선악(仙岳)에서 나와 □□을 개창하여 옥란(玉欄)을 대하니, 비로소 조상의 복이 상서로운 수풀[祥林]처럼 많아 석뉴(石紐)를 보고 금가마[金輿]에 앉아 … 하는 것 같았다.(秅侯祭天之胤, 傳七葉以□□焉. 十五代祖星漢王 降質圓穹 誕靈仙岳 肇臨 □□ 以對玉欄 始蔭祥林 如觀石紐 坐金輿而(…).'

신(新)나라 멸망 이후 김당의 아들 김성(金星)과 그 무리가 쫓기는 신세가 되어 광무제의 힘이 미치지 않는 곳으로 피신하여 한반도에 유입한 것이 역사 기록에 남아있다.

이와 비슷한 상황에서 영산강 유역으로 피신한 유민들도 신(新)나라와 연관이 있지 않나 추측하게 한다. 신나라 세력이 도주할 때 직접 한반도로 피신한 것이 아니고 양자강 이남으로 피신하여 은거하다가 2차, 3차로 쫓길 때 한반도로 이동했을 개연성이 있다. 앞에서 거론한대로 그들이 오수전은 빼고 화천이란 화폐만 소지한 것이 더욱 의심을 불러일으키게 한다.

이런 관점에서 영산강 유역으로 이주한 마한인은 피신을 목적으로 이동한 것으로 볼 수 있고, 앞서 소개한 '오수전 이동 루트'를 따라 낙동강 유역으로 왕래한 사람들은 가야의 철 상품과 관련이 있다고 본다. 자세한 내용은 다음의 책 가야사에서 소개하겠다.

필자가 추자도(楸子島)를 중시하는 까닭은 마한행과 가락행 항로의 분기점이기 때문이다. 제주 산지항에서 맑은 날에는 맨눈으로 추자도가 선명하게 보인다. 추자도는 제주 산지항을 출항할 때 뱃머리의 방향을 잡는 항해의 목표가 된다. 그런데 산지항에서 여서도나 거문도는 잘 보이지 않는다. 추자도 가까이 가야, 여서도와 거문도, 보길도가 보여서 거기서 항로를 선택하게 되는데 보길도를 향하면 마한 땅으로 가는 길이 되고, 추자도에서 여서도로 뱃길을 돌리면 거문도를 지나 가락의 땅으로 갈 수 있다.

실제로 해저 지도를 펼쳐놓고 보면, 한가지 예를 들어 추자도-사수도(E126°40′ N33°50′)-여서도(E126°55′ N34°)-거문도 사이의 수심이 32-37m이다. 이 정도의 깊이라면 2,000년 전에는 수심이 10여 미터 내외로 해안선에 가까웠다고 볼 수 있다. 필자가 제기한 '오수전 이동 루트'는 그 당시 실제로 항해가 가능한 뱃길이라 할 수 있다.

이와 관련해서 '오수전 이동 루트'가 추자도-사수도-여서도-거문도의 뱃길을 이용했다는 점에서 오수전 발행 초기로 본다.

또 하나 필자의 주장(마한도이설)을 입증하는 반량전(半兩錢)의 발굴사례가 있다.

반량전(半兩錢)은 중국 진(秦)나라 화폐로 원형에 사각형의 구멍이 뚫려 있고, 구멍의 양쪽 옆에 반량(半兩)이라고 새겨져 있다. 이후 중국이나 모든 주변국의 화폐는 반량전의 형태를 따르면서 주조 화폐의 기본 형식이 되었다. 진나라의 시황제는 통일 정책의 일환으로 전국의 화폐를 반량전으로 단일화하였다. 이 화폐는 한반도에서도 사용하여 경남 사천의 늑도와 제주도의 산지항 등에서 발견되었고 한반도와 중국 간 교류의 근거로 삼고 있다.(출처: 구기동 신구대 교수)[215]

반량전은 진시황 때 발행(BC221)되기 시작하여 기원전 119년, 한무제 23년에 오수전을 주조할 때까지 유통되던 중국 화폐이다. 한반도의 제주도 산지항(1점)과 경남 사천의 늑도(1점), 김해(1점)을 연결하면 '오수전 이동 루트'를 연상케 하며, 오수전보다 이른 시기에 이동한 것으로 보인다.

'반량전 이동 루트'는 화폐 발행 시기로 보아 진시황 때 서복의 항해를 떠올릴 수 있다. 그런데 앞에서 소개했듯이 서복이 1차 항해의 목적지 혹은 도착지가 규슈의 이세(伊勢)이고, 중국으로 귀로 할 때, 일본 열도-사천 늑도-한반도 남해안-제주도로 귀환하는 코스에서 조천을 소개하였다. 이때 서복 일행은 제주 산지항을 경유한 적이 없다.

---

215) 구기동, '신(新)동아시아시대 출발은 화폐유통과 해상교역로에서', 조세금융신문, 2018.6.11.

1차 귀환 코스가 조천-서귀포-중국이므로 제주 산지항은 서복의 항해와는 무관하다고 본다. 당시 제주 산지항은 입항지가 아니라 출항지로 사용되었다고 앞서 밝힌 바 있다.

서복 동도(東渡)와 비슷한 시기에 중국→제주도→경남 사천 늑도→(?)로 이동한 다른 일행이 있었다고 본다. 다시 말해 중국에서 한반도로 이동하는 루트가 초기에는 제주도-추자도-거문도-경남 늑도로 연결할 수도 있었다는 것이다.

이와 같은 '반량전 이동 루트'가 '오수전 이동 루트'와 비슷하지만 시기적으로 먼저인 것이 사실이다. 두 화폐의 이동 루트로 보아 가야와 중국과의 교역로는 일찍부터 연결되었다고 볼 수 있다.

가야나 마한이나 중국 대륙에서 황해와 제주도를 거쳐 이동했다는 공통점을 가지고 있다.

그렇다면 가야계와 마한계열은 어느 쪽이 먼저 정착한 것일까 라는 질문이 연속적으로 생긴다.

가야는 6가야, 혹은 9가야가 연맹체로 낙동강과 그 지류 남강 유역에서 기원전 2세기부터 서기 6세기 중엽까지 존속한 것으로 국사학계는 보고 있다.

이에 비해 마한계는 뚜렷한 국명을 남기지 않은 채 유물과 유적이 영산강 유역을 중심으로 전남 지역에 분포되어 있으며 기원후 3세기 중엽에서 시작되어 6세기 중엽으로 보고 있다.

여기서 새로운 공통점을 발견하게 된다.

가야나 마한이 시작점은 다르지만 비슷한 시기에 끝났다는 것이다. 이 시기에 신라 진흥왕(540-576)이 자리하고 있었다.

이 문제는 중국 대륙에 있던 신라의 동진 정책[216]과 연관 지어 후학들이 더 연구해 주기를 기대한다.

마한계 이민자들이 한반도로 옮겨 온 2-3세기를 중국 전란과 연결 지어보면, 신나라 왕망 계열의 피신 외에도 중국에 있던 마한 열국 구성원 중에는 계속되는 전란과 한족(漢族)의 팽창에 밀려 피난했거나 조용한 신천지로 이민했던 집단이 존재했을 개연성도 배제할 수 없다.

만약 2-3세기 마한의 이주민이 이와 같은 이유에서 피난해 왔다면 668년 신라(新羅)가 삼국을 통일하고, 당의 팽창 정책에 따라 8세기 중반 이후 신라가 중국에서 한반도 경주로 밀려나 정권이 이동되었을 때, 신라의 김씨 왕조와 정치적으로 연결되는 마한의 부족장 중에는 삶의 터전을 경상도로 이전했을 개연성도 배제할 수 없다 하겠다.

고고학계에서는 한반도의 서남부에 있는 영산강 유역의 마한 분묘와 유적, 특히 전방후원분이 3세기경에 조성된 것으로 보고 있다. 이와 비슷한 시기에 '해저 소백산맥(제주도 포함) 항로'가 항해 지표(섬과 거문여)의 침수로 인해 이용 횟수가 줄어들고, 이보다 북쪽에 있는 '해저 노령산맥 항로'로 변경되었다고 할 수 있다. 그렇게 되면 제주도 경유의 항로는 없어지게 된다. 그들이 이동하면서 남긴 화폐, '오수전 이동 루트'와 '화천 이동 루트'의 이용 시기의 차이점을 말해주고 있다.

'해저 소백산맥 항로'가 소실되고, '해저 노령산맥 항로'가 이용될

---

216) 오운홍, 『고대사 뒤집어 보기』, pp.36-41.

때도 마한행 항로와 가야행 항로는 유지되었던 것 같다. 그때 항로의 분기점을 가거도(소흑산도)로 본다.

가야계 이동은 마한계와 달리 철기 상권으로 이어진다. 가야계의 이동은 본 논제와 달라서 여기서 보류하겠고, 기회가 생기면 그때 소개하기로 하겠다.

12. 중국 사서의 마한사와 한반도 마한을 정리하다

본 책에서 전개했던 마한사를 정리하면,

1) 후한(23-220)의 『후한서』나 위나라(220-265)의 『위지』에 나오는 마한은 시기적으로 볼 때, 한반도 전남·북 지역의 마한 유적(3세기 중엽 이후)과는 다른 마한으로 본다.

2) 『후한서』나 『위지』에 기록된 54개국 마한은 현 중국 대륙에 존재했던 나라들이고, 사방 4천 리나 된다. 참고로 한반도 서남부의 마한 지역은 남북 1천 리요, 동서 400리가 넘지 못한다. 학자들이 중국 사서의 마한사를 한반도 마한사로 착각한 것이다.

3) 국내 사서 『삼국사기』에 나오는 신라, 고구려, 백제와 관련된 마한 기록을 분석하고, 천문학자 박창범 교수가 삼국의 일식 기록 분석한 자료, 필자의 한국사 미스터리 1, 2, 3권을 종합해 보면 『삼국사기』에 기록된 마한은 중국 대륙에 존재한 것이 틀림없다.

4)『삼국유사』에 나오는 마한에 대해, 위만에게 쫓긴 준왕이 입해(入海)한 것을 월해(越海)라 기록하여 한반도 서남부의 마한으로 유도했다. 그리고『위지(魏志)』를 인용했다고 밝혔으니 잘못 옮겨 쓴 일연이 스스로 역사 왜곡(歪曲)을 자인한 셈이 된다. 따라서 준왕의 마한과 전남·북에 있었던 마한은 다른 것이다.

5)『삼국유사』기록을 이어받아 권근(權近)이 주장한 '마한의 백제 계승론'이나 한백겸(韓百謙)의『동국지리지(東國地理志)』도 위사(偽史)가 된다. 이들은 조선조 후기의 안정복 등 실학자들의 역사관에도 영향을 끼쳤고 우리 역사를 해석하는 운동장이 한쪽으로 기울게 한 장본인이라 할 수 있다.

6)『위지』와『환단고기』에 기록된 입해(入海)는 황해 북안에 있는 섬, 해중 마한을 말하는 것이다. 그 위치가 지금의 석성도(石城島, E123° N39°30′)와 대왕가도(大王家島, E123°10′ N39°20′)로 본다. 이곳은『위략(魏略)』이나『진서(晉書)』의 기록에 나오는 준왕해중(準王海中)과 의산대해(依山帶海)의 섬(島)을 말한다. 이는 현재 '해저 지도'와 '지구과학 이론'이 입증하고 있으며 해저 유물 발굴의 기대가 높은 지역이다.

7)『삼국유사』와『동국통감』,『동국지리지(東國地理志)』,『동사강목(東史綱目)』등의 마한과 백제 관련 기사를 근거로 조선총독부는 1938년에『조선사』를 편찬했고, 이를 베끼다시피 한 현행 '한국사'는 위사(偽史)의 오명을 피할 수 없다고 본다.

8)문헌사 연구자들의 주장과 달리 전남·북 지역에서 발굴되는 마한 유적은 국가 형태를 갖추지 못한 특수 상황과 신나라 화폐를 소지한 피신자의 정서를 보여준다. 특히 분묘 형태를 보면 다양하다. 가장 전통적이고 변하지 않는 것이 묘제인데, 이는 외래 유입을 시사하고 있다.

9)마한 옹관묘보다 3-4세기 빠른 옹관묘가 제주도에서 발견되어 마한의 유입 경로가 수면 위로 떠 올랐다. 제주도는 상고대에 중국과 한반도를 연결하는 '해저 소백산맥의 뱃길'에 있다. 제주도에서 발견되는 오수전(五銖錢)과 화천(貨泉)이 당시 뱃길을 입증하고 있다.

10)시간이 지날수록, 해수면이 상승되고 '해저 소백산맥 뱃길'이 소실되자 이보다 북쪽에 있는 '해저 노령산맥의 뱃길'을 이용하여 중국 전란의 유민이 계속 유입되었다고 본다. 해저 노령산맥 항로는 고려시대 송나라 사신 서긍이 쓴 고려도경에 나오는 뱃길과 일치한 것으로 보아 한동안 이용된 것으로 본다.

11)상고대의 '해저 소백산맥의 뱃길'과 '해저 노령산맥의 뱃길'은 동양사의 문명과 문화 현상 즉, 서북고동남저(西北高東南底)의 문명 등 고선의 관점에서 볼 때, 문명의 이동 통로라고 볼 수 있다. 이와 같은 맥락에서 보면, 일본의 전방후원분은 한반도 남해안을 거쳐 일본으로 전래 된 것으로 볼 수 있다.

12)한반도 마한은 자생한 세력이라기보다 전래 되고 유입된 세력이 광범위하게 분포된 것이며, 초기 마한 유입의 통로에 제주도가 있

었다고 본다.

13)중국 대륙의 마한은 문헌사에 남아있지만, 한반도의 마한 역사 기록은 없다. 그래서 한반도의 마한이 중국 마한사의 탈을 빌려 쓰고, 한반도 역사로 둔갑 되어 한반도 역사의 주인공이 되었다고 본다.

14)왜곡의 실마리는 일연의 『삼국유사』에서 비롯되었지만, 왜곡의 증폭은 조선조의 권근과 한백겸, 그리고 조선 후기 실학자들에 의해 이뤄졌다고 본다.

조선총독부는 조선을 영구히 지배하기 위해, 식민사관과 위축된 반도사관을 심기 위해 그들의 입맛에 맞는 왜곡된 상고사를 인용하여 '조선사'(1938)를 발행하면서 왜곡된 역사를 기정사실로 굳혔다.

해방 후, 조선사를 이어받은 '이병도 학파와 그 후예'들에 의해 쓰여진 '한국사'는 일본이 써 준 '조선사'의 영향을 벗어나지 못했다고 본다.

우리 역사는 일본이 심어놓은 식민사관(한반도 한사군설)이나 반도사관(고조선과 백제의 한반도 존재설)에서 아직도 벗어나지 못한 상태에 있다고 본다.

15)최근 고고학계에서 내놓는 마한 관련 주장은 중국에 있었던 백제가 한반도에 있었다는 가정 아래, 그리고 중국 남동부에 있었던 야마토(왜)가 일본 열도에 존재했다는 인식 아래 얼기설기 엮어진 가설에 불과하다.

한반도에 백제가 없었고, 일본 열도에 야마토(왜)가 없었다는 것이 사실이고 보면, 학계에서 정리한 한반도 마한사는 거짓이다. 한반도 마한의 진정한 역사라고 볼 수 없다.

  마한사를 정리하면서 강조하고 싶은 것은, 중국 사서의 마한사와 한반도의 마한 유적은 시간상 차이가 있어 겹치지 않을 뿐더러 직접적인 연관성도 없다. 따라서 한반도 마한은 시간적으로나 공간적배치로 볼 때, 중국 사서의 마한과는 분명히 다르다.
  그런데 여기서 독자들이 착각해서는 아니 될 중요한 개념이 있다.
  중국 사서의 마한이 한반도 마한과 다르다 해서 중국 대륙에 존재했던 마한이 우리와 다른 마한이 아니다. 중국 사서에서 밝힌 대로 삼한 중의 마한이며, 우리 조상들이 살던 마한이라는 것이다.
  중국 사서에는 마한사가 있으나 한반도에는 진정한 마한사가 없다. 중국 사서를 그대로 베낀 마한사는 중국 땅의 마한사이지, 한반도의 마한사가 될 수 없다.
  한반도에 마한의 유물은 있으나 그에 걸맞게 제대로 된 문헌사가 없다. 권근과 한백겸으로 시작된 한반도의 마한사가 사상누각임을 본책 3장에서 밝힌 바 있다.
  한반도 마한사를 새로 써야 한다고 생각한다.
  이를 후학의 몫으로 남겨 둔다.

| 편집 후기 |

이 책은 발간사에서 밝혔듯이 '비틀어진 한국사'를 바로잡기 위해서 내놓은 것이다.

역사학이지만 현대인의 눈높이에 맞추려면 과학과 논리적 접근이 필요했다.

고고학과 관련하여 발굴 유적과 유물, 산수(山水)와 지형을 참고했고, 천문학과 지구과학의 이론과 결과물도 인용했다. 지명이나 명칭을 나타내는 한자의 의미도 분석하였는데, 뜻밖에 명칭의 유래에 대한 답이 들어있기도 했다.

지구과학적 입장에서 접근하다 보니 좌표를 도입하여 정확성을 기하고 싶었다.

문헌 사료로는 김부식의 『삼국사기』와 중국의 사서를 주로 인용했다. 조선조에 간행된 국내 사서는 '비틀어진 한국사'의 원인과 결과물이므로 가급적 인용하지 않았다.

이 책에서 필자가 문제를 제기하고 풀어낸 역사적 사실이 수없이 많다. 그렇지만 사학도들에겐 보이는 만큼만 보일 것이다. 왜냐면 시선의 차이가 있기 때문이다. 학위논문 주제가 될 내용도 적지 않다고 본다. 그 중 몇 가지를 소개한다.

1 이 책에서 고구려 을지문덕 장군의 살수대첩 장소를 찾아낼 수 있었다는 것은 앞으로 '한국사의 기준점'을 찾아낼 수 있다는 가능성을 보여준다.

한반도의 청천강이 아니고 중국 요녕성 진저우(錦州)시 동편에 흐르는 대릉하(大凌河)가 살수(薩水)이고, 이곳은 과거 (고)조선과 고구려의 영토였다.

『삼국사기』의 〈신라본기〉와 〈고구려본기〉와 〈백제본기〉에 나오는 살수와 견아성 전투의 장소를 찾아냄으로써 역사의 기준점이 명확해졌다.

이로 인해 수 양제 대군이 압록수 서쪽에 집결했다가 강을 건너 동진했다는 기록의 그 압록수를 찾을 수 있었다. 그리고 그들이 살수에서 패전하여 450리를 하루낮 하룻밤에 이르렀다는 기록이 있는데, 그 압록수와 대릉하까지 450리라는 지도상의 거리와 일치하여 더욱 놀라지 않을 수 없다.

청천강을 살수라 하면, 신라의 견아성이 고구려의 심장부에 있게 되고 『삼국사기』의 기록을 의심하게 되는 것도 김부식 이후 후대 사학자들의 해석과 비정이 잘못된 것이지 『삼국사기』의 기록이 틀린 것이 아니라는 것이 밝혀졌다.

이처럼 고구려의 주요 활동무대가 압록강 이남 한반도 북부가 아니라 만주에서 중국의 하북성까지 포함하는 드넓은 지역임을 다시 탐색할 수 있게 되었다.

2 한사군 특히 낙랑군의 위치를 지구좌표로 찍을 만큼 근접하게 찾아냈다는 것이 이번 책을 쓰면서 가장 큰 수확이라고 생각한다.

한사군 중, 그 중심에 있는 낙랑군을 다스리는 관청이 낙랑부(樂浪府)다. 그 관청이 왕험성(왕검성)에 있었다는 것은 상식적인 일이다. 일제가 조선총독부를 조선의 도읍 한양에 둔 것 같이, 더 자세히 말해 왕궁인 경복궁 안에 설치한 것처럼 왕험성 안 궁궐에 낙랑부(樂浪府)를 두었을 것이다.

그런데 중국 사서에 기록되어 있지만, 그 왕험성이 어디인지 찾기란 지금까지 정확히 짚을 수가 없었다.

중국 사서 특히 『사기(史記)』나 『한서(漢書)』, 『수경주(水經注)』에 보면 왕험성은 험독현에 있다 한다. 험독현은 창려(시)에 가까운 패수(난하)의 동쪽에 있다 하고, 창려는 요동군에 있다 하였다.

여기서 험독현을 찾으면 되는데, 현대 중국 지도에서 애써 찾아도 보이지 않는다. 왕검성이나 왕험성, 험독현이 지명 표시에서 사라졌기 때문이다.

그동안 필자뿐만 아니라 재야사학자들이 여긴가 저긴가 대강 짚었지만 막연할 뿐이었다. 그러던 중 최근에 『명사(明史)』가 말하는 패수의 최하류에서, 호로하(葫蘆河)와 정류하(定流河)라는 두 지류로 갈라지면서 이루어진 땅이 바로 물이 험하다는 험독(險瀆)임을 알아낼 수 있었다. 험독이라는 땅 중심에 낙정(樂亭, E118°55′ N39°25′)이 현대 지도에서 찾을 수 있는데 이곳 주변에 왕험성(왕검성)이 있었던 것이라 확신한다.

왕험성의 자리를 필자가 찾아내다니, 얼마나 감격스러운 일인가!

몇 년 전, 중국의 시진핑 주석이 방미(2017.4) 중에 미국의 트럼프 대통령과 함께 한 자리에서 "'한국은 중국의 일부'라는 인식을 함께 한다."

하여 세계뉴스가 되었다. 그때 우리 정부와 학계는 한 마디 반론을 제기하지 못했다.

미국 3대 교과서 출판사 중의 하나인 〈글렌코 맥그로 힐〉에서 간행한 세계사에는 'BC 109년경 한반도의 중부까지 중국의 지배 아래 있었다.'는 것이다. BC 109년(미국 출판사 주장) 이전의 역사에 대해서는 아무런 언급이 없이 '한국 역사는 중국의 식민지로 출발하였고, 4세기가 돼서 처음으로 나라를 세웠다'는 설명이다.

한사군이란 낙인이 찍힌 것 때문에 전 세계가 주목하는 '코리아 대한민국'을 중국의 속국으로 알고 있다. 우리로서는 얼마나 억울하고 부끄러운 일인가?

그게 아니라고 하소연을 해도 소용없는 일이다.

너희 나라 〈한국사 교과서〉에 '한사군 지도'가 그려져 있지 않느냐?

자승자박이다. 우리의 역사 인식이 부족하여 그렇게 된 것이다.

이제, 다행히 우리 국민 모두 기뻐해야 할 일이 생겼다.

한사군, 특히 낙랑군의 낙랑부(樂浪府) 위치가 현 중국의 베이징 외곽 경계에서 불과 155㎞ 정도의 가까운 곳임을 확인할 수 있다. 한반도의 평양과는 1000㎞가 넘게 멀리 떨어져 있는 곳이다.

치욕을 씻기 위해 이를 세계에 하루빨리 알려야 한다.

해외에 있는 우리 동포들에겐 구겨진 자존심을 펴고 신선한 뉴스로 받아들여 환영할 일이 될 것이다. 재미 교포들은 먼저 〈글렌코 맥그로 힐〉 출판사를 찾아가서 정정 요구를 해야 한다. 그렇기 위해 이 책을 영문으로 번역하여 전 세계에 알려져야 한다.

우리 모두 식민지 사슬에서 벗어나 감격스러워하고 하루속히 실천

해야 할 과제라 생각한다.

3 이 책을 통하여 야마토 왜(倭)가 중국 남동부에 있다가 일본 열도로 천도한 것은 710년 이후의 일임이 밝혀졌다. 따라서 삼국과 왜와의 관계는 물론이고 한반도의 마한과 가야와 일본의 고훈(墳)시대와의 관계도 새롭게 조명돼야 할 것으로 본다.

다시 말해 삼국시대의 왜는 중국 남동해안에 있던 야마토 왜를 말하는 것이고, 한반도의 가야와 마한과 관련이 있는 왜는 일본 역사 중에 야요이시대와 고훈시대의 왜를 말하는 것으로서 가야와 마한이 일본 열도에서 공유하던 땅으로 볼 수 있다.

중세 이후 일본을 지배하는 세력이 8세기 이후에 도래한 야마토 왜인데 일본이 주장하는 한반도의 '임나일본부설(4세기 후반)'은 처음부터 성립될 수 없는 이론이 된다. 굳이 찾고 싶다면 신라와 백제가 있었던 중국 동해안에 가서 찾아보기를 권한다.

마한사를 쓰는 국내 사학자 중에는 전방후원분을 왜색 분묘로 보는 경향이 있다. 아마도 우리 한국사가 일본이 써 준 조선사의 굴레에서 벗어나지 못한 데서 기인한 것이 아닌가 한다.

앞으로 마한사나 가야사를 쓰는 데에 도움이 될 것으로 사료된다.

4 이 책은 우리 역사가 비틀어진 시작점을 찾아 교정하는 데에 공헌할 것으로 본다. 『삼국유사』를 쓴 일연스님이 『위지』를 인용했다고 분명히 밝혀주어 불행 중 다행이다. 입해(入海)를 월해(越海)로 한 글자를 바꾼 것이다. 월해로 보면, 준왕의 마한은 한반도의 전라북도 기준성이 된다. 입해로 보면 바다 한가운데 떠 있는 섬에 마한이 있었다는

것이 된다.

　일연이 『삼국유사』를 간행(1285년)할 때는 준왕의 피신한 때(BC194년)로부터 1479년이 지난 후의 일이고, 한백겸이 『동국지리지』를 쓸 때(1615년)는 1800여 년이 지난 후인데, 준왕의 마한도(馬韓島)가 있을 만한 발해나 황해 북안에는 아무리 보아도 있을 만한 장소를 찾을 수 없었을 것이다.

　준왕의 해중 거한지를 말하는 문헌이 여럿 있다 하더라도 지구과학이라는 눈이 없으면 읽어도 보이지 않는다. 필자가 찾아낸 준왕의 해중 거한지는 우리 역사의 판도를 뒤집어 놓는 일이 될 것이다. 또 하나 한국사의 기준점이 될 것으로 본다.

5　이 책은 마한의 개념을 명료화함으로써 그동안 우리가 배운 '마한 범벅사'의 실체를 제대로 파악하게 해 줄 것으로 본다.

　'마한 범벅사'를 해부하면, 중국의 사서 『후한서』나 『삼국지』에 나오는 마한①은 (고)조선 때 정치적 역할분담으로 구획된 삼한 중의 마한이고, 준왕이 정권을 창출한 마한②는 『위지』가 기록한 대로 해중 거한지가 맞고, 『진서』에 나오는 신미제국과 이웃하였던 것이 사실임을 해중 지도를 통하여 필자가 2,200년 만에 찾아낸 마한이다.

　한반도 서남부의 마한③은 『삼국유사』를 쓴 일연스님이 준왕의 도피처라고 왜곡한 것을 이어받아 권근이 '백제가 계승했다는 마한'이며, 한백겸이 오인하여 쓴 『동국지리지』에 나오는 마한이다.

　그런데 실제로 ①②③이 섞여 있는 '마한 범벅사'를 그동안 우리가 배워왔다. 앞으로 마한사를 쓸 때는 세 가지 마한을 구분하여 쓸 수 있기를 기대할 수 있게 되었다.

6 이 책은 공주 수촌리에서 발굴된 유물에 대해 그간 학자들의 견해와 해석이 잘못임을 지적하고 있다.

이와 관련하여 필자가 제3권의 책(『무령왕릉의 비밀』)에서, 백제 성왕이 한반도 공주 땅에 무령왕릉을 비밀에 부쳐 조성하면서 작성한 매지권이 상업적 실제 문서이며, 전일만문(錢一万文) 상당의 금은 제품이 다른 곳에 있을 (발굴 등) 것을 열어놓은 바 있었다.

국립공주박물관이 2021년 7월 무령왕릉 발굴 50주년을 맞아, 발굴 과정과 유물에 대한 상세한 정보를 담은 '신(新)보고서'를 내놓았는데, 필자가 제3권에서 예상한 가설을 증명해 준 셈이다.

보고서 중에, '무령왕 사망 시점인 523년보다 이른 512년에 제작한 것으로 추정'되는 글자 '사임진년작(士壬辰年作)'이 새겨진 벽돌이 발견되었고, 왕릉을 지키는 짐승 조각, 석수(石獸)와 왕과 왕비의 신분을 밝힌 지석의 재료가 모두 각섬석(암)이란 점, 그런데 각섬석(角閃石)은 공주 일원뿐만 아니라 충청도 일원에서도 산출되지 않는 암석이다. 이로써 무령왕릉을 왜 한반도에 숨겼는지 밝혀지게 되었다.

공주 수촌리 유물이 무령왕릉 매지권에 상당하는 (교환) 물품에 해당한다는 것은 우리 상고사의 판을 바꾸는 계기가 될 것이다.

7 필자는 이 책을 통해 마한도이설(馬韓渡移說)이란 가설을 내놓고 이를 주장하고 있다.

한반도 서남부의 마한은 중국에서 바다 건너 이주해 온 유민의 실체라는 것이다. 다시 말해 한반도 서남부의 원주민이 자체 성장한 것이 아니라 유입되었다는 주장이다.

그 근거로 첫째 '오수전(五銖錢)' 사용의 경제 주체가 아니라 '화천(貨泉)'

사용의 경제 주체라는 점, 둘째 마한의 분묘형태가 다양한 것은 제례문화를 함부로 바꿀 수 없다는 점에서 다양한 족속이 유입됐다는 실증이며, 셋째 국가 체제를 갖추지 못했다는 것과 이웃과 큰 다툼 없이 평화, 평온 체제를 유지했던 것으로 보아 마한 주민은 바다 건너 이민한 개척자가 아니라 피신하여 온 무리들이며, 조용한 평온을 유지하려는 당시 한반도 마한의 정서를 말해 준다.

마한도이설을 적용해 보면, 전라북도 고창지역의 마한 고분군이 늦은 시기까지 조성된 까닭은 해저 소백산맥항로가 소실되자 해저 노령산맥항로를 이용한 유민으로 설명할 수 있다.

8 한 가지 덧붙이고 싶은 것은 중국 동북공정에 대한 우리의 대응에 문제가 있다는 점이다.

중국은 고구려의 역사를 자기네 역사로 편입하고 있는데 국사학계는 뚜렷한 대응책이 없다. 양국 간의 외교적 노력으로 해결될 문제가 절대 아니다.

재야사학자들이 역사체계를 세우지 못한 채 개인적으로 중국 대륙의 여기다 저기다 하며 들쑤시는 것도 모양새가 좋지 않다. 그게 아니라고 말하는 강단사학계에서도 학자들마저 역사지명에 대한 의견이 분분하다. 더구나 한백겸 같은 반도 사관에 집착하다 보니, 중국에서 한국사의 상고사를 어떻게 보겠는가?

중국은 동북공정에 반대하는 우리를 보고,

"너희 교과서에 분명히 압록강 이남 한반도에 고조선의 왕검성이 있고, 고구려의 평양성이 있지 않느냐? 우리(중국)는 압록강을 경계로 한반도 역사를 건드리지 않을 테니 걱정하지 마라."

우리는 할 말이 없다. 얼마나 치욕스런 일인가?

중국의 동북공정에 대응하기 위해 그린다는 '동북아역사지도'마저도 제대로 그려내지 못하는 우리 학계의 모습을 보며 안타깝기 그지없다.

동북아연구소와 국사학계에게 필자가 급히 할 말이 있다.
"동북아역사지도 제작을 잠깐 멈추시오!"
"여기, 『한국사의 기준점 찾기』를 읽은 후에 일을 하시오."
동북공정에 대응하려면 교과서부터 바르게 고칠 것을 제안한다.

9 필자는 이 책을 통하여 한국사의 기준점 5곳을 찾아냈다.
⑴살수는 대릉하(大凌河, 하구 E121°36′ N39°53′)이고, ⑵패수는 난하(灤河, 하구 E119°16′ N39°26′)이며, ⑶요수(遼水)는 옛날 조선하(朝鮮河)로 불리던 지금의 조백하(潮白河)의 조하(潮河)이고, ⑷낙랑부(樂浪府)가 설치된 왕험성(王險城)은 창려(昌黎, E119°10′ N39°40′)시 남쪽 낙정(樂亭, E118°55′ N39°25′) 근처이며, ⑸준왕의 거한지는 대왕가도(大王家島, E123°10′ N39°20′)이다.

이 책을 읽은 후학들이 역사의 주춧돌이 되는 한국 상고사의 기준점을 하나씩 더 찾아내어 우리 상고사를 명확히 그려내 주기를 기대한다.
중국 동북공정에 맞서 자신감을 가지고 떳떳하게 대응하기를 바라는 마음뿐이다.

편집을 마치며 편치 않은 마음이 하나 남아 있다.
필자가 평소 존경하는 단재 신채호 선생님의 '전·후 삼한설'을 이 책에서 비판했기 때문이다.

　단재는 쓰러져가는 조선국의 기둥을 지탱하려고 독립협회, 신민회에 가입하였으며, 황성신문 논설위원으로서 '국채보상운동'에 앞장섰고, 대한매일신보 주필로서 민족의식을 고취시키며 고대사에 관한 역사 인식을 심어주려고 노력하였다. 이후 여순 감옥에서 순국(1936.2.21.)하기까지 고난의 가시밭길은 우리들의 귀감이 되고 있다.

　신채호 선생님은 역사를 매우 중시했다. 왜냐면 역사 인식이야말로 자주, 독립의 근본 뿌리라 생각했다. 선생님의 어록 중에,
　"자신의 나라를 사랑하려거든 역사를 읽을 것이며, 다른 사람에게 나라를 사랑하게 하려거든 역사를 읽게 하시오."
　역사를 통하여 국민의 힘을 일깨우고 키워나가려 하였다.
　필자는 이 점에서 단재를 존경하고 있다.
　단재는 1913년 일본인 이마니시 류(今西 龍)가 평안 용강에서 점제현신사비(秥蟬縣神祠碑)를 발견했다며 한사군의 역사를 왜곡한 데 대해, "귀신도 못하는 땅 뜨는 재주를 부린 것"이라고 혹평을 했다.
　필자는 이 부분에서도 단재 신채호 선생님과 역사 인식을 같이 하고 있다.

　필자가 상고대 역사 비평(본 책)을 쓰는 과정에서, 일연, 권근, 한백겸, 안정복, 정약용, 신채호 등 기라성같은 위인들을 비평했다. 결과적으로 이분들의 역사가 왜곡됐다는 것이 드러났는데, 이분들이 글을 쓸 때는 나라와 민족을 위해 썼음을 익히 알고 있다.
　그 과정에서 필자가 존경하는 신채호 선생님은 빼놓고 비평을 하고

싶었다.

　그런데 필자가 사사로운 감정으로 신채호 선생을 역사 비평에서 제외한다면, 우선 역사평론의 공평성이란 논란에서 자유롭지 못할 것이다.

　한편 '역사의 힘'을 강조하였던 신채호 선생님이 지하에서 보신다면 필자의 역사 비평을 반대하지 않을 것 같다. 선생님의 평소 지론이 역사가 나라를 지탱한다고 하였으니 바른 역사를 찾아내는데 찬성하실 것이다.

　신채호 선생님이 역사를 쓸 때는 당시 정보와 인식의 한계가 있었고, 조선의 학자들이 모두 반도 사관의 젖어있던 때라 선생님의 이론 전개는 그럴 수밖에 없었을 것이다.

　지금 생각하면 한백겸 이후 신채호 선생까지 전개된 반도 사관을 가지고는 중국의 동북공정을 막을 수 없는 일이고, 비틀어진 상고사를 바로잡을 수도 없다. 그래서 할 수 없이 존경하는 단재 선생님을 밟고 지나갈 수밖에 없었다.

　필자는 그분의 '역사 사랑과 자주 자강의 독립 정신'을 가슴에 새기고 가는 길을 계속 걷고 있다.

■ 찾아보기

ㄱ

각섬석(角閃石) 221
간도 172
간책(簡冊) 56
거문여 273
검단(黔丹) 193, 237, 259
검단산(黔丹山) 193, 195, 237, 259
겐메이 덴노 124, 126
견아성(犬牙城) 26, 38, 162
경계 말뚝 15
고구려계승론 178
고려도경(高麗圖經) 291
고려영(高麗營) 20
고려포(高麗鋪) 20
고인돌 장묘문화 297, 298
고훈(古墳)시대 128
관방유적 230
광무제 32, 171

광무제(光武帝) 312
구각정(九角亭) 197, 199, 237
구당서(舊唐書) 69
국출철(國出鐵) 86
굴식돌방무덤 217, 219, 242
권근(權近) 156, 164, 176, 178
금동관 203
금동신발 203
금마면(金馬面) 142
기법 245
기이(紀伊) 278
기준(箕準) 140, 154, 156
기준성(箕準城) 142, 157
기준점 15
김일제(金日磾) 312

ㄴ

나라(奈良)시대 124
나무덧널무덤 217
나을촌(奈乙村) 23
나정(蘿井) 24
나패(那覇) 123, 278
낙랑(樂浪) 67, 94
낙랑군(樂浪郡) 70
낙랑부(樂浪府) 55, 68
낙랑왕(樂浪王) 55
낙랑태수장(樂浪太守章) 57
낙정(樂亭) 75, 78
난세이제도 272
난하(灤河) 43, 45, 48, 65, 111
낭야대(琅琊臺) 277

넌장(嫩江) 23
노룡두(老龍頭) 34
눈수(嫩水) 23

ㄷ

다이센 고분 234
다이카 개신 235
다퉁(大同) 104
단군고(檀君考) 177
단군세기 99
대동강(大同江) 106
대릉하(大凌河) 33, 36, 63
대방(帶方) 18, 117
대수(帶水) 16, 39, 43
대왕가도(大王家島) 147, 153, 175, 185
대해(大海) 96, 104
동국지리지 159, 162, 181
동국통감 156, 178, 181
동북공정 18, 53
동북아역사지도 18
동사강목(東史綱目) 26, 37, 162
등기부 등본 224

ㄹ

로마교황청 172
루방현(鏤芳縣) 42, 65

ㅁ

마한(馬韓) 88, 91, 97, 99, 107, 129, 157, 164, 166
마한도(馬韓島) 80, 147, 171

마한도이설(馬韓渡移說) 260, 275, 290, 295
마한범벅사 182
마한세가(馬韓世家) 99, 106
막조선(莫朝鮮) 106
매매교환 물품 227
맨틀대류설 149
명사(明史) 75
목간(木簡) 56
묘도군도(廟島群島) 79, 151
무사 계급 235
문신(文身) 100, 101

ㅂ

박창범 102
반량전(半兩錢) 314
방대형 고분 243
방사(方士) 289
백석수고(白石水庫) 33
백제(百濟) 157
백제계승론 157, 159, 178, 180
백하(白河) 48
번한(番韓) 99, 164
번한세가 163
범장 138
벽골제(碧骨堤) 245
벽골지(碧骨池) 306
변진(弁辰) 91, 99, 166
변한(卞韓) 102
변한(弁韓) 99
변한-백제설 164
복합유적 230

봉니(封泥) 56
봉분묘(封墳墓) 247, 262
봉수(烽燧) 193
북부여기 138, 185
분구묘(墳丘墓) 247, 262
분묘유적 230

ㅅ

사기(史記) 71
산방산(山房山) 293
산지항 280, 313
산해경 79, 151, 184
산해관지(山海關志) 35
살수(薩水) 26, 31, 36, 62, 162
삼국사기 162
삼국유사 157, 181, 183
삼국지(三國志) 121
삼남 165
삼성기전 98
삼성혈(三姓穴) 282
삼족(三足) 옹관 269
삼한(三韓) 165
삼한관경본기 106
색불루(索弗婁) 99, 106, 163
생산유적 230
생활유적 230
서귀포(西歸浦) 281
서복기념관 275
서복동도(徐福東渡) 286, 290, 292
서복(徐福) 항로 275
서한(西韓) 102

석문성(石門城) 34
석문채(石門寨) 35
석성도(石城島) 147, 185
선도성모 23
소도(蘇塗) 100
소황띠(小荒地) 32
쇼토쿠 태자 126
수경주(水經注) 40, 45, 64
수서(隋書) 69
수촌리 202
신라(新羅) 22
신미제국(新彌諸國) 146, 153, 303
신지(臣智) 90
신채호(申采浩) 168, 176

ㅇ

아무르강 172
아스카(飛鳥)시대 122, 127
안정복 28, 37
안정복(安鼎福) 175
압록수(鴨綠水) 36
압수하(鴨水河) 35, 36
야마토(大和) 121
야요이(彌生)시대 128
양직공도(梁職貢圖) 211
연해주 172
영주산(瀛州山) 286
예맥(濊貊) 70, 94, 107, 112, 114
오사구(烏斯丘) 32, 34
오수전(五銖錢) 270, 292, 310
오수전 루트 271

옹관(甕棺) 264
옹관묘 264
왕검성(王儉城) 114
왕궁면(王宮面) 142
왕궁탑(王宮塔) 142
왕험성(王險城) 70
요동(遼東) 45, 46, 167
요사遼史 45
요서(遼西) 45, 63
요수(遼水) 45, 46, 47, 51, 167
요하(遼河) 46, 167
용두리 고분 231
우이산맥(武夷山脈) 300
월해(越海) 137, 143, 154, 183, 185
위략(魏略) 140, 146, 184
위만(衛滿) 70, 144, 157, 170
위지(魏志) 137, 183, 184
유력 개인묘 188, 192
유리묘(琉璃廟) 20
유리하(琉璃河) 20
읍차(邑借) 90
의초육첩(義楚六帖) 286
이성산성 192, 237, 259
이세(伊勢) 278
이승휴(李承休) 32, 64, 111
이암(李嵒) 99, 138
익주(益州) 157
일연(一然) 137, 157, 176
임검성(壬儉城) 79
임둔군(臨屯郡) 111
임둔태수장(臨屯太守章) 63

입해(入海) 137, 143, 154, 183, 185

ㅈ

자몽현(紫蒙縣) 42
장고봉 고분 238
장묘제도 263
장산군도(長山群島) 155
장화전(張華傳) 154, 303
전방후원분 192, 231, 235
점제현신사비(秥蟬縣神祠碑) 58
정류하(定流河) 75
정류하(汀流河) 76
정촌 유적 241
정한론(征韓論) 177
제왕운기(帝王韻紀) 32, 64, 111, 184
조백하(潮白河) 22, 48
조선사(朝鮮史) 175
조선총독부 166
조선하(朝鮮河) 48, 51
조세문경(粗細文鏡) 191, 202
조천포(朝天浦) 279
조하(潮河) 48
죽간(竹簡) 56
준왕(準王) 140, 142
지통천황 126
진국(辰國) 19, 86, 95
진묘수(鎭墓獸) 221
진번국(眞番國) 114
진번조선(眞番朝鮮) 114
진서(晉書) 145, 179, 184
진시시(錦西市) 63, 111

진저우(錦州) 32
진한(辰韓) 22, 91, 99, 164, 166
진황도(秦皇島) 34, 276, 277

ㅊ

차오양(朝陽) 33, 116
창려(昌黎) 71
천군(天君) 100
천무천황 126
청천강(淸川江) 39
최숭(崔崇) 55
최치원(崔致遠) 21, 155, 164
추자도(楸子島) 311, 313
춘궁동(春宮洞) 202
측량기준점 15
치두남(蚩頭男) 114
치양성(雉壤城) 27

ㅌ

타클라마칸 97
태백일사 99, 106
토돈묘(土墩墓) 248, 292

ㅍ

파소(婆蘇) 23
판축(版築) 245
팔각정(八角亭) 197, 237
패강(浿江) 39, 45
패수(浿水) 15, 39, 43, 45, 70
패하(浿河) 45, 104
평양성 77

ㅎ

하남위례성(河南慰禮城) 104
하이허(海河) 20
한라산(漢拏山) 286
한백겸(韓百謙) 38, 162, 176
한산(漢山) 44
한서(漢書) 70
한수(漢水) 43
한왕(韓王) 154, 170
해저 노령산맥 항로 291, 295, 299, 316
해저 소백산맥 272
해저 소백산맥 항로 291, 294, 316
해저지도 150
해하(海河) 19, 22, 25, 44, 96, 167
험독현(險瀆縣) 70, 73, 114
헤이조쿄(平城京) 124, 125
현토군(玄菟郡) 108, 111
호로하(瓠瀘河) 78
호로하(葫蘆河) 75, 77
화천(貨泉) 292, 294, 308, 311
환해장성(環海長城) 281
회진토성 306
횡혈식 석실 233
후한(後漢) 92
후한서 166, 179, 184
후한서(後漢書) 121
흑요석(黑曜石) 98

참고문헌

◇ 강찬석·이희진, 『잃어버린 백제의 옛 도읍지』, 소나무(2009).
◇ 구기동, '신(新)동아시아시대 출발은 화폐유통과 해상교역로에서', 조세금융신문, (2018.6.11.).
◇ 국립나주문화재연구소, 『나주 회진성』, (2010).
◇ 국립문화재연구소, 『한국고고학사전』, 국립문화재연구소(2001).
◇ 국립중앙도서관, 「고지도를 통해 본 경기지명연구」, 국립중앙도서관 고문연구총서②(2011).
◇ 권동희, 『고등학교 지리부도』, 천재교육(2010).
◇ 김산호, 『대쥬신제국사(大朝鮮帝國史)』, 동아출판사(1994).
◇ 김운회, 『우리가 배운 고조선은 가짜다』, 위즈덤하우스(2012).
◇ 김호림, 『고구려가 왜 북경에 있을까』, 글누림(2012).
◇ 김부식·이재호 옮김, 『삼국사기』(1) (2) (3), 솔(1997).
◇ 김재현, 「인골로 본 고대인의 매장의례와 친족」, 『6~7세기 영산강유역과 백제』, 국립나주문화재연구소. 동신대학교문화박물관(2010).
◇ 김종수 외, 『고등학교 한국사』, 금성출판사(2013).
◇ 대백제다큐멘터리 제작팀, 『대백제』, 차림(2010)
◇ 문창로, '조선 후기 실학자들의 삼한 연구', 『한국고대사연구62』(2011.6),
◇ 박문기, 『맥이』, 정신세계사.(1987).
◇ 박영규, 『한권으로 읽는 백제왕조실록(증보판)』, 웅진닷컴(2004).
◇ 박창범, 『하늘에 새긴 우리 역사』, 김영사(2018).
◇ 박창화, 김성겸 역, 『고구려의 숨겨진 역사를 찾아서』, 지샘, 2008.
◇ 소진철, 『해양대국 대백제』, 주류성출판사(2008).
◇ 서긍·탁양현 옮김, 『선화봉사고려도경』, 퍼플(2018).

◇ 신용하, 고조선 국가형성의 사회사, 지식산업사(2010).
◇ 신채호·이만열 주석,『주석 조선상고사(註釋 朝鮮上古史)』상·하, 형설출판사 (1983).
◇ 안경전 옮김,『청소년 환단고기』, 상생출판(2012).
◇ 안정복,『동사강목』, 경인문화사(1989)
◇ 오운홍, '검단(黔丹)은 선사시대 한자용어의 군사방위 개념이다',『해동문학』, 2014. 여름(통권86호).
◇ 오운홍,『고대사 뒤집어 보기』, 시간의물레(2020).
◇ 오운홍,『한반도에 백제는 없었다』, 시간의물레(2021).
◇ 오운홍,『무령왕릉의 비밀』, 시간의물레(2021).
◇ 오재성,『밝혀질 우리역사』, 리민족사연구회(1997).
◇ 윤세영,『문헌사료로 본 삼국시대 사회 생활사』, 서경문화사(2007)
◇ 이기백,『한국사신론』, 일조각(1972).
◇ 이상엽,『서양인들이 본 한국 근해』, 한국해양개발(주)(2003).
◇ 이승휴, (사)동안이승휴사상선양회,『제왕운기』, 세장출판사(2019).
◇ 이원식,『한국의 배』, 대원사(1990).
◇ 이중재,『상고사의 새 발견』, 명문당(1993).
◇ 이형구·이기환,『코리안 루트를 찾아서』, 성안당(2010).
◇ 일연, 이재호 옮김,『삼국유사』(1) (2), 솔(2017).
◇ 임영진,「영산강유역권의 분구묘와 그 전개」,『호남고고학보』16, 표 3. 2002.
◇ 임영진,『우리가 몰랐던 마한』, 홀리데이북스, 2021
◇ 임영진,「장고분(전방후원형고분)」,『백제의 건축과 토목』, 백제문화사대계 연구총서 15. 2007,
◇ 임승국 번역,『한단고기(桓檀古記)』, 정신세계사(2016).
◇ 장삼식,『대한한사전』, 박문출판사, (1975).
◇ 전남대박물관 · 나주시,『나주 신촌리 토성』, 2005
◇ 전남문화재연구소,『전남의 마한 분묘 유적 2020』
◇ 최성규,『일본왕가의 뿌리는 가야왕족』, 을지서적, 1993.

◇ 한국정신문화연구원, 『한국민족문화대백과사전』〈울주검단리유적(蔚州檢丹里遺蹟)〉, 부산대학교박물관(1995).224
◇ (재)한백문화재연구원, 『하남 덕풍동·풍산동 유적』, 신양사(2016).
◇ 해저지도, 국립해양조사원 해도(K-2010), 한국해양(주).
◇ China Road Atlas, 산동성지도출판사(山東省地圖出版社)(2006).

재인용한 동양 사서

◇ 중국의 『수서(隋書)』, 『구당서(舊唐書)』, 『신당서(新唐書)』, 『동전(通典)』, 『위서(魏書)』, 『송서(宋書)』, 『남제서(南齊書)』, 『건강실록(建康實錄)』, 『자치통감(資治通鑑)』, 『양서(梁書)』, 〈양직공도(梁職貢圖)〉, 『삼국지(三國志)』〈위지〉〈오서〉, 『후한서(後漢書)』, 『사기(史記)』, 『문헌통고(文獻通考)』, 『북사(北史)』, 『남사(南史)』, 『북제서(北齊書)』, 『한서(漢書) 지리지』, 『관자(管子)』, 『진서(晉書)』, 『수경주(水經注)』, 『위략(魏略)』, 『요사(遼史)』, 『사고전서(四庫全書)』, 『무경총요(武經總要)』, 『산해관지(山海關志)』.
◇ 일본의 『일본서기(日本書紀)』, 『백제신찬(百濟新撰)』.

웹문서

◇ 고구려역사저널 www.greatcorea.kr
◇ 나무위키, 패수(浿水); 2021.12.25.
◇ 나무위키, 서불(徐市); 2021.3.5.
◇ 다음 백과사전 : 『동국통감』 외기, 〈삼한기〉, '기준성'-권근의 마한론

관련 신문기사

◇ 〈경북일보〉, 윤용섭의 신삼국유사, 58.백제에 관한 남은 이야기, 2018.3.30
◇ 〈경향신문〉, 파리 번데기와 묻힌 40대 여성…그녀는 1500년전 영산강 유역

의지도자였다. 2019.10.10.
◇ 〈광주일보〉, 마한 분구묘에는 왜 수 많은 사람들이 묻혀 있을까, 2020년 06월 17일.
◇ 〈뉴시스(NEWSIS)〉, 5세기 마한 수장 무덤 '방대형 고분' 축조 기법 규명, 2013.12.28
◇ 〈동아일보〉, '무령왕릉 발굴' 기사, 1971년 7월 8일
◇ 〈동아일보〉, 충주고구려비, 광개토왕 때 건립 가능성, 2019. 11.21.
◇ 〈문화일보〉, '천왕 없는 천황릉…메이지 정권의 급조된 역사 사기', 2014.12.15.
◇ 〈복지TV부산방송〉, 1,500여 년 동안 감춰져 왔던 전북 완주군 가야, 2018.11.18.
◇ 〈세계일보〉, "일본서기 하부 사서인 것처럼 폄하… '삼국사기'라 왜곡 가능성", 2015.05.03.
◇ 〈시사저널〉, "완주는 가야 철 생산기지"…제철 유적 35곳 확인, 2020.7.9.
◇ 〈시사전북닷컴〉 고창군, 마한시대 토성 확인 '2천년전 토성축성기술' 드러내, 2020년 03월 11일(수)
◇ 〈연합뉴스〉, 무령왕릉 발굴 50년…새 보고서에서 찾은 5가지 이야기. 2021.07.06.
◇ 〈연합뉴스〉, 영산강 고대문화 옹관 비밀 밝힌다, 2008. 12. 22.
◇ 〈연합뉴스〉, '전방후원분' 해남 용두리 고분 발굴. 2008.11.20.
◇ 〈연합뉴스〉, 제주서 보존상태 가장 양호한 옹관묘 발굴, 2008.2.9.
◇ 〈연합뉴스〉, 중국 요서에서 '임둔(臨屯)' 봉니 출토, 2002.4.11.
◇ 〈영암신문〉, 일본의 전방후원분은 영산강 유역 이주민들의 작품이다(박해현). 2017.09.29.
◇ 〈월간중앙〉 하남 이성산성의 비밀 – 백제 지배한 시절의 성터 신라 토기만 나왔다?, 2009.9월호
◇ 인터넷신문, 〈스카이데일리〉의 2017.7.15. '조선사편수회' 관련 기사.
◇ 〈조선일보〉, '50년전 오늘, 한국 고대사의 블랙박스가 열렸다', A18. 2021.7.8.

◇ 〈조선일보〉, '중국 역사 교재, 여전히 임나일본부 서술, 유용태 서울대 교수, 인민출판사『세계통사』등 분석', 2020.06.22.
◇ 〈중앙일보〉, 이덕일의 고금통의(古今通義) 난세 (1), 2012.02.13.
◇ 〈한겨레신문〉, 이덕일, 주류역사학계를 쏘다. 유적 유물로 보는 한사군, 2009.6.9.
◇ 〈한겨레신문〉, 한반도서 가장 큰 고대 무덤, 열자마자 덮은 까닭은, 2021.3.18.

한국사 미스터리 4

한국사의 기준점 찾기 – 잘못 알고 있는 마한

초판 1쇄 2022년 06월 08일
초판 2쇄 2025년 01월 15일
저　　자 오운홍
발 행 인 권호순
발 행 처 시간의물레
등　　록 2004년 6월 5일
주　　소 경기도 파주시 숲속노을로 150, 708-701
전　　화 031-945-3867
팩　　스 031-945-3868
전자우편 timeofr@naver.com
블 로 그 http://blog.naver.com/mulretime
홈페이지 http://www.mulretime.com
I S B N 978-89-6511-330-0 (03910)
정　　가 20,000원

* 이 책의 저작권은 저자에게 출판권은 시간의물레에 있습니다.
* 잘못된 책은 바꿔드립니다.